北京市工程咨询行业发展报告

（2022年）

北京市工程咨询协会　组织编写

中国建筑工业出版社

图书在版编目（CIP）数据

北京市工程咨询行业发展报告.2022年/北京市工程咨询协会组织编写.—北京：中国建筑工业出版社，2023.5
ISBN 978-7-112-28591-4

Ⅰ.①北… Ⅱ.①北… Ⅲ.①建筑工程—咨询服务—研究报告—北京—2022 Ⅳ.①F426.9

中国国家版本馆CIP数据核字（2023）第056826号

责任编辑：张智芊
责任校对：李辰馨

北京市工程咨询行业发展报告（2022年）
北京市工程咨询协会　组织编写

*

中国建筑工业出版社出版、发行（北京海淀三里河路9号）
各地新华书店、建筑书店经销
华之逸品书装设计制版
北京富诚彩色印刷有限公司印刷

*

开本：787毫米×1092毫米　1/16　印张：17　字数：308千字
2023年5月第一版　2023年5月第一次印刷
定价：138.00元
ISBN 978-7-112-28591-4
（40908）

版权所有　翻印必究
如有印装质量问题，可寄本社图书出版中心退换
（邮政编码 100037）

本书编委会

顾　问：肖凤桐　柴晓钟　杨旭辉　李晓涛　刘　义　陈怀伟　王　宁
　　　　李　彬　韩　伟　王丹丽　何晓光　单德芳　陈继跃
主　编：郭俊峰
副主编：高振宇　李林燕　贺　鹏　张　龙　陈　宁　皮德江　陈育霞
　　　　李纪宏　毕向林
委　员：卜海峰　马世伟　马晓临　王京峰　王　波　王润蓬　方恒堃
　　　　卢玲玲　叶　轩　申晓鹏　田福生　史晋燕　邢　星　朱跃辰
　　　　仲莹萤　刘松桥　刘　畅　刘　明　刘振光　刘爱伟　江　永
　　　　祁利华　孙宇剑　杜可可　李凤龙　李业龙　李　刚　李　妍
　　　　李妙迪　李明阳　李　季　李　虹　李　洋　李　娜　李海洋
　　　　李晨曦　李　猛　李　强　李　睿　杨文波　吴丽萍　吴昊灵
　　　　吴晓光　岑　建　邱　浩　位　珍　余　然　邹宏雷　张　伟
　　　　张松波　张　迪　张雪彤　张雪姣　张　琪　张鹏宇　陈　阳
　　　　陈红军　林玉华　尚应应　明瑞利　岳志鹏　周文慧　周　洁
　　　　周　萍　郑天赋　孟大勇　赵　泓　赵敏伊　郝小亮　胡志松
　　　　姚作强　贾世涛　顾静航　奚俊杰　高　阳　高辛财　郭玉霞
　　　　黄文倩　龚雪琴　崔志强　梁建岚　蒋丽娟　韩　波　路凤奎
　　　　谭玉荣　熊　健　颜丽君　潘锡舜　薛晶晶　鞠　冉　鞠　昕
　　　　籍文立

参编会员单位

北京市工程咨询有限公司

北京国金管理咨询有限公司

北京城建设计发展集团股份有限公司

中国中元国际工程有限公司

北京赛瑞斯国际工程咨询有限公司

投资北京国际有限公司

中咨海外咨询有限公司

北京国际工程咨询有限公司

北京市市政工程设计研究总院有限公司

中国地铁工程咨询有限公司

中铁第五勘察设计院有限公司

中和德汇工程技术有限公司

青矩技术股份有限公司

序

工程咨询服务于工程项目建设全过程，作为一门综合性学科，需要运用工程技术、科学技术、经济管理和法律法规等多学科知识和经验，为政府部门、项目业主及其他各类客户的工程建设项目决策和管理提供咨询服务，属于重要的生产性服务业，工程咨询行业为国家经济社会发展做出了巨大贡献，是社会主义现代化强国建设的中坚力量。

北京的工程咨询行业起始于改革开放初期，以1986年10月经北京市政府批准成立北京市工程咨询公司为起点，一大批工程咨询企业先后成立，掀开了北京市工程咨询服务于首都经济发展的序幕。在首都北京发展的历史进程中，北京市工程咨询行业发挥了不可替代的作用，40多年来，北京市工程咨询行业以其专业、客观、负责的精神，持续服务国家和首都重大战略决策、基础性产业发展、重大工程建设等活动，从亚运会到奥运会，从城市副中心到雄安新区，从机场到轨道交通，从城南地区到"三城一区"，承担了改革开放以来几乎所有重大战略规划编制、市级重大区域和重点工程项目的咨询及评估、项目管理等任务，为促进首都经济社会可持续发展作出了突出贡献，成为首都现代化建设的有力支撑。

同时，北京市工程咨询行业也在与时俱进、创新发展，从项目评估拓展到政策咨询、技术咨询、全过程工程咨询乃至管理咨询，工程咨询始终站在经济社会发展的潮头，支撑首都基本建设投资决策科学化民主化。工程咨询企业业务也不断多元化发展，形成智库建设与咨询业务良性互动的新局面，成为各级政府和众多企业的重要"智囊团"和"思想库"。

"不谋万世者，不足谋一时；不谋全局者，不足谋一域"，了解工程咨询的历史，设定行业的发展目标，才能立足当下、解决问题并推动长远发展，为此，北京市工程咨询协会勇挑重担，协调行业资源，组织编写《北京市工程咨询行业发展报告（2022年）》一书。作为北京市工程咨询行业首部发展报告，相信此书的出版可以让更多的咨询企（事）业单位了解行业发展概况，有利于咨询单位制定发展规划、确定发展目标、推行改革创新措施，有利于聚焦行业发展特点和规律，更好地提高工程咨询行业对经济社会发展的支撑作用，同时也能进一步加强行业与政府的沟通交流，发挥好桥梁纽带作用，为政府提供高水平的咨询服务，并引领北京市工程咨询从业者更好地贯彻现代化的工程咨询理念，形成高水平的工程咨询体系，为社会主义现代化强国建设出谋划策。

报告编写工作从2021年12月启动，历时一年多时间，报告编写过程中得到了北京市工程咨询协会广大会员单位的大力支持与配合，提供了单位经营信息以及大量有益的咨询案例，并针对报告及协会工作提出了很好的建议。参编单位有十余家，都是北京市工程咨询行业具有广泛代表性的知名企业，参与编写者达百余人，也都是工程咨询行业的技术骨干。报告编写过程中，多次召开编委会、专题汇报会、报告审读会，成员和各编写组精益求精、分工协作，为报告编写倾注了大量心血，顾问专家建言献策、鼎力相助，为发展报告编写提供了极大支持，在此谨向参与报告编写的单位、专家和从业人员表示衷心的感谢。同时，本报告是首次编写，由于时间仓促，不足和疏漏之处在所难免，敬请读者批评指正。

北京市工程咨询协会会长：郭俊峰

前言

当前我国已进入高质量发展阶段,伴随着改革深入推进,市场环境持续优化,工程咨询行业面临新的发展机遇和挑战。改革开放40多年来,北京市工程咨询行业持续服务国家和首都重大战略决策、基础性产业发展、重大工程建设等活动,为促进首都经济社会可持续发展做出了突出贡献。立足新发展阶段,北京市工程咨询行业需要积极主动作为,坚持创新引领,以高质量服务满足新发展阶段的新特征和新需求,为首都经济社会发展和政府决策做好参谋和服务。

为突出反映北京市工程咨询行业四十多年的发展历程和重大成就,总结行业发展的改革做法和成功经验,北京市工程咨询协会第五届理事会集体决策,由北京市工程咨询协会组织相关会员单位、行业专家,编写北京市首部工程咨询行业发展报告。本报告以行业"改革、转型、创新"为主线,遵循权威性、客观性、创新性原则,聚焦北京市工程咨询行业当前面临的形势和问题,总结了行业、咨询企(事)业单位取得的成效和经验,分析不足,并对当前国家和北京市出台的行业重要政策进行了解读,对行业发展环境进行了分析和预测。总体上看,本报告有五大突出特点:

1. 突出综合性工程咨询机构的作用。 近年来,工程咨询的范围和边界不断拓展,尤其是工程勘察设计、城市规划等行业范畴也在不断深化,但综合性工程咨询公司借助多学科、跨领域、跨专业、咨询与管理一体化的优势,围绕经济社会发展中的热点难点问题,更多地服务于国家宏观战略制定、重大项目决策支撑,旗帜鲜明地迈向有中国特色的高端智库建设之路。本报告立足综合性工程咨询的概念,主要围绕服务于政府投资决策环节和项目全过程管理的综合性工程咨询企业,深入了解其发展特点和改革经验,突出综合性工程咨询企业的作用,围绕发展阶段、发展成就、行业现状趋势和行业建议等充分落实综合性工程咨询的理念。

2. 突出问题导向下的工程咨询高质量发展。 近年来,受国际环境变化以及疫情的影响，北京市工程咨询行业发展受到一定冲击，特别是中小企业生产经营受到的波及更为严重，出现合同额显著减少、利润下滑、经营困难等现象。但总体来说，在国家政策激励、市级重大项目以及城市大规模基础设施建设的带动下，北京市工程咨询行业基本保持稳定发展态势。党的二十大报告提出，高质量发展是全面建设社会主义现代化国家的首要任务，工程咨询行业也亟须落实好高质量发展要求，本报告既直面问题，又对行业未来发展进行了展望，有利于咨询单位以积极乐观的态度抢抓机遇，迎接挑战，探寻适合自身的高质量发展之路。

3.突出以数据为支撑的行业调研工作。 为充分了解北京市工程咨询行业发展现状，北京市工程咨询协会组织对会员单位开展了详细调研，开发了行业基本信息数据分析系统，利用信息化手段对北京市工程咨询协会会员单位开展了调查，从协会300多家会员单位中，收集了95份反映众多企业实际情况的核心样本，通过对采集的数据样本进行分析判断，总体上能够反映北京市工程咨询行业的基本状况、特征和发展趋势，通过详细的数据调研工作，充分了解行业企业生产经营和改革发展问题，为政府及行业领域提出有价值的政策建议，为企业提出可借鉴可参考的经验。

4.突出更加开阔的宏大研究视角。 本报告立足于"依托北京、借鉴全国、放眼世界"的视角，对行业发展的问题与趋势进行研究，针对不同类型咨询单位的改革发展提出可操作性的经验和建议。一方面，围绕工程咨询行业对宏观经济形势和国家政策的高度依赖性，对国家、北京市以及行业各领域出台的各类政策进行详细解读，分析相关政策对工程咨询领域的影响。另一方面，立足国际化视角，结合工程咨询走出去的步伐加快，对工程咨询行业国际化实践进行总结，可为北京市工程咨询行业制定"走出去"战略提供参考。

5.突出行业协会的桥梁沟通作用。 本报告编写过程中，行业协会与各方深度沟通，充分反映咨询单位诉求，凝聚行业发展共识，提出政策建议，旨在为政府做好支撑和服务，引导行业、企业实现高质量发展，为社会提供高质量服务。围绕行业协会今后的工作，报告也开展调研和分析，从发挥行业协会桥梁纽带作用、完善行业自律体系等方面提出了可操作的意见和建议，以期为行业高质量发展提供明确路径。

《北京市工程咨询行业发展报告（2022年）》由一个总报告和三个专题报告组成，专题报告选取有代表性的政府投资项目（医院篇）、轨道交通和全过程工程咨询三个专题领域。总报告由北京市工程咨询协会统筹组织编写，北京市工程咨询有限公司、北京赛瑞斯国际工程咨询有限公司、投资北京国际有限公司、中咨海外咨询有限公司等单位深度参与了各章内容编写。政府投资项目（医院篇）、轨道交通和全过程工程咨询三个专题报告分别由北京市工程咨询有限公司、北京城建设计发展集团股份有限公司和北京国金管理咨询有限公司组织编写。

本报告是北京市工程咨询行业首次发布的发展报告，虽然调研样本数没有覆盖全部在京工程咨询单位，但基本反映当前行业发展特征，为相关政府部门、行业协会和行业企业全面清晰认识本市工程咨询行业提供了重要的参考，能够为行业和企业下一步高质量发展发挥一定的引导作用。希望广大的工程咨询企业和从业人员，要严格遵循独立、科学、公正的原则，把握好为政府投资服务决策的重要任务，聚焦关系全局、关系长远、关系民生的重大战略任务，为国家和北京市高质量发展做好参谋。要与时俱进，注重多学科知识、技术、经验、方法和信息的集成与创新，加强新技术应用、新业态培育、新模式创新，坚定不移地将新发展理念切实融入工程咨询业务和具体实践中，深化拓展工程咨询高质量发展的路径方法，在服务国家战略大局中体现出新担当、新作为！

目录

V 序
VII 前言

总报告

003 第一章 行业发展概述
003 　第一节　工程咨询行业发展历程
007 　第二节　北京市工程咨询行业发展成就
018 　第三节　北京市工程咨询行业管理

025 第二章 行业发展现状
025 　第一节　行业结构
033 　第二节　行业改革发展经验
036 　第三节　行业国际化实践
041 　第四节　存在问题与不足

046 第三章 行业发展环境
046 　第一节　政策环境
055 　第二节　经济形势
064 　第三节　市场环境
066 　第四节　机遇与挑战

070	第四章	行业发展展望与建议
070	第一节	行业发展展望
076	第二节	行业发展建议

专题报告

■ 专题报告一：政府投资项目专题（医院篇）

085	第一章	政府投资医院项目情况
085	第一节	总体情况
088	第二节	重大项目建设情况
090	第三节	发展趋势

092	第二章	医院项目工程咨询服务情况
092	第一节	总体服务情况
093	第二节	规划研究咨询
098	第三节	项目决策咨询
105	第四节	工程设计服务
110	第五节	项目管理服务

117	第三章	问题分析及工作建议
117	第一节	存在问题分析
122	第二节	相关工作建议

■ 专题报告二：城市轨道交通专题

129	第一章	轨道交通行业工程咨询发展概述
129	第一节	城市轨道交通发展及相关政策情况
131	第二节	轨道交通行业工程咨询发展情况
134	第三节	轨道交通行业工程咨询发展趋势

137	第二章	轨道交通行业工程咨询服务情况
137	第一节	行业结构分析
144	第二节	行业竞争情况分析
146	第三节	行业咨询服务情况
162	第三章	行业发展问题与建议
162	第一节	存在主要问题
165	第二节	行业发展建议

■ 专题报告三：全过程工程咨询专题

169	第一章	全过程工程咨询发展现状
169	第一节	全国发展情况
173	第二节	北京市发展情况
174	第三节	发展趋势
178	第二章	全过程工程咨询服务情况
178	第一节	全过程工程咨询服务模式及相关要求
181	第二节	全过程工程咨询服务优势
183	第三节	全过程工程咨询服务典型案例
193	第四节	全过程工程咨询试点省市调研情况
203	第三章	全过程工程咨询问题分析及相关建议
203	第一节	存在主要问题
206	第二节	北京市全过程工程咨询发展建议
209	附录A	重大项目案例展示
230	附录B	庆祝建党一百周年北京市工程咨询行业发展成就网上展览
246	附录C	北京市工程咨询协会会员单位名录

总报告

第一章　行业发展概述

我国工程咨询业是在计划经济过渡到社会主义市场经济的进程中逐步发展并成长起来的，伴随着国家经济社会进步和经济体制变革，经历了从无到有、从小到大的发展改革历程。改革开放40多年来，北京市工程咨询行业在行业协会和相关政府部门的共同管理下不断繁荣壮大，为首都城市建设、经济社会发展和功能提升发挥了重要的支撑作用。

第一节　工程咨询行业发展历程

我国工程咨询行业始于改革开放后的20世纪80年代初期，行业发展经历了咨询业务形成、咨询业务规范发展、咨询业务走向成熟以及目前的咨询业务改革创新四个阶段。经过多年的专业化、市场化发展与实践，工程咨询业务范围已覆盖规划咨询、项目咨询、评估咨询、全过程工程咨询等，逐步形成了多专业、跨阶段、综合性咨询服务的业务特征。

一、咨询业务形成阶段（1980—1990年）

20世纪80年代，为适应改革开放需要，我国基本建设工作引入了国际通行的可行性研究制度，现代工程咨询理念开始得到传播，随着国外先进的技术、资金和管理经验的大规模引进以及国内工程咨询实践的不断深入，可行性研究工作逐步纳入基本建设程序。

1982年4月，国家进出口管理委员会批复同意成立中国国际工程咨询公司（以下简称"中咨公司"），主要承担国家、行业和地区发展规划的编制、国家重大项目咨询论证和专题研究工作。

1983年2月，国家计委发布《关于颁发〈建设项目进行可行性研究的试行管理办法〉的通知》，明确规定把项目可行性研究纳入基本建设程序。

1984年11月，国务院批转国家计委《关于工程设计改革的几点意见》，明确提出工程设计是工程建设的首要环节，是整个工程的灵魂，先进合理的设计对于缩短工期、节约投资、提高经济效益起着关键性的作用。要求各地区、各部门要切实加强对工程设计工作的领导，要把设计改革作为建筑业和基本建设管理体制改革的重要环节来抓，及时解决改革中出现的问题，努力把设计工作搞活、搞好。各部门、各地区可以选择部分设计单位或者组织部分设计人员，组建工程咨询公司和工程承包公司。工程咨询公司以工程建设前期工作的经济技术咨询、可行性研究、项目评价以及利用外资的有关工程咨询业务等工作为主，有条件的也可以承担设计和工程承包任务。至此，工程咨询从工程设计中独立出来，成为专门从事建设前期工作的经济实体。

1985年，国家计委向国务院报送《关于加强中国国际工程咨询公司的报告》。在国务院对报告的批复中，明确中咨公司负责对国家大中型基本建设和限额以上技术改造项目的可研报告及工程设计进行评估，提出意见后再确定是否列入国家计划。可行性研究和"先评估后决策"制度的建立与实施，使得中咨公司在我国投资建设领域，历史性地成为当时政治体制改革和决策民主化、科学化的先行者和探路者。中国的工程咨询事业也随之进入了服务于国家投资决策制定的崭新时期[①]。

在此期间，各地相继建立了建设项目前期评估制度，各省市级计委系统先后批准成立了地区性的工程咨询公司，其中大多是计委所属的事业单位，以各自的地域和行业领域为服务范围。经北京市政府批准，北京市工程咨询公司于1986年10月成立，为隶属于北京市计委的副局级事业单位。

1987年，国家计委批复同意中咨公司拟定的《中国国际工程咨询公司建设项目评估暂行办法》，该办法对项目评估的内容进行了规定，明确项目评估分为项目建议书评估、可行性研究评估和初步设计评估三类。在此期间，国家计委和各地计委通过项目评估的组织实施，推动了工程咨询行业的快速发展。

---

① 肖凤桐（中国国际工程咨询有限公司原总经理），与中国工程咨询业一同成长——在庆祝中国国际工程咨询有限公司成立三十周年大会上的讲话。

二、咨询业务规范发展阶段（1990—2000年）

为适应建立社会主义市场经济体制和改革投融资体制的要求，促进我国工程咨询业的发展，国家计委于1994年4月发布《工程咨询业管理暂行办法》。办法规定，工程咨询是投资和工程建设管理中的重要环节，凡需各级政府部门批准立项的建设项目，应遵守国家有关法规和规定，委托有资格的工程咨询单位进行阶段的或全过程的咨询。其他建设项目可自主选择有资格的工程咨询单位进行必要的咨询。

1996年，中国工程咨询协会代表我国工程咨询业加入国际咨询工程师联合会（FIDIC），标志着我国工程咨询行业开始与国际工程咨询标准接轨，中国工程咨询行业的国际影响力开始逐步增强。我国从改革开放初期的鲁布革、二滩、小浪底等水电站建设项目开始，学习、引进和借鉴FIDIC条款和管理经验，对规范我国基本建设项目管理，特别是涉外工程项目咨询服务，增进与发达国家优秀工程咨询公司的交流与合作发挥了很大作用。

1997年3月，为规范工程咨询市场，加强工程咨询持证执业的管理，国家计委印发《工程咨询单位持证执业管理暂行办法》。办法要求工程咨询单位必须以《工程咨询资格证书》为执业依据，并按照《工程咨询资格证书》认定的资格等级、专业和服务范围从事相应的工程咨询业务。

1998年，北京市出台《北京市关于鼓励民营科技企业发展的若干规定》等一系列改革政策，进一步促进了民营经济的发展，同时，开放城市基础设施建设和经营市场，不再由政府独家经营，允许民间资本和外资进入。强化政府经济调节、市场监管、公共服务职能，规范和完善政府投资体制，推动政府和市场有机结合。建立政府投资项目决策前的评估论证制度，推广实施代建制，充分发挥投资、咨询、监理、评估、担保、法律、审计等社会中介机构在城市基础设施投融资过程中的作用，全市民营工程咨询和管理服务企业数量迅速增加。

三、咨询业务走向成熟阶段（2000—2010年）

2001年12月，为加强对工程咨询专业技术人员的管理，规范工程咨询行为，人事部、国家计委发布《关于印发〈注册咨询工程师（投资）执业资格制度暂行规定和注册咨询工程师（投资）执业资格考试实施办法〉的通知》。相关规定和办法明确，国家对工程咨询行业关键岗位的专业技术人员实行执业资格制度，纳入全国专业技术人员执业资格制度统一管理。凡在经济建设中从事工程咨询业务的机构，必须配备一定数量的注册咨询工程师（投资）。人事部和国家计委共同负责全国注册咨询工程师（投资）执业资格制度的政策制定、组织协调和监督指导，并成立全国注册咨询工程师（投资）执业资格管理委员会，负责注册咨询工程师（投资）执业资格管理工作，办事机构设在中国工程咨询协会。之后，于2003年，全国注册咨询工程师（投资）执业资格管理委员会又印发《关于报考注册咨询工程师（投资）问题的说明》，对可以参加考试的人员、专业范围和报考工作做了进一步说明。从此，国家建立了以工程咨询单位准入为基础的行业管理以及注册咨询工程师（投资）执业资格制度，并逐步建立起行业自律组织以发挥管理作用。在此期间，大量工程咨询（投资）公司、造价咨询公司、工程监理公司、项目管理公司和招标代理公司相继成立，为我国工程咨询行业快速发展做出了重要贡献。

2001年12月11日，中国正式加入世界贸易组织，我国政府机构开始进行改革，科研设计单位启动全面转制，国内各类工程咨询单位也启动了与政府机构的脱钩改制工作，工程咨询市场进一步开放。

2004年7月16日，国务院发布《国务院关于投资体制改革的决定》，针对当时投资体制存在的企业投资决策权没有完全落实、市场配置资源的基础性作用尚未得到充分发挥等问题，决定进一步深化投资体制改革。对于企业不使用政府投资建设的项目，不再实行审批制，区别不同情况实行核准制和备案制。明确对非经营性政府投资项目加快推行"代建制"，建立和完善政府投资项目的风险管理机制。

2010年2月，国家发展改革委印发《工程咨询业2010—2015年发展规划纲要》，提出我国工程咨询业的发展要坚持政府指导、行业自律、市场运作、科学发展和自主创新的原则，要坚持服务宗旨和责任意识，加快工程咨询理论方法和技术创新，加强人才队伍建设，推进工程咨询单位体制机制创新，加快国际化步伐，不断增强国际竞争能力。

四、咨询业务改革创新阶段（2010年至今）

2010年以来，我国工程咨询业进入快速发展时期，工程咨询行业成为政府和企业投资决策不可或缺的重要参谋和助手。同时，随着国家"走出去"战略的实施以及2013年"一带一路"倡议的提出，越来越多的中国工程企业走出国门参与到国际工程领域的竞争中，取得了令人瞩目的成绩。随着对外工程项目的广泛开展，我国在"一带一路"沿线国家的投资逐渐增多，区域互联互通的需求转化为对公路、铁路、港口、机场、电力、通信等基础设施项目的建设需求，为我国咨询企业对外拓展业务提供了新的空间。"一带一路"倡议的提出与实施，将"走出去"与"引进来"并重，开创了市场、资源与投资等对外深度融合的新局面，为工程建设领域打开了国内国际两个大市场。

随着改革开放进程的深化，政府部门以及社会投资者对工程咨询行业以及工程咨询质量要求越来越高。国家先后发布了《国务院办公厅关于促进建筑业持续健康发展的意见》《关于开展全过程工程咨询试点工作的通知》《工程咨询行业管理办法》以及《国家发展改革委 住房城乡建设部关于推进全过程工程咨询服务发展的指导意见》等政策文件，对全过程工程咨询定义、服务范围及主要服务内容进行明确，鼓励建设项目实行全过程工程咨询服务，开展全过程工程咨询服务模式试点，积极培育全过程工程咨询企业。

2017年7月，住房和城乡建设部印发《关于促进工程监理行业转型升级创新发展的意见》，提出要形成以主要从事施工现场监理服务的企业为主体，以提供全过程工程咨询服务的综合性企业为骨干，各类工程监理企业分工合理、竞争有序、协调发展的行业布局。创新工程监理服务模式，鼓励监理企业在立足施工阶段监理的基础上，向"上下游"拓展服务领域，提供项目咨询、招标代理、造价咨询、项目管理、现场监督等多元化的"菜单式"咨询服务。鼓励大型监理企业采取跨行业、跨地域的联合经营，以并购重组等方式发展全过程工程咨询，培育一批具有国际水平的全过程工程咨询企业。

随着我国投融资体制改革的深入和国家"放管服"改革的深化，工程咨询市场进一步放开，工程咨询机构数量不断增加，投资主体多元化明显，客观上对工程咨询服务提出了更高的要求，工程咨询行业将迎来新的发展机遇和挑战。

第二节　北京市工程咨询行业发展成就

北京市工程咨询行业经过四十多年的发展，已逐步形成覆盖建设项目全过程的咨询业务体系。在首都城市建设与经济社会发展过程中，北京市工程咨询行业发挥了重要的技术支撑和服务政府决策的作用。尤其是以1990年北京亚运会举办和

2008年北京奥运会举办为契机，北京市工程咨询行业在推进首都城市基础设施体系建设、城市公共服务设施建设以及生态环境建设，加快首都城市化、国际化进程等方面做出了重要贡献。十九届五中全会以来，我国进入全面建设社会主义现代化国家的新发展阶段，首都北京也进入以减量发展为鲜明特征的高质量发展阶段。北京市工程咨询行业充分发挥工程咨询对投资科学决策、规范实施和优化供给结构的关键性作用，持续不断服务国家和首都重大战略决策、基础性产业发展、重大工程建设等活动，着力提升工程咨询服务质量和水平，增强首都发展支撑能力，为提高投资决策科学化水平、保障和提升工程质量、优化全市重大布局、促进首都经济社会可持续发展做出了重要贡献。总体来看，北京市工程咨询行业的发展成就体现在以下三个方面。

一、发挥智库参谋作用，服务国家和首都地区战略规划实施

工程咨询单位深入学习贯彻习近平新时代中国特色社会主义思想，以首都发展为统领，围绕国家和首都地区战略需求，通过规划政策研究重点、热点、难点问题，服务京津冀协同发展、首都功能完善、高精尖产业发展、超大城市治理、民生事业保障等一系列重大战略，提高建言献策的前瞻性、科学性和可操作性，全方位提升工程咨询业对国家和首都地区经济社会高质量发展的服务支撑能力（图1-1）。

图1-1　国家体育场

国家体育场是2008年北京奥运会主场馆，并承担了2022年北京冬奥会和冬残奥会开闭幕式，是全球首个"双奥开闭幕式场馆"。体育场占地20.4公顷，建筑面积25.8万平方米，可容纳观众9.1万人，是目前世界上跨度最大的体育建筑之一。

支持市区两级重要规划编制。随着政府咨询需求日益增加，综合性工程咨询单位对智库建设日益重视。"十一五"时期开始，新中国成立以来一直沿用的"计划"调整为"规划"，之后每个五年规划纲要和重点领域的专项规划都是政府制定颁布的重要施政纲领，北京市工程咨询单位为北京市系列五年规划的编制发挥了重要的参谋助手作用。如北京市工程咨询有限公司（以下简称"北咨公司"），参与了北京市"十一五"至"十四五"规划纲要的编制，主持北京城市副中心"十四五"规划纲要的编制，为高质量打造北京重要一翼贡献了力量，主持大兴区、房山区等规划纲要编制，以及国有经济、城市管理、基础设施、文化发展、智慧城市等领域市区级专项规划数百项；北京国际工程咨询有限公司（以下简称"北国咨"），参与了北京市"八五"至"十四五"工业（高精尖产业）以及北京市电子、装备（智能制造）、生物医药、石化（新材料）等重点产业的发展规划编制，为北京市社会经济发展和相关领域高质量发展贡献了智慧（图1-2）。

图1-2　北京城市副中心

北京城市副中心规划面积约155平方公里，拓展区为通州全区，面积约906平方公里。北京城市副中心将突出特色发展，打造成融入构建新发展格局的重要支点、京津冀协同发展桥头堡和国家绿色发展示范区。

破解首都经济社会发展难点问题。首都的发展始终是机遇与挑战并存，成绩与困难同在。作为超大城市，北京的发展一直面临诸多难题。咨询单位以推动社会经济发展为己任，在资源环境保护、超大城市治理、疏解整治促提升、高精尖产业发展、乡村振兴等领域发挥了重要作用。如北京市水科学技术研究院始终以服务北京水务发展为目标，着力解决首都经济社会发展过程中涉水领域的热点、难点、重点问题，依托重大科研项目，开展公益科研、公共服务和技术咨询。北京市农林科学院紧密结合北京市"三农"实际，以都市型现代农业和乡村振兴战略为切入点，搭建农业技术集成创新平台，融汇整合资源，为政府决策及项目业主提供政策建议，为北京市农业、农村的发展提供技术支撑与服务。

支撑重点区域开发建设决策。新版北京城市总体规划（2016—2035年）确定"一核一主一副、两轴多点一区"的空间结构，2021年，北京市委提出在紧要处落好"五子"的战略部署[①]，再次明确全市发展重点。工程咨询单位紧扣全市空间战略布局，为重点区域开发建设提供多种类型的咨询服务。如北咨公司参与的加快城南地区发展行动计划和京西地区转型发展三年行动计划，为构建南北均衡、东西协调的全市空间结构发挥了重要作用，北咨公司还对雄安新区土地一级开发管理制度、北京城市副中心土地开发资金测算等进行了深入研究，为"一核两翼"之"两翼"建设提供了决策支撑。北国咨围绕科学城发展的一般规律，长期坚持开展怀柔科学城产业发展、规划建设、运营管理方面相关研究，为怀柔科学城高质量发展提供了强大支撑（图1-3）。

图1-3　北京市支持河北雄安新区建设医院

北京市支持河北雄安新区建设医院项目占地约200亩，总建筑面积12.2万平方米，床位600张。该项目是雄安新区第一家三级综合医院，是北京市支持雄安新区建设首批交钥匙项目之一。

---

① "五子"战略的第一"子"是指建设国际科技创新中心，第二"子"是指"两区"建设，第三"子"是指数字经济，第四"子"是指以供给侧结构性改革引领和创造新需求，第五"子"是指深入推动京津冀协同发展。

服务国家"一带一路"建设。 近年来,北京市工程咨询业持续服务"一带一路"建设,与大型投资施工类中央企业合作,在沿线国家承接大量的能源、交通、水利等基础设施工程咨询服务,在风险分析、综合评价、合作方尽职调查、招商和产业构建等方面发挥北京工程咨询优势,延伸服务链,既保证了我国海外工程项目开展取得成效,同时也推动中国标准理念走出去,不断提高中国工程咨询的国际竞争力和话语权。工程咨询行业在党中央、国务院的关心下,在各级发展改革委的直接领导下,培养了一批具有国际水平的咨询单位和咨询工程师,为我国工程项目建设做出了重要贡献,也得到了FIDIC等国际组织的认可。FIDIC拟在中国试点的基础上,逐步完善培训、考试、认证及继续教育教材、标准和规范体系,并在全球范围内推广应用。

二、满足项目投资咨询各环节服务需求,为政府投资决策提供科学依据

围绕项目投资决策,工程咨询单位为各级政府及有关部门、企事业单位提供项目前期咨询服务,开展项目中后期评价、项目概预决算审查及其他履行投资管理职能所需的专业技术服务,进一步提高相关单位投资决策的科学性,推动基础性、关键性项目落地,保障项目投资效益最大化(图1-4)。

图1-4 北京丰台站

北京丰台站是中国首个普速高速双层车站布置的大型现代化铁路车站,站房总建筑面积39.88万平方米,有17台32线。车站地上四层、地下三层,采用普速场和高速场叠落式设计。

深入开展研究论证，为项目落地提供咨询服务。围绕项目立项的必要性和可行性，工程咨询单位开展项目建议书、可行性研究报告、项目申请报告、资金申请报告、实施方案等报告编制，以及能源技术评价、环境影响评价、水环境质量评价、交通影响评价等专项评价，为项目前期提供深入细致的咨询服务。如国咨（北京）工程咨询有限公司为北京市公联公路联络线有限责任公司编制《北京通州文化旅游区环球影城北综合交通枢纽项目申请报告》，通过充分调研项目区域内相关情况，灵活运用各种交通规划、交通规范和建筑规范等不同领域标准，确定项目建设规模，总结北京市现有交通枢纽建设经验，对方案进行优化，具有可行性创新性，对完善环球影城周边交通体系具有重要意义（图1-5）。北咨公司近年来参与了北京市及部分国家级重大投资建设项目咨询服务，如完成城市副中心行政办公区"四大四小"办公楼及配套设施等咨询服务，承担城市副中心办公区二期、综合交通枢纽、首都医科大学附属北京安贞医院等重点项目咨询任务，在项目需求分析、建设内容梳理、技术路线论证、资金投入测算、社会经济效益等方面提供了全面、系统、专业的咨询服务，为项目决策和工程实施提供了重要依据。北国咨承担的雄安高质量建设实验区（生活）项目等咨询任务，通过挖掘研

图1-5 北京环球影城主题公园

北京环球影城主题公园位于北京城市副中心，一期工程已建成，于2021年9月20日正式开园。公园分三期建设，总占地4平方公里，建成后将成为世界最大的环球影城主题公园。

究新区的成长规律，分解分析项目的各业态需求，最终确定建设规模、各业态的价格体系等关键要点；创造性采用了收益有限期与无限期相结合的估值模型，为项目整个生命周期的收益预测提供了可靠依据，为雄安新区开展同类项目建设提供借鉴。

科学开展项目评估和后评价，为投资决策提供依据和借鉴。 通过对项目进行系统、全面的分析，提出优化建设方案意见，为决策科学化、民主化、提高投资效益提供可靠依据。以北咨公司组织开展的项目前期评审为例，2015-2020年间，累计评审北京市政府投资领域项目约1200个，涉及投资额近10000亿元，审减投资额达1500亿元，充分体现了工程咨询行业在投资决策、合理控制投资方面发挥的重要作用。如北京东方华太工程咨询有限公司，近年来承担了首都医科大学附属北京朝阳医院东院建设工程、丰台河西再生水厂及配套管线工程、北京未来科技城智慧城市运行服务中心工程、丽泽金融商务区北区7条道路工程等重点工程项目评审，为委托方投资项目科学决策提供了依据。如北京交科公路勘察设计研究院有限公司，承担京新高速公路（五环路-六环路段）项目投资后评价，分析项目预期目标是否实现，总结经验教训，为未来同类型项目的投资决策提供参考。

创新工程咨询服务内容，为项目提供融资咨询。 随着投资主体多元化、投资来源多渠道格局的形成，项目融资咨询成为一项新的咨询业务。越来越多的咨询单位不断加大业务领域创新力度，开展BOT、TOT、PPP、基础设施REITs等咨询服务，完善项目咨询业务链条。如青矩工程顾问有限公司开展融资规划咨询，北京中设泛华工程咨询有限公司开展项目融资咨询、PPP咨询，北京中交建设工程咨询有限公司开展PPP咨询和投融资咨询。北咨公司成功完成兴延高速公路、2022年北京冬奥会国家速滑馆、北京工人体育场改造复建等重要项目PPP咨询，参与北京市基础设施REITs政策制定和首批试点项目评审服务，推动基础设施投融资体制、机制改革和创新（图1-6）。

实施供给侧结构性改革，为项目提供综合咨询。 随着咨询业务委托方需求日趋多样和个性化，单一的咨询业务已很难满足需求。很多咨询单位逐渐延伸业务链条，打造一揽子综合咨询优势，向综合型咨询单位发展。北京市许多重大活动的举办、重大工程项目的建设都离不开综合型咨询单位提供的服务。2022年2月20日，北京2022年冬奥会精彩落幕，在这场"精彩、非凡、卓越"的盛会背后，北咨公司发挥专业优势，全程参与项目前期冬奥申办及筹办配合，受托开展延庆赛区国家高山滑雪中心、国家雪车雪橇中心及基础配套设施项目建议书（代可行性研究报告）

编制工作，PPP项目实施方案、PPP项目合同的编制及招标代理等工作，有效解决了奥运工期紧张与PPP项目周期长的矛盾，保障了冬奥项目建设顺利开展，为冬奥场馆建设贡献了智慧和力量（图1-7）。

图1-6　北京工人体育场

北京工人体育场项目总建筑面积约38.5万平方米，总座席约65000个，在原有椭圆形造型、外立面形式、特色元素"三个不变"基础上进行改建，保留了工人体育场庄重典雅的建筑风格，传承了首都历史文化风貌，是目前建筑规模最大的城市更新项目。

图1-7　国家速滑馆

国家速滑馆又称为"冰丝带"，是2022年北京冬奥会北京主赛区标志性场馆。场馆拥有亚洲最大的全冰面设计，冰面面积达1.2万平方米，可接待超过2000人同时开展冰球、速度滑冰、花样滑冰、冰壶等所有冰上运动。

三、开展项目建设管理咨询服务，提高工程建设项目管理和建设水平

工程建设项目管理本身是一个系统工程，建设管理具有很强的技术性和专业性，要求从业人员具有良好的工程知识背景，熟悉管理，懂经济和法律，有良好的职业道德素质。项目实施管理过程中，通过运用现代项目管理技术与手段，对工程造价、进度、质量、安全、合同等方面进行管理，保证工程进度、效益与质量，既节约人力，又大大提高了项目管理的科学性。

创新理论方法和技术，为项目提供工程设计咨询。工程咨询行业经过多年发展，具备较强的工程设计咨询能力。咨询单位通过专业制图软件将项目前期想法转化为详细工作图纸和施工规格，为施工招标投标提供参考，并为顺利施工和工程费用控制提供设计依据。通过对工作案例和相关经验总结提炼，设计机构不断创新理论方法和技术，为工程项目提供更科学的技术指导。比如，近年来北京市开展了大规模城市轨道交通建设，北咨公司协助政府相关部门组织开展了轨道交通项目设计方案评审，为北京市城市建设和经济社会的快速发展做出了重要贡献（图1-8）。中国中元国际工程有限公司（以下简称"中国中元"）承担的北京市地方标准《大型群众性活动消防安全规范》DB11/T 1905—2021顺利通过审查，填补了国家、行业以及地方在大型群众性活动消防安全要求方面的空白，对北京市大型群众性活动消防安全保障起到技术支撑作用。中国中元承担北京积水潭医院新龙泽院区、清华大学生物医学馆、北京大学生命科学科研大楼等多个项目设计任务，获得了2021年北京市优秀工程勘察设计成果奖，有效地指导项目建设。

传统监理和项目管理为首都工程建设提供专业化服务。工程监理和项目管理作为传统的建设管理服务，为北京市重点建筑、市政工程、园林绿化、道路交通等城市建设工程提供了贴身的专业服务，以"世界眼光、国际标准"塑造北京城市风貌，创造北京标准、北京质量，彰显大国首都风范。如北京市公用工程设计监理有限公司，近几年积极参与雄安新区、京津冀协同发展等重大国家战略实施，对北京市第一批海绵城市试点改造项目、通州海绵城市试点工程（PPP项目）提供监理服务，助力项目成功落地，进一步增强城市防涝能力，扩大公共产品有效投资，提高新型城镇化质量，促进人与自然和谐发展。北咨公司近年来参与了北京市及部分国家级重大投资建设项目咨询服务，如为城市副中心水环境治理PPP建设项目提供PPP实施监管、PPP项目优化调整咨询、可研报告审核评估、项目投融资、

> **重点咨询项目**

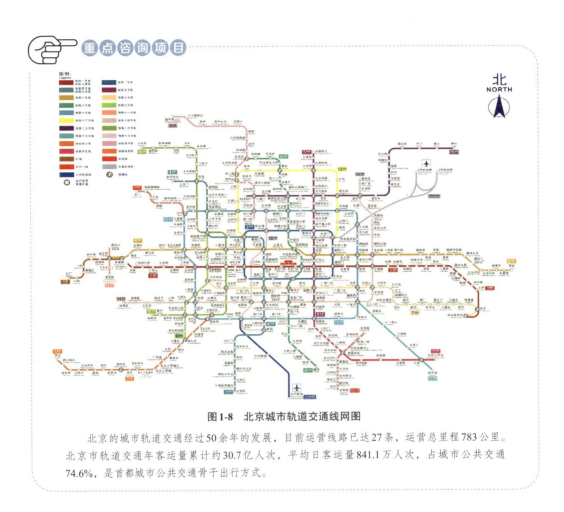

图1-8　北京城市轨道交通线网图

北京的城市轨道交通经过50余年的发展,目前运营线路已达27条,运营总里程783公里。北京市轨道交通年客运量累计约30.7亿人次,平均日客运量841.1万人次,占城市公共交通74.6%,是首都城市公共交通骨干出行方式。

招采合约、设计、施工、运营等全过程咨询与管理服务。在"一会三函"[①]模式与传统投资审批模式相交融的情况下,积极探索项目立项审批、招投标、投资控制等方面相关问题的解决途径,有效控制了总体工程投资(图1-9)。

数字技术运用提升项目管控效果。随着数字技术的发展,在造价咨询中引入BIM新技术,能有效节约人工识图时间、实现数据有效共享、降低成本风险,加强造价控制能力。如北京赛瑞斯国际工程咨询有限公司(以下简称"赛瑞斯")围绕BIM应用,结合三维激光扫描仪、放样机器人、无人机倾斜摄影系统等先进仪器,为项目提供更准确和便捷的信息服务和数据支撑;赛瑞斯以BIM技术为核心提供

---

① "一会三函"即北京市公共服务类建设项目投资审批改革试点。2016年8月5日北京市人民政府发布《北京市公共服务类建设项目投资审批改革试点方案》,提出"一会三函"模式,"一会"指召开会议集体审议决策,"三函"指建设项目工作函、设计方案审查意见函、施工意见登记函,项目单位只需满足"一会三函"这4项前置条件即可开工建设,其他各项法定审批手续和建设手续在竣工验收前完成即可。

重点咨询项目

图1-9　北京大兴国际机场

北京大兴国际机场是大型国际枢纽机场，一期工程已于2019年9月25日投入运营。机场建设采用滚动发展、分期建设的模式，全部建成后将满足年旅客吞吐量1亿人次需求。

监理服务的腾讯北京总部大楼相继获得2020—2021年度中国建设工程鲁班奖、第十九届中国土木工程詹天佑奖。再如北京诺士诚国际工程项目管理有限公司，致力于为客户提供数字化、专业化、可视化的创新管理咨询服务，为在中关村新兴产业前沿技术研究院相关项目装修工程、中国航天科技集团公司五院小卫星AIT能力拓展建设、京东方智慧医工核心能力中心项目（一期）等项目中提供项目管理工作，数字技术应用对项目建设发挥了重要作用，助力了工程建设项目快速落地。

项目管理模式创新提升工程咨询服务质量和水平。项目咨询与管理一体化将是项目管理未来的主要发展方向。为深化投融资体制改革，改革工程建设组织方式，提升建设质量，节约建设投资，缩短建设周期，国家发展改革委、住房和城乡建设部印发了《关于推进全过程工程咨询服务发展的指导意见》，鼓励工程咨询机构开展全过程工程咨询服务。北京国金管理咨询有限公司（以下简称"国金管理公司"）承担香山革命纪念馆全过程咨询服务，于庆祝中华人民共和国成立70周年前夕如期顺利交付（图1-10）。该项目是北京市首个实行全过程工程咨询模式的项目，国金管理公司承担的全过程工程咨询服务，包括全过程项目管理、可行性研究报告编制、招标采购、工程监理、全过程造价咨询等内容，为其他项目开展全过程咨询服务提供了参考样本。北咨公司为北京市支持河北雄安新区建设医院项目提供项目代建服务，在雄安宣武医院建设过程中，因分步建设的特殊要求，以及设计工作对项目投资的重大影响，创新采取了以设计管理为核心的代建管理方法，实施了医疗工艺咨询、设计总包管理、正向BIM设计、强化限额设计责任等一系列管理措施，有效提高了工程量的准确性，有力支持了项目质量和进度目标实现，显现出设计管理的良好效果。

图1-10　香山革命纪念馆

香山革命纪念馆项目总占地面积为6.4公顷，其中纪念馆占地2.4公顷，建筑面积1.8万平方米，是北京市首个采用全过程工程咨询模式的政府投资项目。纪念馆于2019年国庆节前竣工并向公众开放。

第三节　北京市工程咨询行业管理

当前，我国工程咨询行业实行政府与行业协会共同管理。随着政府职能的转变，行业协会作为与政府相关部门的沟通桥梁，将发挥越来越重要的行业自律和协调作用。

一、协会自律服务

北京市工程咨询协会（以下简称"协会"）成立于1996年7月，是由北京地区从事工程咨询及相关业务的企事业单位、咨询工程师（投资）和在工程技术、经济领域富有咨询和管理经验的专家、学者依法自愿组成的非营利性社团组织，是代表北京市工程咨询业的5A级行业协会。

协会主要业务范围包括工程咨询单位乙级资信评价认定，行业执业检查，咨询工程师（投资）继续教育相关管理工作，行业内信息发布、信息交流和业内有关法规、政策等咨询服务，组织交流和推广国内外工程咨询业工作先进经验。协助北京市人事考评办公室开展北京地区咨询工程师（投资）职业资格考试考生资格审查，受中国工程咨询协会委托开展优秀工程咨询成果初审，完成政府和有关单位委托的其他服务。

目前，协会拥有团体会员300余家，个人会员3600多人。协会的宗旨是立足公益职能，积极履行社会责任，自觉加强诚信自律建设，诚实守信，规范发展，提高社会公信力。协会依法维护会员和行业权益，为政府、会员和社会提供服务。协会成立以来，充分履行反映行业诉求、引导行业发展、维护行业利益等职能，为北京工程咨询行业发展做了大量卓有成效的工作，得到北京市有关领导、政府部门、市社会组织主管部门、中国工程咨询协会和会员单位的持续肯定和好评。

（一）发挥桥梁纽带作用，完善行业管理

长期以来，协会注重与政府部门交流合作，通过发挥自身优势，协助对国家发展改革委、市发展改革委和市社团办等部门出台的关乎行业发展的重要法规和政策提出意见建议，反映会员意愿，包括推动全过程工程咨询有关政策研讨、《政府投资条例》和《关于加强市级政府性投资建设项目成本管控若干规定（试行）》研讨、市民政局开展的北京市行业协会商会信用评价试点工作等。协会每年受市发展改革委委托承担北京市工程咨询单位乙级资信评价工作。受中国工程咨询协会委托每两年一次推荐北京市工程咨询项目参加全国工程咨询行业优秀成果评选。

同时，协会及时了解宏观政策导向，聚焦政府关注的关键领域和重点投资方向，汇集和分享行业信息以帮助企业看清当前形势和未来趋势，引导企业熟悉行业政策法规。协会工作既为会员和行业服务奠定了基础，又为政府提供了应有的支

撑，是会员与政府间的桥梁纽带，对完善行业自律管理、促进行业规范化发展具有不可替代的作用。

（二）集聚高端资源要素，引领行业发展

协会始终处于行业发展前沿，了解和研究行业发展状况、发展环境、结构特征，集聚行业高端人才。为更好发挥工程咨询行业专家在首都经济社会发展中的作用，提高咨询产品技术水平和产品质量，为行业标准化、规范化发展建言献策，目前协会已组建了由300余人组成的集聚行业高端人才的专家库，有效保证了行业健康发展。

协会也是北京市工程咨询行业向外扩展视野的窗口，经常组织交流和推广国内外工程咨询业工作先进经验，与国内各工程咨询行业协会均建立了密切联系，建立了京津沪渝四直辖市工程咨询行业协会的协同机制，与长三角、珠三角行业协会和工程咨询机构建立了合作机制（图1-11）。当前，全国共有60多家综合甲级资信工程咨询机构，其中北京占比约两成，北京的综合甲级单位全部为协会会员。2019年，协会举办工程咨询行业高质量发展论坛，聚集高端智力资源，为行业未来发展指明方向。2021年开始，协会汇集会员单位力量，组织编写《北京市工程咨询行业发展报告（2022年）》，通过调研总结经验、结合宏观形势提出行业发展的意见建议，对凝聚行业共识、引领行业高质量发展发挥了重要作用。

图1-11　北京市工程咨询协会与兄弟省市工程咨询协会交流

(三)搭建交流合作平台,培养行业人才

协会多年参与评选和推荐行业的优秀咨询成果,探索出一套宣传推广成果的科学机制,并持续加大优秀工程咨询成果转化力度,提倡多样化的成果交流机制。2020年以来,连续两年编辑出版优秀成果集,收录优秀咨询成果近百项,代表了首都工程咨询行业的技术实力,较好地发挥了工程咨询优秀成果的引领、示范、带动作用。2021年,协会举办庆祝建党一百周年北京市工程咨询行业发展成就展,宣传会员单位近300项优秀成果,为行业从业者提供了优秀的学习交流范本(图1-12)。

图1-12 庆祝建党一百周年北京市工程咨询行业发展成就展

协会作为北京地区咨询工程师(投资)职业资格考试的实施主体之一,每年审核参加咨询工程师(投资)职业资格考生人数均超过万人,稳居全国第一。协会坚持"大咨询"的人才观,不断强化创新驱动发展战略,积极开展行业人才建设工程,认真做好咨询工程师(投资)继续教育和岗位培训等工作。每年组织咨询工程师(投资)继续教育培训班,培训规模均在300人以上,人才队伍数量和质量都有显著提升。协会积极推动工程咨询行业高级专业技术职称改革,力求为市属企业人才成长提供新路径。

（四）营造良好服务环境，做好行业服务

经过多年发展，协会围绕传统咨询业务，形成了成熟的服务体系和发展格局，并积累了很好的工作方法和经验。秉承为行业服务、为政府服务、为社会服务的宗旨，聚焦行业热点，邀请协会相关专家，举办主题沙龙活动和学术论坛，开展专业技术培训，不断满足会员多方面需求，从而进一步提升会员服务工作的针对性和时效性。

协会积极发展新会员，同时建立了会员动态更新和退出机制。协会坚持做好会员单位联络员及通讯员的管理服务工作，经常组织会员学习考察交流。协会严格按照章程规定，定期组织召开会员代表、理事会、常务理事会和监事会等各类会议，听取和研究会员的各项诉求，积极回应会员关切。协会着力加强会员走访力度，创新走访手段方法（图1-13）。通过走访调研，及时了解会员单位的意见建议。协会每季度组织一次行业交流沙龙活动，经常组织不同层面的座谈会、成果交流会等。协会认真督促会员参与行业建设，积极推动行业监督检查，及时发现会员中存在的有碍行业健康发展的问题，并加以妥善引导和解决，从而避免系统性风险的发生（图1-14）。

图1-13　郭俊峰会长一行到会员单位调研考察

图1-14 郭俊峰会长率队走访调研行业重点工程项目

二、政府监管

现行的政府监管体制，主要是由政府行政管理部门以及相关政策法规构成。当前，主要由发展改革、住房和城乡建设部门以及行业主管部门等政府行政管理部门和相关政策法规对工程咨询行业实施监管。近年来，国家、北京市先后出台相关政策，加大对诚信主体激励和对严重失信主体惩戒力度，加强对失信行为的行政性约束和惩戒，对失信行为开展市场性、行业性和社会性的约束和惩戒，强化信息公示的警示与威慑，促进社会共治，维护公平竞争的市场秩序。通过明确责任主体的质量终身追究制度，加强对工程设施的质量管理，保证工程建设质量。

在国家"十四五"规划中提出将加快转变政府职能，深化简政放权、放管结合、优化服务改革，全面实行政府权责清单制度，持续优化市场化法治化国际化营商环境。实施涉企经营许可事项清单管理，加强事中事后监管，对新产业新业态实行包容审慎监管。健全重大政策事前评估和事后评价制度，畅通参与政策制定的渠道，提高决策科学化、民主化、法治化水平。深化行业协会、商会和中介机构改革。

三、行业自律

行业自律体系以行业协会章程和自律公约为基础。中国工程咨询协会发布《中国工程咨询业行业自律公约》，其目的是规范从业行为，维护工程咨询行业的公平竞争和正当权益，提高咨询服务质量，促进行业健康发展。公约要求咨询单位及从业人员坚持"独立、公正、科学"的服务宗旨，坚持执业尊严，恪守行业规范和职业道德；积极参与和接受行业自律管理，依法依规从业，守法守信经营；自觉接受政府主管部门、行业自律组织以及社会各界的管理和监督，共同抵制和纠正行业不正之风；履行行业的社会责任和义务，维护国家和社会公共利益，维护工程咨询行业的声誉和秩序，塑造"廉洁自律、诚信高效、社会信赖"的行业形象。以质量、服务、信誉公平竞争，杜绝无序竞争和不正当的价格竞争。

北京市工程咨询协会的章程中也明确提出，协会的宗旨是遵守宪法、法律、法规和国家政策，遵守社会道德风尚，恪守公益宗旨，提高社会公信力。协会负责人遵纪守法，勤勉尽职，保持良好个人社会信用。协会会员如有违反法律法规和章程的行为，将给予警告、通报批评、暂停行使会员权利、除名等惩罚措施，同时提出了对会员单位的自律措施。

第二章 行业发展现状

当前，我国经济发展已由高速度增长转向高质量发展阶段。国家积极推进供给侧结构性改革，促进经济转型和产业结构调整，企业面临着纷繁复杂的内外部环境，工程咨询行业不断转型深化，产业、资本与技术的叠加影响促使行业生态发生巨变，企业发展的不确定性增加，行业发展面临前所未有的挑战，工程咨询行业将进入融合发展、重新布局优化的新时期。行业和企业唯有认真研判发展环境，准确把握行业发展趋势，将不断地学习、创新和改革视为常态，及时发现问题和不足，果断采取行动，才能使行业发展充满活力。

第一节 行业结构

改革开放以来，我国工程咨询服务市场快速发展，形成了投资咨询、监理、造价、招标代理、勘察、设计、项目管理等专业化咨询服务的总体格局。伴随着固定资产投资规模的扩大，投资者或建设单位在固定资产投资项目决策、工程建设、项目运营过程中，对综合性、跨阶段、一体化的咨询服务需求日益增长，助推了工程咨询服务业稳步发展，行业的从业队伍不断壮大。

一、行业总体情况

按《工程咨询行业管理办法》规定，工程咨询服务范围包括规划咨询、项目咨询、评估咨询和全过程工程咨询。国家对工程咨询单位实行告知性备案管理，从事以上四类工程咨询服务的工程咨询单位应当通过全国投资项目在线审批监管平台（以下简称"在线平台"）备案。截至2022年9月，在线平台备案的全国工程咨询单位共31297家，就业人员共357.6万人，从事工程咨询的专业技术人员约90.6万人。

其中，在线平台备案的北京市工程咨询单位共1926家，占全国的6.2%；就业人员共49.8万人，占全国的13.9%；从事工程咨询的专业技术人员约11.2万人，占全国12.4%。有资信的单位中，北京市甲级资信单位有248家，乙级资信单位有237家。全国和北京市工程咨询从业人员状况参见表2-1。

全国和北京市工程咨询从业人员状况表　　　　　表2-1

项目	备案已通过的单位数	备案已通过的单位职工总数	备案已通过的单位从事工程咨询专业的技术人员数	甲级资信单位数	综合甲级资信单位数	乙级资信（含预评价）单位数	咨询工程师（投资）登记人员数
全国	31297	3575569	905967	1866	84	3848	114481
北京	1926	498102	111907	248	15	237	11062

多年来，北京市的工程咨询单位为北京市各级政府的投资决策提供了重要支撑，为北京城市规划、基础设施建设以及经济社会发展做出了重大贡献。近三年来，行业发展尽管受到疫情的影响，但在政策激励和市级重大项目的带动下，北京市工程咨询行业仍保持较好发展态势，行业营业收入实现稳步增长，为北京市经济社会稳定发展起到了重要作用。

二、行业构成分析

为充分了解北京市工程咨询行业发展现状，北京市工程咨询协会组织开展了会员单位基本情况调研，编制了《行业发展报告信息调查表》，利用信息化手段对北京市工程咨询协会会员单位2019年、2020年、2021年人员构成、主营业务、营收状况等方面进行了信息采集。

经过协会的组织协调及各会员单位的支持，在协会300多家会员单位中，共采集样本数据116份，考虑提供信息的代表性、有效性、单位活跃度等因素，经过筛选，确定有效数据样本为95份，通过对95份有效数据样本进行分析判断，从总体上反映北京市工程咨询行业的基本状况、特征和发展趋势，具有一定的参考价值。

（一）单位基本情况分析

在单位属性方面，95家样本数据中，有4家事业单位、37家国有企业、54家民营企业。其构成比例分别为4.21%、38.95%、56.84%，见图2-1。从统计数据看，工程咨询行业从业单位中民营企业占比最高，国有企业次之。

在单位规模方面，参照国家统计局《统计上大中小微型企业划分办法（2017）》的划分标准①，95家采集样本中，大型单位28家，中型单位28家，小型单位39家，其中以中小型单位居多，占比约为70.53%，如图2-2所示。

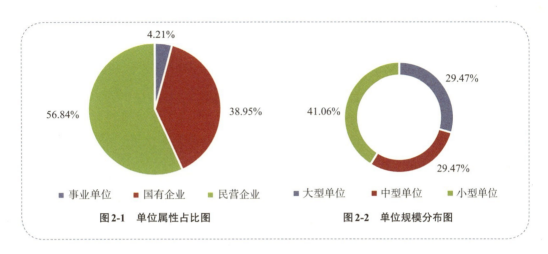

图2-1 单位属性占比图　　　　　　图2-2 单位规模分布图

在单位研发投入方面，95家样本中，高新技术企业共计50家，其中国家高新技术企业47家，中关村高新技术企业3家。2019—2021年样本单位总研发费用投入占营业收入比重分别为2.5%、3.0%和4.3%。工程咨询业是技术密集、智力密集型行业，从统计数据看，与北京全市2021年6.0%以上的研发投入比重相比，北京市工程咨询行业在研发投入方面还有待提升。

在从业人员水平方面，95家样本中，拥有咨询工程师（投资）职业资格人数占从业人数比重为5.83%。从专业技术职务构成来看，中级及以上职称人数占从业人数比重为32.58%，高级及以上职称人数占从业人数比重为5.72%。从学历构成来看，本科学历占从业人数比重为52.30%，硕士占比为22.37%，博士占比为2.46%。由此看出，一是工程咨询行业高级别智库专家队伍相对不足，需创新智库运行机制，支持行业领军单位整合内外部资源，打造智库型咨询机构，扩大工程咨询智库影响力；二是在强化个人执业资格管理的大背景下，从业人员执业资格重要性日益增强，但现阶段从业人员执业资格水平建设与行业发展要求还不完全适应，要高度重视专业人才的培养，造就一批符合工程咨询服务需求的综合型人才，形成支撑行业发展的专业技术人才梯队；三是工程咨询行业对高学历人才吸引力

---

① 《统计上大中小微型企业划分办法（2017）》规定，从业人数大于300人的为大型企业，大于等于100人小于300人的为中型企业，大于等于10人小于100人的为小型企业，小于10人的为微型企业。

不足，未来工程咨询单位可通过合理采用绩效薪酬、股权、期权、分红和合伙人等激励措施，不断增强人才吸引力，以高素质人才队伍推动行业高质量发展再上新台阶。

（二）咨询服务能力分析

在工程咨询资信方面，95家样本中，拥有工程咨询资信的单位共计89家，其中综合甲级资信单位15家，专业资信甲级67家，专业资信乙级59家，专项甲级14家。按照专业资信所属专业分，本次统计样本专业甲级主要聚焦领域为建筑、市政公用工程、生态建设环境工程等，专业乙级主要聚焦领域为建筑、市政公用工程、电力（含火电、水电、核电、新能源）等，工程咨询单位专业资信分布见图2-3。

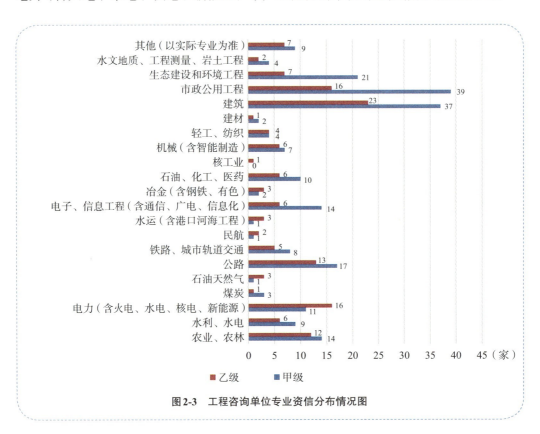

图2-3　工程咨询单位专业资信分布情况图

在"工程咨询资信+资质（信）"方面，95家样本中，拥有工程咨询资信的单位共89家，拥有工程勘察资质的单位共计20家，拥有工程设计资质的单位共计39家，拥有工程监理资质单位29家，拥有工程造价资信评价单位22家，拥有招标代理资信评价单位24家，总体情况见图2-4，具体详见表2-2。随着建设单位一体化服务需求及全过程工程咨询的业务拓展，对工程咨询企业专业资质（信）和综合能力提出了新的要求，打破碎片化的管理模式，整合前期投资决策、勘察、设计、监理、招标代理、造价等建设工程全过程的技术咨询服务，提供综合性、全过程工程咨询服务将成为未来发展趋势。从数据统计可以看出，现阶段"工程咨询资信+一项资质（信）"情况较为普遍，同时有多项资质（信）的工程咨询单位数量偏少，现阶段工程咨询企业综合服务能力构建虽然已取得一定发展，但业务链条和咨询服务的深度和广度还有待进一步提升。

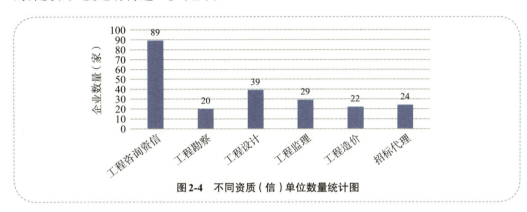

图 2-4　不同资质（信）单位数量统计图

工程咨询资信/资质情况统计　　　　　　　　　表 2-2

资质/咨询数量种类	资信/资质名称	企业数量（家）
单一资质/资信	工程咨询资信	89
	工程勘察	20
	工程设计	39
	工程监理	29
	招标代理	24
	工程造价	22
工程咨询资信+一项资质（信）	工程咨询资信+勘察	19
	工程咨询资信+设计	38
	工程咨询资信+监理	27
	工程咨询资信+招标	23
	工程咨询资信+造价	21
工程咨询资信+两项资质（信）	工程咨询资信+勘察+设计	17
	工程咨询资信+勘察+招标	2
	工程咨询资信+勘察+监理	6
	工程咨询资信+勘察+造价	6
	工程咨询资信+设计+监理	15

续表

资质/咨询数量种类	资信/资质名称	企业数量（家）
工程咨询资信+两项资质（信）	工程咨询资信+设计+招标	7
	工程咨询资信+设计+造价	8
	工程咨询资信+监理+造价	14
	工程咨询资信+监理+招标	16
	工程咨询资信+造价+招标	16
工程咨询资信+三项资质（信）	工程咨询资信+勘察+设计+监理	6
	工程咨询资信+勘察+设计+造价	4
	工程咨询资信+勘察+设计+招标	1
	工程咨询资信+勘察+监理+招标	2
	工程咨询资信+勘察+监理+造价	4
	工程咨询资信+勘察+招标+造价	2
	工程咨询资信+设计+监理+招标	7
	工程咨询资信+设计+监理+造价	7
	工程咨询资信+设计+造价+招标	5
	工程咨询资信+监理+造价+招标	12
工程咨询资信+四项资质（信）	工程咨询资信+勘察+设计+监理+造价	3
	工程咨询资信+勘察+设计+监理+招标	1
	工程咨询资信+勘察+设计+造价+招标	1
	工程咨询资信+勘察+监理+造价+招标	2
	工程咨询资信+设计+监理+造价+招标	7
工程咨询资信+五项资质（信）	工程咨询资信+勘察+设计+监理+造价+招标	1

（三）单位经营及业务结构分析

在经营收入方面，工程咨询主营业务收入以工程设计、工程造价、项目咨询等构成为主，从2021年营业收入样本数据看，工程设计占工程咨询主营业务收入比重为33.25%、工程造价占比为12.54%、项目咨询占比11.53%、全过程工程咨询占比为10.01%，详见图2-5。劳动生产率方面，根据抽样调查统计，2019—2021年北京市工程咨询行业人均产值呈逐年增加趋势，分别为31.4万元、36.3万元和42.8万元。根据住房和城乡建设部发布的2020年勘察设计统计公报，全国具有勘察设计资质的企业从业人员440万人，企业营业收入总计72496.7亿元，人均产值约为164.8万元。相较于勘察设计及其他专业服务业而言，北京市工程咨询行业人均产值水平总体偏低。

图 2-5 2021 年工程咨询收入构成图

在营收来源方面，根据样本统计，2019—2021年，签订合同额中，以服务主体划分，企业委托占比份额较大，其委托合同额占比三年分别为77.97%、81.70%和81.94%，而政府委托合同额占比三年分别为18.87%、15.30%和15.51%。详见表2-3。

工程咨询分类收入情况统计　　　　表2-3

服务主体占比分布情况			
合计	2019年占比	2020年占比	2021年占比
政府委托	18.87%	15.30%	15.51%
企业委托	77.97%	81.70%	81.94%
其他委托	3.16%	3.00%	2.55%

三、行业特征

从行业属性看，工程咨询行业具有典型的智力密集、高附加值的特征，工程咨询业对提高投资决策的科学性、保证投资建设质量和效益、促进经济社会可持续发展具有重要作用。基于本次调研以及对北京市工程咨询行业发展状况的初步分析，北京市工程咨询行业发展具有以下特征：

(一)大中小型企业并存发展的态势明显

企业拥有的资信、资质是企业综合实力和服务能力的标志。从专业服务能力构建看,在建设单位及市场一体化服务需求的发展形势下,北京市大中型工程咨询企业的综合实力逐年增强,由于大型国有单位技术实力雄厚、业务协同配套能力较强,专业力量丰富,在行业内仍占据重要地位,形成了较强的品牌优势,在推动首都经济社会发展中发挥着关键的支撑作用。从市场主体性质看,在国家放管服及鼓励中小型民营企业发展等政策推动下,工程咨询行业民营企业数量快速增长,现阶段北京市工程咨询行业企业数量仍以中小企业为主,但在企业数量及活跃程度上尚未形成被市场认可的服务特点和品牌。未来需推进工程咨询单位体制机制持续创新,推动有效市场与有为政府更好结合,支持各类工程咨询单位加快构建符合自身特点与市场需求的运作体制机制,打造一批具有行业引领力的领军企业,打造更多具有创新能力和特色优势的品牌企业,促进各类工程咨询单位平等竞争、互鉴互学、协同发展。

(二)行业呈现多业态协同的发展特点

从经营指标和企业经营模式看,当前大部分企业通常为深耕某一专业领域。随着全过程工程咨询的发展,在工程项目决策、工程建设、项目运营过程中,对综合性、跨阶段、一体化的咨询服务需求日益增强,企业开展单一专业领域咨询服务的经营模式已经难以适应当前工程咨询市场发展需求。依托企业熟悉、擅长的专业和服务领域,发展成为细分行业龙头,同时向综合类工程咨询延伸,采用先进的技术工具和信息化手段,成为具备多资质,覆盖行业前期到现场技术管理服务的综合服务商,是工程咨询企业改革转型和创新发展的方向。

(三)行业的技术人才密集型特征明显

工程咨询行业属于技术密集型行业,根据国家统计局2018年发布的《高技术产业(服务业)分类(2018)》,工程咨询服务各子行业被列入了高技术服务业目录,工程咨询行业具有典型的轻资产、重人才、高附加值的特征,专业技术人才是工程咨询企业发展的核心资产和关键资源要素。同时,工程咨询服务业技术提升对提高工程项目投资决策的科学性、保证投资建设质量和效益方面具有重要作用,近年来,北京市工程咨询行业大力发展并应用BIM、GIS、大数据、云计算等一些新技术、新理念、新业态，推动技术在业内兴起、应用和普及，对于工程咨询行业高质量发展具有重要意义，促进了全行业的提质升级。

（四）行业发展受经济社会发展和政策影响较大

工程咨询服务于工程建设的全过程，固定资产的投资规模增长直接推动了工程咨询服务市场的发展，北京市工程咨询行业服务领域与固定资产投资领域密切相关，主要聚焦于建筑、市政公用工程、生态建设和环境工程等。目前在北京市减量发展背景下，部分领域固定资产投资的变动也影响了工程咨询行业的发展结构，同时，受新冠疫情影响，部分工程咨询企业经营收入、利润额等下降明显，工程咨询行业也存在受政策影响较为显著的特点，近年来陆续出台的包括推行"放管服"改革在内的一系列政策，赋予了行业发展新的生机和活力。未来需充分发挥专业特长，立足为首都建设提供专业咨询服务，发挥专业智库作用，在专业细分领域做精做深做强，持续不断地巩固和提升专业领先优势和竞争实力，扩大市场影响力。

第二节　行业改革发展经验

深化工程咨询业改革，实现行业高质量发展是首都经济社会高质量发展的必然要求。多年来，北京市工程咨询行业管理部门、行业协会和行业企业立足新发展阶段，全面贯彻新发展理念，深化理论、方法、技术和体制机制协同创新，推动本市工程咨询行业规模发展壮大，新业态、新模式不断涌现，行业规范逐步完善，为首都重大战略、重大产业计划、重大工程实施做出了重要贡献。

一、政府部门搭平台促改革，引导行业良性发展

北京市各级政府部门按照党中央、国务院决策部署，立足首都城市战略定位，聚焦重点优势产业和重点示范园区，努力探索服务业开放发展的新业态、新模式、新路径，逐步形成与国际先进规则相衔接的制度创新和要素供给体系，为工程咨询行业发展提供了充足的发展平台。例如，北京市通过打造国家服务业扩大开放综合示范区，针对重点区域、重点产业发展推出一系列改革措施和行动计划，为工程咨询企业创新业务模式提供了应用场景，同时在国际规则下也加速了工程咨询行业资

源整合；"一带一路"实践中，一些工程咨询单位与投资企业走出国门，在沿线国家承接大量的能源、交通、水利等基础设施工程，以及各种产业园区的规划与开发，为"一带一路"建设做出了北京贡献，如中国中元承担设计及项目管理任务的援老挝玛霍索综合医院项目一期工程、担任设计任务的柬埔寨国家体育场2021年完成移交，中冶京诚工程技术有限公司通过EPC总承包的乌兹别克斯坦塔什干钢管厂热轧加热炉2021年成功点火。在市发展改革委支持下，北咨公司联合北京工业大学共同成立北京城市公共空间提升研究促进中心，完成了崇文门等四个地铁站及周边公共空间一体化改造项目、京张铁路遗址公共空间项目、石景山区打造高品质公共空间规划研究等一系列具有重大影响力的咨询服务工作。

二、企业积极拓展新业务，不断提升综合服务能力

我国工程咨询行业发展受制于固定资产投资规模、政府投资管理模式、综合性人才储备、市场竞争环境等因素，特别是当前在经济下行压力下，北京市工程咨询单位积极寻求拓展新业务板块，向全过程综合性工程咨询企业转型，同时依托横向联盟、纵向整合战略，进一步提升企业竞争力。例如，北京京铁工程咨询有限公司从单一经营模式向集监理、代建工程项目管理、招标代理等多种业务并存的多元化经营模式转化。北京城建设计发展集团股份有限公司（以下简称"北京城建设计发展集团"）聚焦轨道交通设计咨询优势精准发力，同时积极拓展设计外延，扩大市政、民建业务市场份额，做大设计咨询总体规模，将北京住宅建筑设计研究院有限公司并入北京城建设计发展集团，为企业在新型绿色建筑、装配式建筑等领域开拓新业务提供重要支撑。中铁第五勘察设计院集团有限公司作为国家国际发展合作署批复的对外援助项目可行性研究单位（工程类）、项目咨询单位和项目经济技术咨询单位，进一步支撑企业向产业链上游、价值链高端迈进。国金管理公司推行管监一体化服务模式，已有上百个"管监合一"项目服务案例，是国内首家完成建设项目全过程管理（含监理）三位一体综合管理体系认证的工程咨询企业。

三、把握数字化发展机遇，持续提高信息化服务水平

推进数字化转型成为当前北京众多工程咨询企业提高自身技术能力、加快企业现代化发展的重要路径。北京城建设计发展集团系统编制了城市轨道交通、民用

建筑、市政工程业务的BIM系列标准，还主编了五项行业标准、十余项地方标准，为BIM技术的实施和推动提供了理论依据和实践基础，并在创新杯、龙图杯、光辉大奖等知名BIM大赛中斩获国际级、国家级、省部级等各级奖项50余项。北京诺士诚国际工程项目管理有限公司研发工程管理平台"管酷云台®"和"建享佳™"工程师APP，为建设单位、监理单位、施工单位等不同参建方，提供全过程、全角度、全生命周期的项目管理信息化支持。北京市勘察设计研究院有限公司研发投入项目全生命周期岩土工程BIM信息化技术服务，提供项目岩土工程BIM模型创建和工程信息化管理平台搭建及应用，实现基坑工程施工期的进度、质量、安全、商务以及公共资源等方面的多方协同管理。北咨公司推动咨询报告智能化编制，通过人工智能等关键技术应用，实现程序自动学习、智能输出咨询报告，可以一定程度提高业务人员工作效率，该项目已获批成为北京市国资委数字化应用重点场景之一。此外，通过工程投资大数据平台建设，以案例为切入点，北咨公司将工程造价前后端数据打通，为各阶段项目工程投资提供借鉴，以更好地服务政府投资决策。

四、推进行业市场化转型，激发内生发展动力

2017年，国家发展改革委第17号公告取消了工程咨询单位资格认定，调整为国家和省级发展改革委指导监督行业组织对工程咨询单位开展行业自律性质的资信评价。近年来，北京市工程咨询行业在市委、市政府及相关行业部门的规范指导下，在业务模式、管理机制和技术手段等方面进行了改革创新的探索尝试，已初见成效，在北京市经济建设中显现了重要价值，对全国工程咨询行业发展起到了引领示范作用。例如，北咨公司2020年完成转企改制，推进由传统的综合性工程咨询机构向新型"智库"的转型提升。北京城建设计发展集团借助上市完成了城市轨道交通全产业链的资源整合，扩展了产业发展空间，增强了企业发展的弹性和韧性。中铁工程设计咨询集团有限公司积极参与国有勘察设计企业混合所有制改革，开展员工持股试点，形成员工持股管理长效机制，公司主要经营指标大幅增长，企业对人才的吸引力显著增强，提升了企业核心竞争能力。中冶京诚工程技术有限公司根据市场需求，重新确定企业的市场业务定位，在做好传统钢铁工程设计业务的同时，积极开拓工程总承包业务，迅速扩大了经营规模，促进了公司快速发展。

第三节　行业国际化实践

近年来，随着国家"走出去"战略的实施、中国加入世贸组织、"一带一路"倡议的提出以及全球经济一体化持续走深，越来越多的中国工程企业走出国门参与到国际工程领域的激烈竞争中，并取得了令人瞩目的成绩。截至2021年底，我国对外承包工程新签合同额超过2584.9亿美元，较1979年3400万美元的全年合同额增长近7600倍。尽管国际市场上我国工程承包企业打拼得风生水起，但处于工程行业产业链前端的工程咨询企业走出去却明显滞后，为对外承包工程高水平发展提供的智力支撑还较为薄弱，参与国际工程咨询的竞争力还不够强，需要增强和提高携手我国工程企业走出去的能力和水平。

一、工程咨询行业国际化现状

（一）参与国际工程咨询的情况

1982年，中咨公司成立，围绕国家援外项目开展，协助我国最早进入国际工程承包市场的中国建筑工程总公司、中国路桥工程有限责任公司、中国土木工程集团有限公司和中国成套设备进出口集团有限公司四家外经公司率先开展了国际工程咨询工作。与此同时，一部分建设和勘察设计企业也以开展对外工程承包和劳务合作为契机，逐步参与到国际工程咨询设计领域中，开启了我国工程咨询企业国际化发展之路。

1992年4月，国家对外经济贸易部合作司授予中国寰球工程有限公司、中国航空工业规划设计研究院、上海建筑设计院有限公司等32家单位对外经营权，并于1993年2月成立中国国际工程咨询协会，目前协会已有会员单位500多家，这些企业成为我国积极拓展国际工程咨询业务的领跑者。

尽管我国从事国际工程咨询业务的企业已达到一定数量，业务规模也逐年扩大，但相比较于总体咨询业务营收情况，其国际咨询业务所占比例非常低。2021年度美国《工程新闻纪录》发布的"工程设计企业全球营收150强"榜单前20强中，中国企业仅占5席，分别为中国电建、中国能建、中国交建、中国铁建、中国中铁，总营收达到336.22亿美元，其中海外总营收仅为25.82亿美元，海外营收占比为7.68%，如图2-6所示。尽管中国设计咨询企业的总营收远远超过美国、英国、加拿大、瑞典、荷兰、澳大利亚等国家，但其海外营收占比却远远低于欧美发达国家，这也说明中国工程咨询行业的国际化程度及业务覆盖率远低于西方国家，我国工程咨询行业国际化市场化进程仍需加快，竞争力有待进一步提高。

图2-6　2021年度美国《工程新闻纪录》工程设计企业全球营收前20强营收情况

（二）我国工程咨询行业提供国际化咨询服务的类型

现阶段我国大部分国际工程咨询项目集中在由政府相关部门委托的国外投资项目评估、对外合作规划研究、援外项目贷款评估，以及由中国工程总承包企业在走出去过程中委托的相关设计勘察、招标代理等常规咨询项目，较少有参与国际工程的全过程工程咨询，即从工程项目前期策划、投融资咨询、设计咨询、项目管理等全过程采用国际通用标准的工程咨询。就目前国内从事国际工程咨询的企业来看，真正能够在国际上与国外咨询公司平等参与竞争的中资工程咨询企业较少，我国工程咨询企业的国际化咨询业务未能充分发挥工程咨询的前端引领作用和技术、管理支撑作用，未来应进一步提高技术水平，带动我国国际工程咨询更多进军欧美发达国家市场。

（三）我国国际工程咨询企业的行业实力

随着对外工程项目的广泛开展，特别是近年来在"一带一路"倡议指引下，我国在沿线国家的投资逐渐增多，项目不断开拓，区域互联互通需求具体转化为公路、铁路、港口、机场、电力、通信等基础设施项目，为对外承包工程的发展提供了新的空间，无论从业务规模、大项目数量、行业分布和参与主体方面，都取得了长足发展，为世界经济发展和共同繁荣起到了重要推动作用。

在此过程中，很多大型工程承包企业、勘察设计企业进入到国际工程咨询市场，如中国能建、中国电建、中国交建、中国铁建、中国中铁等，虽然资金雄厚、人员充足、技术实力强，在行业选择上也各有侧重，但是其组织机构建设及人才培养都是从满足工程承包或勘察设计的需要而设置的，并非从打造和培养综合性国际工程咨询机构的角度进行配置的。因此这类企业与专业设置齐全、能够依靠较强的创新能力或专利技术跻身于综合性国际工程咨询行业的国际工程咨询公司还有差距，各大企业在竞争中都无法取得绝对领先地位，缺乏能在国际工程咨询行业起到引领作用的综合实力雄厚的龙头企业。

（四）北京市企业参与国际工程情况

近年来，北京市工程咨询行业充分借助国际交往中心城市战略优势，积极融入"走出去"战略，尤其以设计引领的龙头企业承担了多项国际设计总承包任务，取得了国际广泛好评。如，中国中元参与我国援建的柬埔寨国家体育场与黎巴嫩国际音乐厅等项目，通过编制技术规范书和工程量清单（控制价），细化了工程建设品质和标准，同时有效控制了工程造价，实现了"图材量价"一体化设计。北京城建设计发展集团以国际化的顶级专家为引领，树立世界眼光，提升国际品质，国际化业务市场已延伸至俄罗斯、哈萨克斯坦、以色列、土耳其、安哥拉、越南、埃塞俄比亚、阿根廷、马尔代夫、伊朗、柬埔寨等14个国家。中节能咨询有限公司在国际合作研究方面主要完成《中国油气行业甲烷减排绿色投融资政策框架研究》（美国环保协会北京代表处委托）、《中国煤炭行业甲烷排放纳入碳市场路径比较研究》（美国环保协会北京代表处委托）、《中国绿色高效零碳制冷技术路线图研究》（能源基金会委托）、《金融机构环境信息披露现状分析和建议》（世界资源研究所（美国）北京代表处委托）等众多课题，为企业走出中国贡献了智慧。

二、工程咨询行业国际化模式

我国工程咨询行业开展国际化业务，大致有以下三种类型：一是按照中国的标准服务于我国走出去的工程项目；二是按照国际国内双标准服务于我国对外投资建设项目；三是采用国际通用标准服务于国际工程项目。目前来看，第一种类型较普遍，比较符合我国现阶段工程咨询行业走出去的现实条件。

（一）采用中国标准服务国外项目

结合我国对外开放战略和"一带一路"倡议实施的特点，我国国际工程项目多集中于亚洲、非洲等一些不发达或欠发达地区，多数亚洲国家在道路、铁路、港口、电站、洁净水、能源与可再生能源、健康与教育等领域都有着较大的基础设施建设资金需求，为中国加强在该区域的基础设施投资建设提供了大量机遇。非洲地区基础设施底子薄，中非经济存在很强的互补性，在基础设施、资源开发利用及产能合作方面有着广阔的空间。借助中国标准、中国技术、中国资金为非洲互联互通提供更多的基础设施支撑，服务于非洲基础设施建设的国际工程咨询多采用建设方和工程项目承包商认可的中国标准。

以非洲铁路项目为例。于2012年开工建设、2016年正式通车的亚吉铁路作为我国对非援助项目，由中国进出口银行提供300亿元人民币的优买贷款建设而成，中国铁建、中国中铁组成的联营体参与项目的施工建设运营。中咨公司和原铁道第三勘察设计院集团有限公司组成的联合体担任业主代表，并开展项目管理、工程监理等工程咨询工作。亚吉铁路是非洲的第一条跨国电气化铁路，也是我国海外首个集设计标准、装备材料、施工、监理、投融资和运营管理为一体的"全产业链中国化"的铁路项目。就中国工程咨询行业而言，该项目的实施为中国标准、中国工程咨询"走出去"提供了新的发展思路，也为我国国际工程全过程咨询能力的形成提供了样板，已成为我国工程咨询行业"走出去"服务国家、持续创新的标杆工程。在亚吉铁路建设的四年多时间里，中国工程咨询企业持续的高标准咨询服务，不仅为中国的工程咨询企业在非洲工程咨询业界赢得了进一步开拓市场的机会，也为非洲地区广泛接受中国标准和技术奠定了良好基础。

（二）采用国内外双标准服务中国企业对外投资项目

随着"一带一路"倡议持续深入开展，我国越来越多的资源类企业"走出去"，在亚洲、非洲、南美等矿产资源丰富的地区开发海外资源市场，这其中有在海外市场深耕多年的国际化矿业公司，也有国际市场布局较晚，但在国内矿业领域具有深厚积累的大型矿业类公司。对于首次"出海"的矿业开发型企业，不仅要面对人文、政治、经济、法律、财务等各种纷繁复杂的问题和难题，更要花大力气解决工程按时达产达标的问题。实际工作中，中国企业在遵循项目所在国各项法律法规、标准要求的基础上，尽可能采用中国标准，确保实现中国速度。

以哈萨克斯坦（以下简称"哈国"）某矿业工程项目为例，该工程由中国大型国有企业、央企等联合投资，项目总承包商为具有丰富国际工程总承包经验的中资企业，负责勘察、主体设计、招投标、造价咨询、项目管理的工程咨询企业为中资企业，负责项目辅助工程设计、设计监理和技术监理的工程咨询企业为哈国企业。根据哈国法律要求，外商投资项目的初步设计图纸需经过当地国有设计院按照哈国标准进行转化审核备案后，才可准备办理各项开工手续。项目施工过程中，必须由哈国当地工程咨询企业对项目现场进行监理。鉴于这一现实问题，该项目的工程咨询服务企业提出了"双监理"的技术管理策略，即由哈国当地工程咨询企业作为项目的技术监理方，负责按照哈国当地的法律法规和技术要求进行日常建设工程的监督管理，同时由项目业主单位聘请在矿业工程咨询领域具有丰富经验的中资工程咨询企业作为项目管理方，依据中国标准和中国经验，对施工企业的安全、质量、进度、成本等进行严格把关，确保复杂的矿业工程问题能够得到快速妥善解决。经过现场反复磨合，哈国监理工程师更加认同中国标准和中国经验，项目业主方对内外部技术监督的质量更加有信心，"双监理"制度为全面推进建设工程顺利开展提供了保障。

（三）采用国际通用标准服务国际工程项目

在参与国际工程咨询的过程中，具有百年工程咨询经验的欧美国家工程咨询企业在业务开展中使用国际通用标准，管理精细、规范，系统性要求更严格，很多国内的工程项目都有外国跨国工程咨询参与建设的身影。我国的工程咨询企业在走出去过程中，能够直接参与欧美国家的国际招标的项目较少，但在服务中国投资或中外合资的国际项目中，按照项目所在国家要求，使用国际通用标准参与工程咨询的项目较多，中国的工程咨询公司往往能够根据项目要求结合中国实践经验，快速学习和吸纳国际通用标准，并正确使用国际标准做好工程咨询工作。

以国际矿业工程为例，在国际矿业工程领域普遍使用的国际标准有南非标准、澳大利亚标准、美洲标准，中国标准在修订过程中大部分参照了国际标准，大部分条款甚至比国际标准还要严格。位于巴布亚新几内亚（以下简称"巴新"）某镍钴矿是我国在南太平洋投资最大的镍钴矿。该项目由中资企业与巴新国家和当地公司外方股东组成项目联营体共同投资建设，中资企业持有项目85%股份，外方股东持有项目15%股份。尽管中资企业为大股东，但该项目需要完全按照西方技术标准执行。如地质勘查的资源/储量的分类标准要严格执行澳大利亚JORC标准，地质勘查监理工作由中国工程咨询企业负责，在服务境外矿业工程中，中国矿业工程咨询企业有必要在熟悉中国标准基础上，认真学习国际通用标准，以满足境外工程不同业主的需求，不断提高我国矿业工程咨询的技术水平和人才素质，推动我国矿业进一步融入国际市场，助力中国经济与社会长远发展，促进世界各国共同进步。

除以上走出去服务境外工程的国际工程咨询项目外，还有一类国内工程咨询企业服务于"引进来"的外商投资项目，也应属于国际工程咨询项目范畴。如外资企业进入中国开展投资建设，委托国内工程咨询公司开展的诸如市场调查、国内政策与营商环境咨询等项目落地的引导咨询服务，以及国际金融组织和外国政府援助的国家基础设施和资源领域项目，委托国内工程咨询公司以国际通用标准开展的一系列工程咨询服务等。

第四节　存在问题与不足

北京市工程咨询行业通过长期的改革发展在服务首都经济建设、服务"一带一路"倡议、服务国家重点工程项目落地，引领全国工程咨询行业发展等方面发挥了重要作用，形成了一批综合实力显著、新型专业智库特色鲜明的工程咨询单位和平台，行业服务能力与发展水平达到了新的高度，也为行业高质量发展打下坚实基础。同时也应该看到，当前工程咨询领域市场的无序竞争仍较突出，行业信息化数字化水平低，全过程工程咨询等咨询新业态的发展仍处于市场培育阶段，行业管理与服务保障能力还相对薄弱，标准化体系尚未形成，企业创新能力尤其是原创性研究能力和基础研究不足，综合型、领军型人才缺乏等问题急需解决。

一、咨询市场秩序有待规范

（一）"优质优价"的市场化理念有待建立

2017年，国家发展改革委发布《工程咨询行业管理办法》，取消了对工程咨询行业的资质审批；新的《中华人民共和国招标投标法》《中华人民共和国招标投标法实施条例》，以及《住房城乡建设部关于废止〈工程建设项目招标代理机构资格认定办法〉的决定》放开了对招标代理业务的资质要求等，为大多项目业主选择工程咨询服务提供了更大空间，也为大多工程咨询企业带来了更大的竞争压力。由于长期以来社会上普遍将工程咨询服务作为项目审批的程序性需求来看待，且对项目咨询服务的重要性认识不足，一方面市场对优质项目咨询服务需求内生动力不足，再则各方缺乏市场化的咨询服务"优质优价"议价认知和理念，造成咨询服务需求方偏好于价格越低越好，为一些从业时间短、服务质量难以保证的咨询企业通过压低价格获得服务机会提供了操作空间，间接造成市场无序竞争的现象屡屡发生，不仅影响建设工程咨询服务质量，也影响工程咨询从业人员对行业发展的信心，难以吸引优秀人才加入，最终受影响的还是投资建设项目的品质。

（二）行业自律体系约束作用有待加强

目前，现有行业管理相关法律法规体系和行业政策有待进一步完善，行业企业的自律性机制和相关制度体系尚未建立，行业协会的功能没有充分发挥出来。行业自律体系主要依靠协会章程、行业（企业）自律公约、职业道德准则等，但其约束力不强，对不诚信的会员单位及从业人员的"惩戒"和"威慑"力度不够。缺乏制度性的、有效的、经常性的检查监督和惩戒措施，如造价、监理、招标代理等领域建立了自律公约，部分会员单位也建立了本单位的自律公约，但企业在资质（信）申报与管理中的非诚信行为、超越资质的经营行为、借资质挂靠业务与执业资格人员的注册挂靠行为等问题屡见不鲜。此外，行业尚未建立企业和从业人员诚信评价体系，缺乏资信数据管理平台，信用信息共享机制不完善，对失信企业的曝光、分类监管、市场退出等惩戒机制不完善。

（三）缺乏规范合理的行业收费标准

工程咨询服务已经发展多年，但尚未形成工程咨询服务合同的示范文本。目前工程咨询行业相关服务收费主要参考《国家计委关于印发建设项目前期工作咨询收费暂行规定的通知》和《关于建设项目前期工作咨询收费的补充通知》执行。自2016年上述两个参考文件废止以来，随着咨询人员成本、新技术应用研发等费用不断增加，合理的咨询服务市场价格体系在缺乏政策引导的情况下始终没有形成，全社会实际上仍在沿用已废止的收费规定。

在全过程工程咨询服务收费方面，受财政部门有关建设费用组成限制，目前基本是项目管理、监理、造价咨询等业务板块单独取费再相加，而其中的项目管理业务取费一般是在建设单位管理费基础上再进行折扣，对于投资额较小项目的项目管理服务取费明显偏低，造成了管理投入与收入的严重倒挂。在项目管理新技术应用方面，部分企业反映北京地区缺少BIM技术咨询服务相关政策支持，包括费用（BIM软件购置与数据维护费用、技术人员投入费用等）来源、相关计费标准、计入工程费的许可等。

二、企业自身发展能力有待提高

（一）全链条咨询服务企业较少

多数工程咨询机构业务相对比较单一，往往聚焦于优势领域，对陌生领域、创新业务的开拓力度不足，不具备独立承担全链条咨询业务的技术能力和管理水平。同时，部分工程咨询机构虽然业务链条较为完整，但业态条块分割严重，缺乏整体性与规范性，规划咨询、项目咨询、项目管理、项目运营以及各类专项咨询等各环节的业务集成度不高，无法实现业务融合创新发展，也缺乏从事全链条咨询业务的高级管理和技术人才，跨行业的咨询服务能力不突出。

（二）综合创新能力相对滞后

工程咨询业是技术密集、智力密集型行业，要加快实现高质量发展，关键在于创新。当前，从整体上看工程咨询业在理念创新、技术创新、组织创新、模式创新和生态创新等方面还存在一定的不足，一方面是主导制定工程建设领域的国际标准数量占比很低，工程咨询服务标准的国际化水平低，中国工程咨询企业在与国际顶尖咨询企业的竞争中存在标准国际认可度与影响力低等诸多问题和挑战。另一方面，工程咨询与现代信息技术融合较慢，信息收集和信息化建设滞后，数据库建设和数据分析能力不足，与发达国家咨询企业十分注重咨询服务现代化、重视公共平台资源建设、出资建立各种信息资源数据库及联机系统等相比，国内咨询企业在数据库系统、企业知识库、研发经费投入等方面还有很大差距。

（三）综合咨询服务能力与国际标准存在差距

随着"一带一路"的深化合作，北京市工程咨询企业积极拓展海外市场，并获得了很多优质工程咨询奖项，但过于依赖我国对外投资项目，在与国际工程咨询机构展开合作与竞争的过程中，由于存在对国际标准的理解不同、经营管理理念不同、企业规模实力不同、国际化人才相对短缺等问题，"走出去"的工程咨询企业在企业数量、市场份额、龙头企业综合实力等方面仍然难以与国际工程咨询企业抗衡，抗风险能力、管理能力、服务质量和信息化程度等方面差距明显，企业投融资、设计、管理等一体化的综合服务能力不足，难以满足国际工程咨询业务需求，制约了中国企业在投资地的高质量发展，影响中国标准真正走出去的步伐和效果。

三、综合性、高端化人才较为缺乏

（一）综合性的"领军型"人才缺乏

工程咨询的核心要素是人才，随着国家"放管服"改革的深化，咨询市场向高端化发展成为必然趋势，咨询的价值要从"服务投资决策"升级到"服务国家治理体系和治理能力现代化"，对高素质工程咨询人才的需求更为强烈，对人才的专业性、综合性的要求更加突出。目前工程咨询行业的高端人才比较匮乏，尤其是缺少一些一专多能的高素质综合性人才和具有开阔视野的国际化人才，咨询从业人员整体素质不够高，制约行业的高质量发展。

（二）行业高端人才晋升渠道不畅通

工程咨询企业均以不同形式体现着"政府智库"角色定位，为建立高标准、高水平、多元化智库型机构，对高端人才的引进和培养显得更加重要。但是受企业体制、薪资水平、发展机会等限制，传统工程咨询企业人才的晋升渠道不够顺畅，对于综合型、高水平、国际化的高端人才缺乏吸引力，需要政府、行业协会、企业共同搭建平台，建立高效的激励机制和培养机制，并随着企业业务模式转型和"走出去"战略持续推进，为造就高端人才队伍创造更好的条件，提供更多的机会。

四、行业管理与服务保障能力有待加强

（一）行业标准规范体系尚不健全

目前，中国工程咨询协会已印发一批团体标准，涵盖工程咨询行业的通用原则、要求、方法和技术，如《固定资产投资项目投资机会研究指南》《综合医院建设项目可行性研究报告编制规范》《重大项目社会稳定风险评估操作规范》《化工园区开发建设项目全过程工程咨询服务导则》《城市更新旧村（城中村）改造类项目评估工作指南》等一批实用性较强的编制规范与工作指南，对提高项目决策和建设管

理水平，推动工程咨询领域高质量发展具有重要意义，同时对广大工程咨询从业人员也具有重要的指导与参考价值。但是工程咨询涉及的行业领域和业务类型多样，对于适应新发展阶段的特征要求和数字化发展特点还存在一定差距，需要滚动推进基础性标准、行业规范、业务指南的编制、修订与发布，做到咨询业务过程有规程可依，业务成果有标准可依、有规范可循。

（二）行业高质量发展评价指标体系尚未形成

《工程咨询行业2021—2025年发展规划纲要》提出，要对照建立现代化经济体系的要求，以新发展理念为指导加快建立适应高质量发展要求的工程咨询行业统计体系。行业协会要建立行业统计制度，建立高质量发展评价体系，对工程咨询业高质量发展情况进行评估，推动评估结果纳入行业主管部门、协会组织、地方政府政绩考核体系和国有企业业绩考核体系，增强评价制度的实施效力。目前，对于行业企业发展的信息统计仅停留在企业基本信息层面，对于企业配合开展数据统计分析的引导不够，缺乏对企业经营发展数据的统计、分析、研判的理论方法体系，对行业企业高质量发展的引领和推动作用不明显。

第三章 行业发展环境

多年来，北京市工程咨询行业坚决贯彻落实党中央、国务院的决策部署，在市委、市政府的坚强领导下，行业得到快速发展，规模持续扩大。近3年来在国内外宏观经济形势严峻复杂以及新冠疫情的影响下，行业发展环境也总体保持稳定。随着改革开放不断深入，工程咨询的国际化进程加快，工程咨询行业发展的市场化趋势越来越明显。"十四五"时期是工程咨询行业和企业实现转型和高质量发展的重要时期，国家"数字经济"发展战略导向、"双碳"目标控制和市场需求变化，为北京市工程咨询行业发展带来了新机遇，提出了新挑战。

第一节 政策环境

工程咨询业是我国改革开放的产物，伴随着从计划经济向社会主义市场经济的转轨过程逐步发展起来。在工程咨询业发展的历程中，国家及地方法律法规、方针政策发挥了重要推动作用。目前，针对工程建设领域，基本形成包含国家、地区、行业等多层面，涉及投资体制改革、行业转型发展、全过程工程咨询等不同类型的政策法规体系。

一、投资体制改革相关政策

改革开放以来，国家对原有的投资体制进行了一系列改革，打破了传统计划经济体制下高度集中的投资管理模式，基本形成投资主体多元化、资金来源多渠道、投资方式多样化、项目建设市场化的新格局。

(一)完善政府投资体制,发挥政府投资引导和带动作用

2016年7月,《中共中央 国务院关于深化投融资体制改革的意见》发布,提出改善企业投资管理,充分激发社会投资动力和活力。明确建立投资项目"三个清单"管理制度,规范企业投资行为。强调完善政府投资体制,发挥好政府投资的引导和带动作用,进一步明确政府投资范围,优化政府投资安排方式。

2019年4月,国务院发布《政府投资条例》,明确界定了政府投资资金范围,即政府投资资金应当投向市场不能有效配置资源的社会公益服务、公共基础设施、农业农村、生态环境保护、重大科技进步、社会管理、国家安全等公共领域的项目,以非经营性项目为主。规范了政府投资决策程序,优化了政府投资报批流程,严格项目实施和事中事后监管。《政府投资条例》是我国政府投资领域第一部行政法规,是长期以来我国政府投资实践的科学总结,是在贯彻新发展理念、建设现代化经济体系过程中的重要立法成果。这部法规的颁布和实施,对于依法规范政府投资行为、充分发挥政府投资引导和带动作用,激发社会投资活力具有十分重要的意义。

(二)企业投资实行核准、备案制,确立企业的投资主体地位

2004年7月,国务院发布《国务院关于投资体制改革的决定》,提出改革项目审批制度,落实企业投资自主权。对于企业不使用政府投资建设的项目,一律不再实行审批制,区别不同情况实行核准制和备案制。其中,政府仅对重大项目和限制类项目从维护社会公共利益角度进行核准,其他项目无论规模大小,均改为备案制;对于企业使用政府补助、转贷、贴息投资建设的项目,政府只审批资金申请报告。

2016年11月,国务院发布《企业投资项目核准和备案管理条例》,提出仅对涉及国家安全、全国重大生产力布局、战略性资源开发和重大公共利益等项目实行核准管理,其他项目一律实行备案管理。《企业投资项目核准和备案管理条例》是我国固定资产投资领域第一部行政法规,在转变政府投资管理职能、巩固企业投资主体地位等方面具有重大意义。通过加强投资领域法治建设,落实企业投资自主权,确立企业的投资主体地位,使市场在资源配置中起决定性作用,并更好地发挥政府作用。

2017年3月,国家发展改革委发布《企业投资项目核准和备案管理办法》,进一步明确投资项目核准和备案的范围和权限,完善项目核准制度,明确投资项目备案的方式、流程和具体要求。依托在线平台,进一步强调项目的事中事后监督管

理。《企业投资项目核准和备案管理办法》延续《企业投资项目核准和备案管理条例》的规定，细化了项目核准、备案的机关、企业以及其他主体的法律责任。作为我国深化投资体制改革的一个重要举措，全面规范了我国的企业投资项目核准、备案制度，对项目核准和备案的基本程序及相关问题做出统一、规范的制度安排，促进各类资本固定资产投资的便利化。

（三）建立市场准入负面清单制度，促进民间投资健康发展

2016年7月，《国务院办公厅关于进一步做好民间投资有关工作的通知》发布，提出继续深化简政放权、放管结合、优化服务改革。建立市场准入负面清单制度，进一步放开民用机场、基础电信运营、油气勘探开发等领域准入，在基础设施和公用事业等重点领域去除各类显性或隐性门槛，在医疗、养老、教育等民生领域出台有效举措，促进公平竞争。要求有关方面开展正税清费，实施"营改增"改革试点等工作，切实降低企业成本负担。

二、政府投资决策相关政策

（一）优化行政审批流程

2018年3月，《关于进一步优化营商环境深化建设项目行政审批流程改革的意见》提出，为加快转变政府职能，建设服务型政府，更好地服务于企业办理行政审批事项，北京市对社会投资建设项目行政审批流程进行了优化完善。主要包括实施分类管理、精简审批前置条件、推进建设项目行政审批与互联网深度融合、优化完善技术评估环节、构建施工图联合审查的工作机制、建立全市统一的项目竣工联合验收机制、简化不动产登记办理程序、提高市政公用服务效率和水平等。

（二）加强市级政府投资建设项目成本管控

2019年7月，《北京市发展和改革委员会 北京市财政局关于印发〈加强市级政府性投资建设项目成本管控若干规定（试行）〉的通知》提出，凡使用市级政府性资金投资建设的固定资产投资项目全部纳入成本管控范围。市发展改革委负责市级政府性投资项目的全过程、全流程、全成本管控。同时，明确项目单位应委托第三方专业机构编制项目建议书、可行性研究报告、初步设计概算，市发展改革委在审批项目建议书、可行性研究报告、初步设计概算时，应委托具备甲级资信（资质）的工程（造价）咨询机构开展项目第三方评估评审。

（三）规范北京市重大投资项目前期工作经费使用、监督与管理

2022年1月，《北京市发展和改革委员会 北京市财政局关于印发〈北京市重大投资项目前期工作经费管理办法〉的通知》提出，重大投资项目前期工作经费，是指从市级基本建设投资预算中安排的，用于开展项目前期工作的专项经费。具体包括重大投资项目规划谋划经费、重大政府投资项目前期推进经费、重大投资项目评估论证经费、经市发展改革委同意并报市政府批准与项目前期工作直接相关的其他费用。明确了重大投资项目前期工作经费的使用、监督与管理相关规定，对于加强全市重大投资项目储备、提高项目前期工作质量、规范项目前期工作经费管理具有重大作用。

（四）规范固定资产投资项目咨询评估管理

2022年4月，《国家发展改革委关于修订印发〈国家发展改革委投资咨询评估管理办法〉的通知》提出，国家发展改革委在进行政府固定资产投资项目审批管理时，应当坚持"先评估、后决策"原则，委托有关中介机构开展咨询评估，并在充分考虑咨询评估意见的基础上做出决策决定。明确了国家发展改革委委托的咨询评估范围，对中介机构的管理要求、评估咨询质量的评价和监督，对提高政府固定资产投资项目投资决策的科学化、民主化水平，规范投资决策过程中的咨询评估工作具有重要意义，为规范化管理投资咨询评估、提升评估质量提供了保障。

三、行业发展相关政策

（一）促进行业高质量发展

2022年3月，中国工程咨询协会发布《关于加快推进工程咨询行业高质量发展的指导意见》，提出未来工程咨询业高质量发展应坚持高点站位、创新引领、质量变革、系统谋划的基本原则，以"市场化、专业化、品牌化、数字化、法治化、国际化"为总体要求，贯彻新发展理念，推进科技创新、业务创新、体制机制创新和智库建设等，落实协调均衡发展、发展绿色咨询、推进国际化和重视人才培养等高质量发展的重点举措，为工程咨询行业在新发展阶段展现新作为指明了方向。

（二）建设高水平科技创新型智库

2015年1月，中共中央办公厅、国务院办公厅印发了《关于加强中国特色新型智库建设的意见》。意见强调中国特色新型智库是党和政府科学民主依法决策的重要支撑，决策咨询制度是我国社会主义民主政治建设的重要内容。提出要建设高水平科技创新智库和企业智库，规范和引导社会智库健康发展。凡属智库提供的咨询报告、政策方案、规划设计、调研数据等，均可纳入政府采购范围和政府购买服务指导性目录，为工程咨询行业（企业）今后的发展拓展了新的业务模式和发展空间。

（三）取消工程咨询单位资格认定行政许可

2017年9月，《国务院关于取消一批行政许可事项的决定》提出国家发展和改革委员会取消工程咨询单位资格认定行政许可。取消审批后，国家发展改革委通过制定发布工程咨询标准规范，加强政策引导。强化监管，对违法行为加大处罚力度；通过国家企业信用信息公示系统、"信用中国"网站强化信用约束，向社会公示行政处罚等信息；实施列入"黑名单"等惩戒措施；创造条件，发挥行业协会的自律作用等措施加强事中事后监管。

（四）工程咨询单位实行告知性备案管理

2017年11月，国家发展改革委发布《工程咨询行业管理办法》，提出对工程咨询单位实行告知性备案管理，降低了工程咨询行业的准入门槛。工程咨询单位管理由行政许可模式转为政府监管、行业自律、企业自主的管理模式，充分激发市场活力和社会创造力。明确了工程咨询服务范围包括规划咨询、项目咨询、评估咨询、全过程工程咨询。对咨询成果质量实行终身负责制，有利于进一步强化工程咨询行业"独立、客观、公正"的服务宗旨和职业道德、服务意识、社会责任感，有利于规范工程咨询单位和咨询工程师的执业行为，优化提升市场环境。

（五）实行工程咨询单位资信评价

2018年4月，《国家发展改革委关于印发〈工程咨询单位资信评价标准〉的通知》提出，工程咨询单位资信评价标准以近3年的专业技术力量、合同业绩、守法信用记录为主要指标，资信评价等级分为甲级和乙级两个级别。资信评价类别分为专业资信、专项资信、综合资信。专业资信、专项资信设甲级和乙级，综合资信只设甲级。工程咨询单位资信评价每年度集中申请和评定，已获得资信评价等级的单位满3年后重新申请和评定，期间对发现不再达到相应标准的单位进行动态调整。《工程咨询单位资信评价标准》的发布为工程咨询行业提供健康发展导向，为委托单位选择工程咨询单位提供参考。

四、全过程工程咨询相关政策

（一）积极培育全过程工程咨询

2017年2月，《国务院办公厅关于促进建筑业持续健康发展的意见》提出培育全过程工程咨询，鼓励投资咨询、勘察、设计、监理、招标代理、造价等企业采取联合经营、并购重组等方式发展全过程工程咨询，培育一批具有国际水平的全过程工程咨询单位。制定全过程工程咨询服务技术标准和合同范本。政府投资工程应带头推行全过程工程咨询，鼓励非政府投资工程委托全过程工程咨询服务。通过改革工程咨询服务委托方式和整合工程建设各类咨询管理服务，积极培育全过程工程咨询。

（二）开展全过程工程咨询试点

2017年5月，《住房城乡建设部关于开展全过程工程咨询试点工作的通知》提出，选择北京、上海、江苏、浙江、福建、湖南、广东、四川8省（市）以及中国建筑设计院有限公司等40家企业开展全过程工程咨询试点。要求试点地区住房城乡建设主管部门和试点企业制订试点工作方案、实现重点突破和总结经验推广，试点地区住房城乡建设主管部门要坚持创新管理机制、确保项目落地、实施分类推进。要求试点企业要积极延伸服务内容，提供高水平全过程技术性和管理性服务，提高全过程工程咨询服务能力和水平。

（三）明确工程咨询服务范围

2017年11月，国家发展改革委发布《工程咨询行业管理办法》。办法明确了工程咨询服务范围包括：规划咨询、项目咨询、评估咨询以及全过程工程咨询。其中，全过程工程咨询即采用多种服务方式组合，为项目决策、实施和运营持续提供局部或整体解决方案以及管理服务，并将PPP项目实施方案纳入工程咨询服务范围。同时明确，工程咨询单位对咨询质量负总责，实行咨询成果质量终身负责制。工程项目在设计使用年限内，因工程咨询质量导致项目单位重大损失的，应倒查咨询成果质量责任，形成工程咨询成果质量追溯机制。

（四）推进重点领域全过程咨询服务发展

2019年3月，《国家发展改革委 住房和城乡建设部关于推进全过程工程咨询服务发展的指导意见》提出，鼓励发展多种形式全过程工程咨询、重点培育全过程工程咨询模式、优化市场环境、强化保障措施等方面一系列政策措施。通过在房屋建筑和市政基础设施领域推进全过程工程咨询服务发展，提升固定资产投资决策科学化水平，为固定资产投资及工程建设活动提供高质量智力技术服务，全面提升投资效益、工程建设质量和运营效率，推动高质量发展。意见提出，除投资决策综合性咨询和工程建设全过程工程咨询外，咨询单位可根据市场需求，从投资决策、工程建设、运营管理等项目全生命周期角度，开展跨阶段咨询服务组合或同一阶段内不同类型咨询服务组合。意见同时提出了完善全过程工程咨询服务酬金计取方式。服务酬金可按单项具体咨询内容在项目投资中列支，也可汇总按全过程工程咨询服务酬金一次性列支，服务酬金按两种方式计取，一种为按各专项服务酬金叠加后再增加相应统筹管理费用计取；另一种为按人工成本加酬金方式计取。并鼓励投资者或建设单位根据咨询服务节约的投资额对咨询单位予以奖励。

五、其他相关政策

（一）加强市场主体平等保护

2019年10月，《优化营商环境条例》公布，提出加强市场主体平等保护、营造良好市场环境。强调平等对待各类市场主体、为市场主体提供全方位的保护、为市场主体维权提供保障。同时围绕打造公平、公开、透明、高效的政府运行体系，着力提升政务服务能力和水平，提供惠企便民的高效服务。明确规范和创新监管执法，为促进公平公正监管、更好实现公平竞争提供基本遵循。

（二）加快推进全国统一大市场

2022年3月，《中共中央 国务院关于加快建设全国统一大市场的意见》提出，持续推动国内市场高效畅通和规模拓展，加快营造稳定公平透明可预期的营商环境,进一步降低市场交易成本,促进科技创新和产业升级,培育参与国际竞争合作新优势。从全局和战略高度明确加快推进全国统一大市场建设的总体要求、主要目标和重点任务,为今后一个时期建设全国统一大市场提供了行动纲领,必将对新形势下深化改革开放、更好发挥我国市场资源的巨大优势、全面推动我国市场由大到强转变产生重要影响。

(三)进一步优化营商环境

2022年1月,《北京市人民政府关于印发〈北京市营商环境创新试点工作实施方案〉的通知》提出,进一步破除妨碍市场资源配置的不合理限制,建立健全更加开放透明、规范高效的市场主体准入和退出机制,持续提升投资和建设便利度,更好地支持市场主体创新发展,持续提升跨境贸易便利化水平,优化外商投资和国际人才服务管理,维护公平竞争秩序,进一步创新监管方式,加大监管力度,依法保护各类市场主体合法权益,优化经常性涉企服务。

近年来国家、北京市出台的工程咨询行业相关政策法规汇总表见表3-1。

近年来国家、北京市出台的工程咨询行业相关政策法规汇总表　　表3-1

序号	发文单位	文件名称	文号	主要内容
1	国务院	国务院关于投资体制改革的决定	国发〔2004〕20号	企业投资实行核准、备案制,咨询评估引入竞争机制
2	国务院办公厅	国务院办公厅关于进一步做好民间投资有关工作的通知	国办发明电〔2016〕12号	建立市场准入负面清单制度,实施"营改增"改革试点,切实降低企业成本负担
3	中共中央、国务院	中共中央 国务院关于深化投融资体制改革的意见	中发〔2016〕18号	规范企业投资行为。完善政府投资体制,发挥好政府投资的引导和带动作用
4	国家发展和改革委员会	企业投资项目核准和备案管理办法	国家发展改革委令第2号	确立企业的投资主体地位
5	国务院	企业投资项目核准和备案管理条例	国务院令第673号	完善企业投资管理制度
6	国务院	政府投资条例	国务院令第712号	规范政府投资行为、发挥政府投资引导和带动作用
7	中共中央办公厅、国务院办公厅	关于加强中国特色新型智库建设的意见	/	建设高水平科技创新型智库
8	国家发展和改革委员会	工程咨询行业管理办法	国家发展改革委令第9号	工程咨询单位实行告知性备案管理

续表

序号	发文单位	文件名称	文号	主要内容
9	国务院	优化营商环境条例	国务院令第772号	加强市场主体平等保护
10	国务院	国务院关于开展营商环境创新试点工作的意见	国发〔2021〕24号	首批北京、上海、重庆、杭州、广州、深圳6个试点城市,通过一系列措施,提升政府治理效能,提高市场主体活跃度和发展质量,率先建成市场化法治化国际化的一流营商环境,形成可复制可推广的制度创新成果,作出重要示范
11	中共中央 国务院	中共中央 国务院关于加快建设全国统一大市场的意见	/	加快推进全国统一大市场
12	国务院办公厅	国务院办公厅关于促进建筑业持续健康发展的意见	国办发〔2017〕19号	积极培育全过程工程咨询
13	住房和城乡建设部	住房城乡建设部关于开展全过程工程咨询试点工作的通知	建市〔2017〕101号	开展全过程工程咨询试点
14	国家发展和改革委员会 住房和城乡建设部	国家发展改革委 住房城乡建设部关于推进全过程工程咨询服务发展的指导意见	发改投资规〔2019〕515号	重点领域推进全过程工程咨询服务发展
15	国务院	国务院关于取消一批行政许可事项的决定	国发〔2017〕46号	取消工程咨询资质行政许可
16	国家发展和改革委员会	国家发展改革委关于印发《工程咨询单位资信评价标准》的通知	发改投资规〔2018〕623号	工程咨询单位施行资信评价
17	国家发展和改革委员会	国家发展改革委关于修订印发《国家发展改革委投资咨询评估管理办法》的通知	发改投资规〔2022〕632号	规范政府投资项目咨询评估管理
18	北京市规划和国土资源管理委员会	关于进一步优化营商环境深化建设项目行政审批流程改革的意见	市规划国土发〔2018〕69号	建设服务型政府,更好地服务于企业办理行政审批事项,本市对社会投资建设项目行政审批流程进行了优化完善
19	北京市人民政府	北京市人民政府关于印发《北京市营商环境创新试点工作实施方案》的通知	京政发〔2022〕6号	进一步优化营商环境
20	北京市发展和改革委员会、北京市财政局	关于印发《加强市级政府投资建设项目成本管控若干规定（试行）》的通知	京政发〔2019〕990号	加强市级政府投资建设项目成本管控
21	北京市人民政府	北京市优化市政府投资项目决策审批改革方案	/	强化部门协同,进一步推进"放管服"改革,提高审批效率

续表

序号	发文单位	文件名称	文号	主要内容
22	北京市人民政府	关于促进平原新城高质量发展提升平原新城综合承载能力的实施方案	/	补齐公共服务短板,提升人居环境,强化交通承载能力,集约打造"站城融合",推动产业发展,建立新城职住平衡
23	北京市发展和改革委员会、北京市财政局	北京市重大投资项目前期工作经费管理办法	京发改〔2022〕125号	规范北京市重大投资项目前期工作经费使用、监督与管理

第二节 经济形势

"十四五"时期,新一轮科技革命不断推动产业变革,北京市经济社会发展面临着一系列新的机遇和挑战。立足新发展阶段,北京将胸怀两个大局,坚持以首都发展为统领,发挥北京科技和人才优势,主动服务和融入新发展格局,进一步把"四个中心""四个服务"中蕴含的巨大发展能量充分释放出来,为工程咨询行业的高质量发展提供良好经济环境。

一、宏观经济形势

(一)宏观经济形势总体平稳为行业发展提供了有利环境

据统计,2013年至2021年,中国国内生产总值年均增长6.6%,高于同期世界2.6%和发展中经济体3.7%的平均增长水平,对世界经济增长的平均贡献率超过30%。受到新冠疫情和国际环境等因素影响,中国经济面临较大下行压力,国家采取一系列有力有效措施,稳住了经济大盘,巩固了企稳向好趋势。

"十三五"以来,北京市坚持新发展理念,牢牢把握首都城市战略定位,持续深化供给侧结构性改革,经济运行总体平稳,经济实力继续增强。地区生产总值从2017年的2.99万亿元提升至2021年的4.03万亿元。地区生产总值仍保持较快增长速度,虽然2017年至2020年增速减缓,但2021年开始快速上行,如图3-1所示。

全市地方政府预算收入,2017年至2021年总体为上升趋势,年均增长约2.3%。地方政府预算支出,2017年至2021年也总体为上升趋势,年均增长约1.4%,如图3-2、图3-3所示。

图 3-1 北京市地区生产总值及变化趋势图

图 3-2 北京市地方政府预算收入及变化趋势图

图 3-3 北京市地方政府预算支出及变化趋势图

"十三五"时期是北京发展史上具有重要里程碑意义的五年。北京市坚定不移贯彻新发展理念,推动北京经济建设取得显著成效,高质量发展迈上新的台阶。"十三五"时期北京经济发展特点可以概括为四个方面[①]:

一是韧性强。经受住外部复杂环境和新冠疫情冲击的严峻考验,宏观经济运行总体稳定,微观市场主体发展活力持续增强。结构持续优化,数字经济占比达到38%,居全国前列。市场主体发展活力持续增强,并始终把改革优化营商环境摆到

---

① 引自2021年北京市政府工作报告。

突出位置，五年减税降费累计超4700亿元，创新实施"服务包"和"服务管家"制度，全面优化企业服务，激发市场主体活力。"十三五"新设市场主体比重提高到60%左右。拥有国家级高新技术企业2.9万户，市场主体总量约208万户，拥有独角兽企业93家，居全球榜首。承载本市七成就业的中小微企业2020年3季度营业利润增速实现由负转正，市场主体在应对危机中展现出坚强韧性。

二是质量好。"十三五"时期，北京市深化供给侧结构性改革、推动高质量发展，加快转变经济发展方式，先后出台推动高质量发展实施方案、高质量发展综合绩效评价办法、建设现代化经济体系实施方案等政策文件，率先形成落实国家高质量发展决策部署的政策体系。绿色发展走在全国前列。全市能源利用效率和低碳发展水平持续提升，能耗"双控"连续13年超额完成国家考核任务。

三是结构优。"十三五"时期，北京市深入实施扩大内需战略，消费主引擎作用更加凸显，对经济增长的贡献率接近7成。更加注重发挥投资优化供给结构作用，持续推出"3个100"市重点工程①。北京大兴国际机场、世园会和冬奥会场馆等一批标志性项目相继建成。持续加大首都功能核心区、城市副中心、"三城一区"等重点区域投资；产业结构方面，聚焦"高精尖"，做好"白菜心"②，产业数字化、高端化特征明显。以信息服务业为代表的数字经济成为经济增长的主要支撑。工业结构深度调整，新一代信息技术和医药健康产业双引擎加快形成，智能制造为北京工业转型升级注入新动力；空间结构方面，生产力布局更加优化，中关村国家自主创新示范区龙头带动作用持续发挥，"一区多园"统筹发展进一步强化，"三城一区"进入加速发展期，科技创新和高精尖产业发展的空间进一步拓展。北京大兴国际机场临空经济区、丽泽商务区、新首钢地区等一批新的增长极加快形成。

四是动力足。北京市积极服务国家科技战略力量布局，紧抓原始创新和科技成果转化，切实增强科技对产业发展的支撑力。加大科技体制改革力度，建设量子、脑科学等新型研发机构，涌现出"量子直接通信技术"等一批原始创新成果。"引进来"的吸引力和"走出去"的竞争力不断提升。北京作为全国唯一一个服务业扩

---

① "3个100"市重点工程，即100个重大科技创新及高精尖产业项目、100个重大基础设施项目和100个重大民生改善项目。
② "白菜心"工程是指为服务国家重大战略需求，打破国际垄断，鼓励行业龙头和骨干企业着力解决制约产业发展的"卡脖子"技术难题、攻克尚未掌握的核心技术或开展具有战略支撑引领作用的重大原始创新，实现推动高水平科技自立自强的重大攻关项目。

大开放综合试点城市，五年来形成了120余项全国首创的突破性政策和创新制度安排，向全国推广6批25项创新经验。2020年，建设国家服务业扩大开放综合示范区工作方案获批，北京自贸试验区正式揭牌，"两区"建设全面启动，北京对外开放迈上了新的台阶。

（二）固定资产投资持续增加为行业发展创造了丰富需求

北京市固定资产投资规模的增加，带动了工程咨询服务行业市场容量的持续提升。未来北京市宏观经济和固定资产投资仍将保持快速增长，经济结构调整，产业结构优化升级，资源节约型、环境友好型社会建设，将给工程咨询行业带来新的市场空间和发展机遇。

2017—2021年北京市全社会固定资产投资总体呈平稳态势，2017—2019年有所下降，之后开始逐步回升。从全社会固定资产投资第一、二、三产业的投资情况看，第三产业占据主导地位，参见图3-4、图3-5。

图3-4　2017—2021年北京市全社会固定资产投资情况

图3-5　2017—2021年北京市全社会固定资产投资各产业投资情况

根据全社会固定资产投资中基础设施投资和房地产开发投资占据重要地位及比重，可以看出，房地产开发投资占据主要地位，且比重稳步提升；基础设施投资占据次要地位，且比重不断降低（图3-6）。基础设施投资中包括能源、公共服务业、交通运输、邮政电信等领域,占基础设施总体投资的90%左右,其中公共服务业、交通运输投资比重较高,参见表3-2。

图3-6 北京市全社会固定资产投资情况分析图

北京市基础设施投资情况(2016—2021年)　　　　　　　　　　　　　　表3-2

年份	基础设施投资		能源			公共服务业			交通运输			邮政电信		
	绝对量	比上年增长(%)	绝对量	比上年增长(%)	比重	绝对量	比上年增长(%)	比重	绝对量	比上年增长(%)	比重	绝对量	比上年增长(%)	比重
2016	2399.5	10.3	332.0	11.7	13.8%	643.8	30.2	26.8%	973.0	17.7	40.6%	147.5	-14.3	6.1%
2017	2984.2	24.4	502.5	51.4	16.8%	694.5	7.9	23.3%	1327.0	36.4	44.5%	194.4	31.8	6.5%
2018	2664.9	-10.7	274.4	-45.4	10.3%	647.3	-6.8	24.3%	1341.6	1.1	50.3%	198.9	2.3	7.5%
2019	2563.6	-3.8	232.1	-15.4	9.1%	662.8	2.4	25.9%	1218.2	-9.2	47.5%	234.3	17.8	9.1%
2020	2248.3	-12.3	208.2	-10.3	9.3%	570.0	-14.0	25.4%	1093.9	-10.2	48.7%	194.0	-17.2	8.6%
2021	2048.2	-8.9	—			—			—			—		

(三)"十四五"时期经济形势预测

1. 宏观经济发展预测

当前,中国经济发展在主要经济体中仍处于较好水平,中国仍是世界经济增长的重要稳定器和动力源。综合判断,中国发展仍具有诸多有利条件,中国经济韧性强、潜力足、回旋余地大,长期向好的基本面没有改变。

根据《北京市国民经济和社会发展第十四个五年规划和二〇三五年远景目标纲要》,"十四五"时期的发展目标是:"四个中心"城市战略定位进一步强化,国际一流的和谐宜居之都建设取得新的重大进展,京津冀协同发展不断向纵深推进,城市综合实力和竞争力持续增强,人居环境品质全面改善,全体人民共同富裕迈出新步伐,为率先基本实现社会主义现代化奠定坚实基础。"十四五"时期,要实现首都功能明显提升、京津冀协同发展水平明显提升、经济发展质量效益明显提升、生态文明明显提升、民生福祉明显提升、首都治理体系和治理能力现代化水平明显提升。

2.北京市全社会固定资产投资情况预测

"十四五"期间,北京将突出扩大有效投资促进新需求,围绕国际科技创新中心、"两区""三平台"建设[①]、国际消费中心城市建设,打造全球数字经济标杆城市,坚持数字赋能产业、城市、生活,打造引领全球数字经济发展高地。聚焦科技创新、高技术制造业和现代服务业等领域生产性投资,着力落地一批能够带动社会投资、支撑接续生产、持续产生效益的有效投资。

"十四五"期间,预计一般公共预算支出平均年增长3%,全社会固定资产投资平均年增长4.9%以上,基础设施投资、房地产开发投资平均年增长4.9%,2021—2025年固定资产投资发展情况预测参见表3-3。

2021—2025年固定资产投资情况预测　　　　表3-3

年份	地方政府预算支出		全社会固定资产投资		基础设施投资		房地产开发投资	
	数量(亿元)	增速	数量(亿元)	增速	数量(亿元)	增速	数量(亿元)	增速
2021	7205.1	1.2%	8435.9	4.9%	2048.2	-8.9%	4139.0	5.1%
2022	7421.3	3.0%	8849.3	4.9%	2148.6	4.9%	4341.9	4.9%
2023	7643.9	3.0%	9282.9	4.9%	2253.8	4.9%	4554.6	4.9%
2024	7873.2	3.0%	9737.7	4.9%	2364.3	4.9%	4777.8	4.9%
2025	8109.4	3.0%	10214.9	4.9%	2480.1	4.9%	5011.9	4.9%

"十四五"时期,北京市将发挥投资对优化供给结构的关键作用,扩大有效投资,实施一批对促进全市经济社会发展具有基础性、先导性、全局性意义的重大项目。持续加大对城市副中心、"三城一区"、平原新城、城市南部地区等重点区域投资力度,强化高精尖产业投资,扩大轨道交通等交通基础设施投资,强化城市更新、民生保障等领域投资,发挥政府投资撬动作用,激发民间投资活力。

---

① 北京的"两区"是指国家服务业扩大开放综合示范区和中国(北京)自由贸易试验区,"三平台"是指中国国际服务贸易交易会、中关村论坛和金融街论坛。

二、重点区域及领域投资环境

(一)重点区域发展:城市副中心、"三城一区"、平原新城、城市南部地区等

围绕北京城市总体规划确定的宏伟蓝图,全市多点发力,支撑构建均衡协调的城市发展空间格局。

城市副中心建设。2021年11月26日,国务院发布《国务院关于支持北京城市副中心高质量发展的意见》,提出坚持创新驱动,打造北京发展新高地。北京城市副中心的高质量发展也为工程咨询领域带来新的机遇。今后一个时期,北京市将认真落实意见,扎实推进国家绿色发展示范区、通州区与北三县一体化高质量发展示范区建设,全力打造京津冀协同发展桥头堡。"十四五"期间,城市副中心将每年保持千亿元以上的投资规模,将实施重大项目600多个,投资总额8000多亿元,涉及产业基础设施、公共服务等各个领域。全面推进与北三县一体化高质量发展,共建潮白河国家森林公园,推动交通、产业和教育、医疗等公共服务资源延伸布局,形成协同发展重要战略支点。

"三城一区"建设。2021年11月24日,《北京市"十四五"时期国际科技创新中心建设规划》提出,北京要加快建设"三城一区"主平台,加强对全国创新驱动引领作用。中关村科学城打造科技创新出发地、原始创新策源地和自主创新主阵地,怀柔科学城打造世界级原始创新承载区,未来科学城打造全球技术创新高地、协同创新先行区、创新创业示范城,北京经济技术开发区打造具有全球影响力的高精尖产业主阵地。通过优化提升重点区域创新格局,建设国际科创中心,辐射带动全国高质量发展。

平原新城建设。2021年8月,北京市委、市政府印发了《关于促进平原新城高质量发展提升平原新城综合承载能力的实施方案》,提出促进平原新城高质量发展的4个领域18个方面具体措施。实施方案提出将进一步夯实新发展基础,补齐公共服务短板,提升人居环境,打造大尺度生态蓝绿空间;强化交通承载能力,集约打造"站城融合",推动平原新城轨道交通"微中心"建设;推动产业发展,进一步完善中关村"一区十六园"合作共建科技成果转化机制,加大平原新城、产业园区及开发区周边等租赁房源有效供给,推动新城职住平衡。

城市南部地区发展。2021年7月,《中共北京市委 北京市人民政府关于印发〈推动城市南部地区高质量发展行动计划(2021—2025年)〉的通知》提出,到2025

年,城市南部地区在支撑服务"四个中心"功能和人文北京、科技北京、绿色北京建设中做出更大贡献,在引领首都高精尖产业发展中发挥更强作用,实现经济发展规模质量双提升,城市品质和城市面貌明显改善,民生福祉不断增进,面向未来的首都发展新高地基本形成;区域功能显著增强,经济实力持续提升,人居环境明显改善;区域联动更加广泛。

(二)重大工程项目建设:高精尖产业、基础设施、民生事业、"新基建"等

围绕国际一流的和谐宜居之都建设,北京市实施"3个100"重点工程,2020—2021年连续两年当年完成投资占全市投资三成以上,是政府投资的重要抓手,数字经济标杆城市建设背景下,"新基建"将进一步拉动全社会投资。

高精尖产业。2021年8月11日,北京市人民政府印发《北京市"十四五"时期高精尖产业发展规划》,提出要坚持分类分层精准支持企业创新发展,鼓励支撑具有首都特色的现代产业体系的高精尖项目落地投资,持续增强产业高质量发展的动能和后劲。聚焦关键核心技术,推进"攻坚"行动和"迭代"应用,提升科技创新竞争力,推进重点工业项目、科技基础设施和研发平台项目、研发和产业化项目落地。

基础设施建设。未来五年北京市在基础设施建设方面的投资力度依然很大,将更侧重交通基础设施,能源、新能源设施,水务工程,固液态废物处理,城市运行安全基础设施,农业农村基础设施等重大工程方面的建设,将为工程建设领域发展带来重大机会。

民生事业发展。增进民生福祉是发展的根本目的。"十四五"时期,北京市要坚持以人民为中心,聚焦"七有""五性"需求,尽力而为,量力而行,加强教育、医疗、体育、文化、养老、住房、公共安全等各领域普惠性、基础性、兜底性民生建设,丰富多层次供给。

"新基建"。"十四五"时期,北京市将建设数字经济标杆城市,打造引领全球数字经济发展高地。信息化、数字化将逐步成为现代工程建设领域的主要特征。北京市将加快建设精准高效、共治共享、协同联动的智能基础设施。全面加强基础设施感知运行、安全、监管、决策等全周期智慧管理服务能力。整合政务、应急等各专网资源,逐步推动构建智慧城市专网,并依托专网进一步推动智慧应用开发。实施智慧城市发展行动和应用场景"十百千"工程,构建"城市大脑"智慧管理体系。

(三)重大活动举办：服贸会、金融街论坛、中关村论坛、重大政务活动等

"三平台"相关活动。"十三五"以来，北京市以中国国际服务贸易交易会、中关村论坛、金融街论坛成为国家开放发展的重要平台，主动融入共建"一带一路"，多领域国际交流合作取得扎实成效。"十四五"时期，北京市将高标准推进"两区""三平台"建设，为北京高质量发展提供动力。积极开展国际高水平自由贸易协定规则对接先行先试。深化科技创新、数字经济、服务业开放等优势领域制度创新和政策集成。建设数字贸易港，打造数字贸易示范区。扩大金融、信息等重点领域开放，推进国家服务贸易创新发展示范区建设，打造全球最具影响力的服务贸易展会。立足面向全球科技创新交流合作的国家级平台定位，高标准办好中关村论坛，高水平举办金融街论坛，提升服务全球金融治理能力。

重大政务活动。北京要牢固树立"红墙意识"，不断提高政务服务能力和水平，确保重大活动安全有序高效。提供与宾馆饭店、综合会务、会场标识等相关的咨询服务，提高资源供应链的品质化水平。围绕"一核、两轴、多板块"的国际交往空间布局，加强国际交往重要设施和能力建设，系统提升国家主场外交和重大国事活动保障能力和服务水平。"十四五"时期，北京市要打造可举办全流程主场外交活动的核心承载区，扎实推进雁栖湖国际会都扩容提升，建成国家会议中心二期；拓展承载国际交往的新空间，深入推进新国展二三期、中关村论坛永久会址、大兴国际机场国际会展等重大项目建设。

(四)重点领域发展：城市更新、生态环境、城乡融合

城市更新改造。2021年8月21日，中共北京市委办公厅、北京市人民政府办公厅发布《北京市城市更新行动计划（2021—2025年）》，"十四五"期间将大力推动老城平房区保护更新，按照自上而下下达任务和自下而上申报项目相结合的方式，实施老旧小区改造。到2025年，计划完成全市1.6亿平方米老旧小区改造任务，重点推进本市500万平方米抗震节能综合改造任务、3100万平方米节能改造任务及群众改造意愿强烈的改造项目，配合做好6000万平方米中央单位在京老旧小区改造任务。通过实施城市更新行动，进一步完善城市空间结构和功能布局，促进产业转型升级，建立良性的城市自我更新机制，实现存量空间资源提质增效，推动基础设施功能优化，提升基础设施服务品质，让市民生活更加便利、高效、舒适，促进基础设施与城市功能融合发展。

生态环境治理。"十四五"期间，北京市将进一步加强京津冀生态协同治理，深化区域污染联防联控联治机制，加强生态环境保护和治理，开展环京绿色生态带建设，打造西部、北部山区自然保护地体系，推动东部、南部平原区森林湿地保护发展，推进水源保护区植被恢复、风沙源治理等重大生态工程，集中连片营造高标准水源涵养林和生态防护林。到2025年前，除核心区外各区全部创建成为国家森林城市，引领京津冀国家级森林城市群建设。以生态保护和资源节约利用为重点，持续优化基础设施领域能源资源消费结构，推动能耗"双控"向碳排放总量和强度"双控"转变。推进"减煤、稳气、少油、强电、增绿"，促进能源绿色低碳转型实现新突破。

城乡融合发展。北京市将坚持走"大城市带动大京郊、大京郊服务大城市"的城乡融合发展之路，积极发展都市型现代农业，推进农业中关村建设，打造"种业之都"。北京市将实施美丽乡村建设行动，持续开展农村人居环境整治提升，建设美丽家园；将加强城乡结合部地区建设，强化产业提升和环境整治，推动绿化隔离带地区减量提质；将提升平原新城综合承载能力，补齐公共服务和基础设施短板，支持承接适宜功能和产业，形成各具特色产业发展布局。

第三节 市场环境

当前，我国已转向高质量发展阶段，制度优势显著，治理效能提升，经济长期向好，发展韧性强劲。面向开启全面建设社会主义现代化国家新征程的新时代，工程咨询行业也迎来了全新的市场发展机遇。

一、全过程工程咨询提出更高要求

全过程工程咨询作为当前咨询行业的主要发展趋势，能够充分挖掘现有咨询业务内在潜力，提高工程咨询过程系统化、专业化、科学化水平，有效提升咨询服务成效。全过程工程咨询对工程咨询单位提出了更高的要求，需要统筹协调监理、造价、项目管理等传统专业服务内容，完整准确全面贯彻新发展理念，从创新服务方式、提升服务质量、拓展服务内容、应用新技术等方面着手，全面提升工程咨询单位服务能力，实现咨询服务模式创新。

全过程工程咨询业务对人员的素质要求较高，根据项目需要，要配备具有技术、经济、管理及法律等方面理论知识，并具有相应执业能力的专业技术人员和管理人员。现阶段全过程工程咨询人才缺口大，现有咨询队伍大部分人员不具备全过程工程咨询的能力，亟待培养适合全过程咨询发展趋势的综合型人才。

全过程工程咨询项目对企业咨询服务能力要求也比较高，通常涉及投资咨询、造价咨询、项目管理、监理、设计、勘察等服务类型，要求企业具备一定的综合实力，单一行业咨询已不适应全过程咨询发展要求。

二、行业竞争趋于激烈

随着《工程咨询行业管理办法》实施，对工程咨询机构实行告知性备案管理，更多外埠咨询公司，原有施工、监理、地产公司、专业技术建设运营公司，转型进入北京市工程咨询市场，市场趋于饱和，竞争激烈。

由于当前政策激励作用，如强化个人资质，淡化企业资质等，工程咨询行业内小微企业数量增长较快，短期内会带来一定程度的咨询门槛降低、分工细化、行业内部竞争加剧等问题。大型综合性咨询公司具有雄厚的技术能力和核心竞争力，中小微咨询公司规模小、自有技术力量相对薄弱、市场认可度低，在与大型咨询公司（包括进入中国的外国企业）同台竞争时往往处于劣势。

面对工程咨询市场存在着一定的恶性竞争和行业利润空间不断压缩的局面，企业如何用好国家政策，实现"稳中求进"，并在新的形势下更好满足市场需求，实现服务模式创新，提高咨询服务水平，是当前全行业普遍面临的问题。

三、行业监管将更加严格

2022年1月19日，住房和城乡建设部发布《"十四五"建筑业发展规划》，提出"十四五"将持续完善建筑业管理体制机制，深入推进"放管服"改革，完善建筑市场信用管理政策体系，构建以信用为基础的新型建筑市场监管机制。完善全国建筑市场监管公共服务平台，加强对行政许可、行政处罚、工程业绩、质量安全事故、监督检查、评奖评优等信息的归集和共享，全面记录建筑市场各方主体信用行为。加强信用信息在政府采购、招标投标、行政审批、市场准入等事项中应用，根据市场主体信用情况实施差异化监管。加大对违法发包、转包、违法分包、资质资格挂靠等违法违规行为的查处力度，完善和实施建筑市场主体"黑名单"制度，开展失信惩戒，持续规范建筑市场秩序。

国务院办公厅印发的《国务院办公厅关于促进建筑业持续健康发展的意见》也提出要全面提高监管水平，完善工程质量安全法律法规和管理制度，健全企业负责、政府监管、社会监督的工程质量安全保障体系。完善全国建筑市场监管公共服务平台，加快实现与全国信用信息共享平台和国家企业信用信息公示系统的数据共享交换。建立建筑市场主体黑名单制度，依法依规全面公开企业和个人信用记录，接受社会监督。

第四节 机遇与挑战

近年来，在国家政策激励以及大规模城市建设的带动下，北京市工程咨询行业保持了持续快速发展。"十四五"时期，北京市经济社会发展规划将继续为工程咨询行业发展提供空间和动力，国家和北京市出台的一系列政策措施，也为工程咨询行业发展提供了必要的政策支持和助力。但另一方面，工程咨询市场的进一步开放、市场准入壁垒破除、中小微咨询企业数量增加、市场需求的变化等因素，将对北京工程咨询行业的可持续发展带来挑战。

一、发展机遇

(一)宏观经济形势稳中向好，为行业的健康发展提供有力保障

从国内形势看，中国经济韧性强、潜力足、长期向好的基本面没有改变。当前，我国进入全面建设社会主义现代化国家新征程、向第二个百年奋斗目标进军的新阶段，经济社会发展的基础更加坚实，成为首都新发展最可靠的依托。随着北京的国际影响力进一步提升，北京有条件有基础率先在构建国内国际双循环中加速提升发展能级。"四个中心""四个服务"城市战略定位蕴含的巨大能量将进一步释放，构建新发展格局将为北京新发展提供战略保障。基于对宏观经济形势、政策环境和国家、北京"十四五"规划的分析，未来五年北京市在基建方面的投资力度依然很大，将为工程建设领域发展带来重大机遇，也为行业转型发展提供支撑。

从国际形势看，全球化、多极化格局形成，"一带一路"倡议，"南南合作"和

"中非合作"使我们将视线投向了广大的发展中国家。我国与多国政府通过合作、援助等方式，带动一大批投资建设项目的实施。这些项目在立项决策、实施管理及后评价阶段均需要专业咨询机构提供服务，从而为中国工程咨询行业"走出去"带来巨大商机。

（二）社会主体投资活力持续释放，对工程咨询服务的需求不断增强

北京工程咨询行业经过四十多年的发展，行业规模不断增长，已形成了包括投资咨询、勘察、设计、监理、造价、招标代理、项目管理的咨询服务体系。工程咨询行业市场规模稳步扩大，工程咨询机构数量不断增加，从业人员日益壮大。随着我国投融资体制改革的深入和国家"放管服"改革的深化，民间投资进一步放开，尤其是企业投资项目核准和备案相应政策法规的出台，企业投资主体地位得以巩固，社会投资动力和活力持续激发，投资主体多元化明显，客观上增强了经济社会发展对工程咨询服务的现实需求。

（三）高质量发展的时代主题，给行业发展带来新机遇

高质量发展是我国"十四五"时期经济社会发展的主题。中国共产党北京市第十三次代表大会报告明确指出新时代首都发展的根本要求是高质量发展。要在紧要处落好"五子"，"五子"联动推进，形成叠加效应，持续提升首都高质量发展水平。北京城市的高质量发展，为北京市工程咨询行业做大做强、建立良好的工程咨询生态环境创造了条件。国家及行业主管部门、审批部门不断制定出台相关政策、法规和指导意见，支持、鼓励工程咨询行业高质量发展，为北京市工程咨询行业高质量发展创造了有利的政策环境。

（四）全过程工程咨询方兴未艾，行业市场蕴含巨大潜力

随着我国工程项目建设管理水平逐步提高，在工程项目决策、工程建设、项目运营过程中，对综合性、跨阶段、一体化的咨询服务需求日益增多，全过程工程咨询服务的业务模式将成为今后的发展趋势。全过程工程咨询政策体系和指导性文件、服务标准的不断推出，为全过程工程咨询的推广创造了条件。

在国家政策支持下，企业通过实行强强联合，整合资源，由单一业务咨询机构向综合型咨询机构转型，提高全过程工程咨询服务的能力，为涉及工程监理、造价、评估、项目管理等业务的工程项目提供全过程工程咨询服务。全过程工程咨询服务作为一种服务模式创新，由于更好地集成了委托方的复杂需求，实施以客户需求为导向的供给侧改革，将极大地提升咨询服务效果，从而打开更为广阔的咨询服务市场。

二、面临的挑战

（一）工程咨询市场进一步开放对行业健康发展带来的挑战

随着招标代理、工程造价咨询等资质的取消，工程咨询和建筑设计业务资质（信）进一步简化，工程咨询行业市场化改革进一步加速，行业资质准入壁垒逐渐放开，市场竞争将更加激烈。对行业内以规模小、业务相对单一、市场认可度低的众多中小型企业来说，将给其带来一定挑战。虽然未来市场（包括国际、国内）与经济总量仍将不断扩大，但行业内高质量发展的内生机制尚未建立，行业统一服务标准、优质优价市场化机制、行业惩戒机制等促进行业规范化发展的机制规范还有待完善，将会在一定时期内造成工程咨询单位良莠共存的发展局面，给行业健康发展带来挑战。

（二）数字经济发展对传统工程咨询业务带来的挑战

国家"十四五"数字经济发展规划提出，数字经济是继农业经济、工业经济之后的主要经济形态。数字经济发展速度之快、辐射范围之广、影响程度之深前所未有，正推动生产方式、生活方式和治理方式深刻变革，成为重组全球要素资源、重塑全球经济结构、改变全球竞争格局的关键力量。"十四五"时期，我国数字经济将转向深化应用、规范发展、普惠共享的新阶段，北京市将加快建设全球数字经济标杆城市。随着数字经济与"互联网+"业务模式的不断渗透以及全过程咨询服务模式的推广，将引发工程建设咨询、工程建设管理模式的变革。

当前，工程建设领域的数字化进程相对滞后。咨询市场、项目业主、投资者也已经意识到数字化的价值，对工程咨询企业的要求越来越高，要求规划、咨询、管理、施工等咨询服务过程必须采用数字化手段提质增效。未来咨询企业间的竞争将是数字化的竞争，企业必须通过"数字化+"业务模式提高咨询服务效率，提升企业自身效益。

（三）个性化服务需求对综合咨询服务能力带来的挑战

多元投资主体必将催生多元化咨询服务需求。随着项目委托方对工程咨询服务要求逐渐提高和全过程工程咨询服务模式推广，咨询市场对各咨询单位综合咨询服务能力提出了更高要求。传统的单一咨询业务和服务模式已不能满足委托方个性化需求。覆盖规划咨询、项目投资咨询、建设管理咨询、运营维护咨询等全业务链条的综合咨询，以及各类专项咨询需求将逐渐增多；与委托方实际情况结合更为紧密的驻场咨询需求将更加旺盛；以政府投资决策和政策研究为主的相关专项咨询将发挥更大作用。市场需求变化要求咨询单位及时转型，加快市场化步伐，不断提升综合咨询服务能力。

（四）更严格的市场监管对行业发展活力带来的挑战

我国工程咨询行业市场监管逐渐变得严格，因此行业也将逐渐进入到"拼人才、拼服务、拼实力、拼品牌"的新阶段。新时代我国工程咨询行业在变革中发展，行业监管政策的落地和日趋严格，将加剧行业的重组，一些业务能力不够专业的工程咨询企业将面临较大挑战。非正规的小企业逐步退出，综合性大企业也面临压力，行业发展活力受一定影响。最终能够生存下来的企业，都将是符合监管要求、综合实力稳健或特色优势明显的咨询企业，利好行业未来发展。

第四章　行业发展展望与建议

随着国家投融资体制改革、行政审批制度改革和行业咨询服务供给侧结构性改革的不断深入，国家政策的引导作用将逐步发挥，工程咨询行业改革发展的步伐将不断加快，新竞争格局将逐步形成，综合性、全过程咨询业务将得到快速发展，信息技术与咨询业务进一步融合。面对新的形势，工程咨询行业（企业）只有不断深化改革发展，完善行业自律以及标准化、规范化管理体系，通过改造重组、调整结构、完善制度体系、充实人力资源、建立主动适应市场条件的机制，尽快实现转型升级，才能占有更大市场份额，在竞争中赢得先机。

第一节　行业发展展望

高质量发展是工程咨询行业的发展趋势和发展目标。《工程咨询行业2021—2025年发展规划纲要》和《关于加快推进工程咨询业高质量发展的指导意见》（以下简称"《意见》"），明确了工程咨询行业高质量发展的主要思路和重点举措。面对高质量发展要求，北京市工程咨询行业在咨询服务动力、服务模式、服务技术等方面呈现新的发展趋势，为行业发展明确了方向。

一、行业发展趋势

（一）创新将成为引领行业高质量发展的根本动力

咨询服务模式与过程创新是企业增强自身竞争力的手段之一。实践表明，以传统方法和经验为主的工程咨询服务已很难满足当前工程咨询市场的需求，创新是行业（企业）实现高质量发展的重要手段，行业（企业）应通过创新，提升服务质量和效率。企业创新包括咨询服务模式与服务过程创新，技术、理论与方法创新，企业管理和运作模式创新等。工程咨询企业应有创新战略，在咨询服务中贯彻创新理念，提供创新的解决方案，为投资者（业主）寻求项目投资的最佳效益和运营的最大收益。

通过咨询服务模式与过程创新，比如针对具体项目，通过跨专业、跨阶段综合咨询，可为业主提供系统的解决方案和创新型的服务，为企业带来更大的市场机会和竞争性利益，提升企业在同行业中的竞争力。

通过学习借鉴发达国家工程咨询理论、技术和经验，创新咨询服务和项目管理方法，可为行业（企业）发展提供新的思路，有利于行业（企业）找出适合自身发展的路径，形成自己的核心技术和品牌影响力。

咨询企业的经营管理机制也应调整创新以适应新的市场要求，大中型综合性咨询企业同时应努力融入国际市场，实施企业转型升级，整合资源，探索企业上市或混合所有制改革，借助资本市场促进企业发展，激发从业人员工作的主动性和创造性，实现行业（企业）高质量发展。

（二）综合性咨询将成为主要咨询服务模式

目前，随着《国务院办公厅关于促进建筑业持续健康发展的意见》《住房城乡建设部关于开展全过程工程咨询试点工作的通知》《工程咨询行业管理办法》以及《国家发展改革委 住房城乡建设部关于推进全过程工程咨询服务发展的指导意见》等文件的出台，发展全过程工程咨询服务的条件实际上已经成熟。全过程工程咨询在提高项目审批效率、提高管理水平、加快项目实施、控制工程投资等方面的优势也越来越得到各界认可。项目咨询服务向全过程工程咨询转型，已经成为工程咨询行业的发展趋势。

同时，工程咨询服务向综合性咨询延伸的趋势也越来越明显。随着我国全面深化改革的一系列重要决策部署实施，特别是围绕使市场在资源配置中起决定性作用的深化经济体制改革政策落地，对我国工程咨询行业发展带来深远影响和冲击。为了适应不断变化的市场需求，企业在做好自身优势专业领域咨询服务的同时，必须进一步拓展管理咨询与服务，由现有的投资咨询、勘察、设计、监理、造价咨询等业务，逐步向规划研究、项目投资决策、融资策划、方案评估、建设管理模式研究、资产管理、运营管理及其综合性咨询服务拓展，加强工程咨询全产业链领域内知识技能的积累和专家人才的培养，从而在更广阔的工程咨询服务市场赢得更大的发展空间。

(三)数字化技术将与传统工程咨询业务不断融合

当前,国家从战略高度重视数字经济的发展。未来将重点推动技术创新、数据开放、标准制定、人才培养和规则制定,并不断完善产业发展环境,激发企业创新活力。数字化技术将从建筑行业向园区规划、城市规划、公共安全、交通、水利、商业、旅游等行业逐步扩展,从单体的建筑向建筑群、经济开发区、园区、整个城市扩展,从最基本的设施建设向城市安全、城市治理、城市服务、产业发展延伸,智慧城市建设将成为北京市打造全球数字经济标杆城市的重要手段。

随着新一轮科技革命的推进,数字化技术在工程咨询行业将得到广泛应用。工程咨询企业内部管理、业务生产经营与大数据、5G、人工智能等技术结合,将全面转变企业的管理模式和工程咨询服务方式,加强数字技术与传统咨询业务的融合,形成多种应用场景,探索咨询新产品、新业态,将给工程技术领域带来新的经济增长点。

(四)咨询服务市场化、国际化、标准化将成为趋势

2022年3月,《中共中央 国务院关于加快建设全国统一大市场的意见》出台,提出要充分发挥法治的引领、规范、保障作用,加快建立全国统一的市场制度规则,促进商品要素资源在更大范围内畅通流动,加快建设高效规范、公平竞争、充分开放的全国统一大市场。全国统一大市场的建立将为工程咨询服务市场化提供方向。

2020年以来,北京市先后发布《北京市优化营商环境条例》《北京市"十四五"时期优化营商环境规划》和《北京市培育和激发市场主体活力持续优化营商环境实施方案》。"十四五"及今后一个时期,北京市将持续打造营商环境"北京效率""北京服务""北京标准""北京诚信"四大品牌,实施市场环境、法治环境、投资贸易环境、政务服务环境、人文环境五大领跑行动,营造公平竞争、便捷高效、开放包容的国际一流营商环境,北京市工程咨询市场将进一步开放。

2017年,国家取消工程咨询单位资格认定行政许可,并对工程咨询单位实行告知性备案以来,工程咨询行业准入壁垒逐渐放开。尤其是在取消单位资质、强化个人执业资格的大背景下,工程咨询行业的专业分割和区域差异将逐步淡化,政府监管、行业自律、企业市场化经营的环境将逐步建立。随着工程咨询市场的扩大,国家相关政策、标准的不断完善,工程咨询服务的市场化、规范化、标准

化将成为趋势。

（五）咨询单位将呈现大中小企业并举、均衡协调发展格局

党的二十大报告指出，以推动高质量发展为主题，构建高水平社会主义市场经济体制，要推动国有资本和国有企业做强做优做大，提升企业核心竞争力；要优化民营企业发展环境，促进民营经济发展壮大；要支持中小微企业发展。可见，充分发挥市场在资源配置中的决定性作用，新时代国企民企协同发展、大中小企业均衡发展将进入新阶段。《意见》也提出，完整准确全面贯彻新发展理念，要推动全国工程咨询单位整合重组、均衡协调发展。

当前，咨询企业数量以中小型企业为主，大中型企业数量较少。未来，围绕工程咨询全产业链服务的提供和完善，行业将呈现大中小单位并举局面。大中型企业向集团化综合性咨询公司发展，在行业内形成一定数量的与全市经济社会发展相适应的综合性咨询龙头企业。中小型企业发挥活力强、效率高、人员精的特点，把专业做专做精，做成品牌，将在行业内形成一批专精特新企业。通过大中小企业咨询服务的整合，实现咨询行业产业链上下游服务全覆盖。

二、行业高质量发展要求

根据《意见》要求，我国工程咨询行业高质量发展，应坚持独立、科学、公正的咨询服务宗旨，以提升服务能力和服务质量为核心，主动作为，加快适应新发展阶段要求，遵循"市场化、专业化、品牌化、数字化、法治化、国际化"要求，以高质量服务供给适应和满足新发展阶段的新特征、新需求，为经济社会发展和政府决策做好参谋和服务，为城市公共服务和基础设施建设做好智力支撑。

一是坚持高点站位，以推动行业实现高质量发展为目标，服务国家重大战略和重大关切，主动靠前开展前瞻性与战略性研究，为各级政府提供高水平决策咨询服务。

二是坚持创新引领，将创新作为高质量发展的第一动力，强化科技赋能、数据赋能、管理赋能，促进理论方法、技术应用与体制机制的改革创新，提供满足城市经济社会发展和市场需求的优质服务。

三是坚持质量变革，坚守职业道德准则，不断提升咨询服务能力与价值贡献，以高素质人才队伍保障行业高质量发展，实现更有效率、更加公平、更为安全的高质量发展。

四是坚持系统谋划，统筹发挥不同类型工程咨询单位的主体作用，加快做强做优做精，注重协同发展，推动完善政府指导、行业自律、发展规范的行业管理体系。

根据《意见》要求，工程咨询行业高质量发展措施主要涉及以下八个方面：一是深化咨询理论、方法与技术协同创新；二是开展服务领域、模式与产品多维创新；三是推进工程咨询单位体制机制持续创新；四是加快智库建设与研究成果应用创新；五是实现各类工程咨询单位协调平衡发展；六是发展绿色咨询业务，助力如期实现碳达峰、碳中和；七是稳妥拓展海外市场，推进"中国标准"国际化；八是重视人才培养与使用，发挥人才第一资源作用。

《意见》同时提出了服务新发展格局、构筑行业高质量发展的保障措施，主要涉及以下七个方面：一是推动行业服务新发展格局落到实处；二是制定发布行之有效的标准信用体系；三是构建体现行业时代特点的指标体系；四是倡导以价值为导向的咨询服务价格体系；五是推动战略规划和重大项目有效落地；六是推动出台行业高质量发展的支持政策；七是防范重大风险统筹发展和安全。

三、行业发展思路

（一）以服务为宗旨，提升咨询科学水平

《工程咨询行业管理办法》指出，工程咨询是为投资者和政府部门提供阶段性或全过程咨询和管理的智力服务。服务是工程咨询的基本属性，要以服务政府、服务社会为根本宗旨，体现咨询工作价值。北京正进入新时代首都发展的新阶段，各项任务已安排部署。北京市工程咨询业要坚持高点定位、服务首都战略的基本原则，以首都发展为统领，以服务国家重大战略和首都发展为己任，从"国之大者"高度提前谋划、主动研究，为"四个中心"功能建设、"四个服务"水平提升等首都重点工作提供决策支撑。

各咨询单位应结合自身发展优势，深入实施功能挖潜，围绕北京市在绿色低碳、数字经济和首都功能提升等方面的重点难点问题，积极开展前瞻性和战略性研究。积极承接北京市重大规划编制、重大课题研究，推进重大投资项目落地，切实发挥政府智库作用。以企业自身优势业务为基础，结合全过程工程咨询发展趋势，做好重大工程建设项目全过程管理，为首都经济发展贡献工程咨询力量。

（二）以专业为基石，实施"人才工程"

人才是高质量发展的核心。随着综合性工程咨询发展，对高素质复合型人才的需求更为迫切。行业需要既懂政策规划、又懂行业规范，既懂项目报批、又懂工程技术和施工管理的综合型高素质人才。要建立健全行业终身学习与素质提升体系，打通高端人才晋升通道，以高素质人才队伍保障行业高质量发展。

咨询单位要秉持共建共享理念，坚持企业发展成果惠及全体员工，大力实施人才战略，优化选人用人渠道，引进高素质专业人才，在企业内部开展学习型组织建设，营造"以奋斗者为本"的企业文化，绩效薪酬向业务骨干倾斜，吸引、留住高素质人才，关心员工身心健康，促进人的全面发展，为企业和行业高质量发展筑牢人力基础。

（三）以法治为保障，规范行业秩序

推进国家治理体系和治理能力现代化是实现社会主义现代化的必然要求。工程咨询行业作为经济社会发展的一环，推进行业法治化建设刻不容缓。参考相关行业领域，要完善行业法律、法规。以全过程工程咨询发展为契机，推动发改、规自、住建等行业行政管理部门形成工程项目全过程联合审批机制，避免多头管理。加快行业标准体系建设，滚动推进基础性标准、行业规范、业务指南的编制与发布。加快建立健全行业诚信评价体系，完善失信惩戒机制，加强行业自律约束和行业独立性运行，形成政府指导、行业自律、企业自主相结合的良好行业发展环境。

（四）以开放为动力，拓展国际市场

经济全球化为工程咨询行业提供了广阔的舞台。"一带一路"倡议、国际产能合作等国家对外开放的重大机遇接踵而至。继国家提出"一带一路"倡议之后，北京市发布《北京市推进"一带一路"高质量发展行动计划（2021—2025年）》。行动计划提出，到2025年，北京共建"一带一路"体制机制更加完善，创新驱动、开放引领、集聚辐射的平台功能进一步强化，成为国家"一带一路"建设的重要窗口、京津冀协同发展的创新动力、首都高质量发展的有力支撑。

开放是高质量发展的必由之路。北京市工程咨询行业要以国际视野稳妥拓展海外市场，支持有实力企业"走出去"，加强与国外当地机构合作，重点拓展"一带一路"沿线国家和地区咨询服务市场。加强与国际机构、国际组织交流合作，引入国际人才，形成交往融合，逐步推广中国工程咨询最新标准，以标准"走出去"带动服务"走出去"，不断提升行业国际话语权。

（五）以创新为引领，向数字化转型

创新是引领发展的第一动力。工程咨询业是技术密集、智力密集型行业，要加快实现高质量发展，关键是创新，尤其是要做好数字化创新发展。随着数字经济的发展，北京市工程咨询业要主动融入数字化转型浪潮，深入推进"数字化+"工程咨询，加强大数据、云计算、区块链、人工智能等新技术与传统咨询业务融合应用研究，协同推进数字产业化和产业数字化，推进工程咨询业转型升级，培育新产业新业态新模式。

北京市工程咨询单位要紧密跟进北京市数字经济建设相关法规条文、标准规范、行动方案等最新进展，与自身实际相结合，将企业数字化转型战略作为"十四五"及今后一个时期业务发展规划的重要内容之一。加大创新研发力度，推进研发成果转化，利用信息技术全方位推进业务重塑和业态创新，更好地适应经济社会数字化运行发展需求。建设行业数据库和知识库，搭建各类开放的数字服务平台，提供数字化咨询服务，推出数字化新业务，完善内部数字化管理和外部数字化市场开发系统建设，全面提升企业技术服务能力和市场拓展能力。

第二节 行业发展建议

工程咨询全行业应立足我国经济社会发展需求，积极作为，充分发挥工程咨询对投资科学决策、规划有效实施和优化供给结构的关键性作用，把握好行业高质量发展的奋斗方向，加快适应新发展阶段，为全面建设社会主义现代化国家做好智力支撑。

一、加大政府对行业发展的支持力度

（一）完善全过程工程咨询相关政策与标准体系

尽快制定、完善适应全过程工程咨询工作开展的相关制度和流程，引导政府投资项目优先采取综合性咨询服务方式。推动服务理念和服务模式创新，培育一批骨

干型全过程工程咨询企业，调动服务方积极性，保证服务良性发展，提高供给质量和能力。鼓励多种形式服务模式，除投资决策综合性咨询和工程建设全过程咨询外，引导相关主体根据市场需求，从投资决策、工程建设、运营等项目全生命周期角度，开展跨阶段咨询服务组合或同一阶段内不同类型咨询服务组合。政府部门在批复前期工作函或立项批复时，可明确鼓励采用全过程工程咨询招标；或在可研批复阶段核准招标方案时，在常规分项招标方案基础上，增加鼓励采用全过程工程咨询招标方式。

（二）支持企业"产学研"深入融合创新

鼓励咨询企业联合攻关，搭建资源共享与合作平台，加强协同创新，推进研究成果向实践转化。鼓励创新工程咨询产业合作模式，加强与金融、财务、法律等方面专业机构协同作用，引导资本市场服务实体经济，深入推进工程咨询业务向专业化和价值链高端延伸，促进工程咨询行业高质量发展。支持各类工程咨询单位加快构建符合自身特点与需求的运作体制机制，打造具有行业引领力的领军企业，打造更多具有创新能力和特色优势的品牌企业，促进大中小各类工程咨询单位平等竞争、互鉴互学、协同发展。

（三）引导企业积极走出去参与国际竞争

抓住"一带一路"中国际产能合作、对外援助等重大机遇，创造更好参与国际竞争的条件和环境，鼓励国内外工程咨询机构开展多层次、多方位合作，共同开发业务、开拓国际市场，支持符合条件的各类工程咨询企业申报高新技术企业或在境内外上市。支持企业"借船出海"，与工程企业加强沟通、交流与合作，鼓励工程咨询企业在不同国家发展合伙人或者设立境外分支机构配合国内公司开展工程咨询工作，支持企业通过海外并购的方式与国外咨询公司组建跨国工程咨询公司，进一步增强中国企业国际化资源配置能力、跨国经营能力和国际市场影响力。

（四）完善以价值为导向的市场化服务体系

进一步规范工程咨询行业收费价格体系。组织行业协会、社会专家调研工程咨询行业收费情况，结合人员成本、新技术应用研发等情况提出适用于行业发展新情况的政府投资咨询服务付费指导建议，以引导示范社会投资咨询服务付费向更加公平、更加合理的方向转变。建立以价值为导向的全过程工程咨询服务价格体系，建议借鉴广东省、深圳市等先试先行地区的全过程项目管理取费经验和做法，即采用独立收取项目管理费，叠加收取专业专项咨询业务服务费的模式。同时鼓励投资方和建设单位根据咨询服务节省投资或提升价值情况，对咨询单位予以奖励，构建良性有序的公平交易环境。加强行业管理法治化建设，提高对市场恶意低价、串通围标等行为的打击力度。

二、推动企业实现高质量发展

（一）全面提升企业综合发展能力

把握工程咨询行业和企业进入新一轮转型、融合、创新发展阶段的趋势，提高差异化发展能力。对于大型工程咨询企业，聚焦经济社会发展重大需求，在抓好长远战略布局的同时，加紧整合资源，通过兼并收购、战略联盟等方式做大企业，补齐短板、突破瓶颈，向综合性咨询机构转型，发挥集团化运作的优势，开展全过程工程咨询服务，强化风险抵抗能力。同时，发挥国有大中型工程咨询企业对行业高质量发展的带动作用，有序推进国有工程咨询企业的混合所有制改革，进一步激活经营活力。对于中小型企业，依托中小型企业熟悉、擅长的专业咨询和服务领域，坚持把专业做专做精做强，按照市场需求，推进技术、产品、管理模式、商业模式等创新，成长为专精特新、高新技术企业，有条件的企业向项目前期谋划、方案策划、项目管理和合同履约跟踪管理等活动延伸。推动工程咨询机构体制机制改革，培育大中小型多层次各领域市场主体。同时，鼓励国企民企相互配合，推进兼并重组和战略性重组，深化国有工程咨询机构混合所有制改革，支持民营企业参与国有或事业工程咨询单位的改革，有效激发企业活力、创造力和市场竞争力。

（二）着力强化咨询理论方法研究

企业应加大研发投入，加强理论方法研究。推进学科交叉融合应用，不断调整优化工程咨询理论方法体系。发挥工程咨询智库和平台作用，突出学科领域特色和组织优势，坚持应用导向，强化跨领域交流，探索理论方法创新。同时，从适应"放管服"改革实际出发，不断完善事中事后评价理论和方法，强化投资项目中期评价和后评价工作，为政府部门有效监督管理提供有力支持。运用"互联网+"、人工智能、大数据、云计算等新一代信息技术，积极推动企业自身数字化转型，培育咨询服务的新产品、新业态、新模式，推动传统咨询服务向高端化、智能化、绿色化转变。将数据治理理念融入企业自身战略、业务、组织与管理中，优化商业模式、业务模式和工作流程，加强信息基础化建设，建立系统统一的数据收集方法和数据标准，主动拥抱新技术，加速提升企业创新能力和综合竞争力。

（三）持续加强人才培养激励

充分发挥人才第一资源作用，适应对咨询公司高质量发展的要求，加快培养高素质咨询人才。要面向市场需求，培养实用复合型人才，尤其是培养具有较高专业理论素养、丰富实践经验、较强创新力的高级咨询人才。适时调整企业用人与激励机制和经营管理体制，实行价值共享和绩效管理。服务于国际化工程咨询需求，工程咨询企业应尽快培养、引进和使用复合型、开拓型的国际工程咨询人才，提高自身技术优势，提升核心技术能力。同时，企业应根据自身的资源、人才、资质等优势聚焦特定的细分领域，打造业内领军人物，强化自身能力建设，努力塑造专业品牌，增强核心竞争力。

（四）加快提升行业国际化水平

企业发展总体上应坚持"立足北京，面向全国，走向世界"的原则，在国内市场逐渐趋于饱和、市场竞争日益加剧的形势下，积极走出去，进军工程咨询国际市场，积极推动国际产能合作和政府对外援助项目实施，深度融入"一带一路"建设。在企业"走出去"的过程中，应积极推广中国工程咨询技术标准，树立咨询品牌，增强中国工程咨询业在国际业界的话语权。要充分利用北京的区位优势，借助北京建设服务业扩大开放综合示范区和自贸区的政策优势，对接国际经贸规则，支持法律、会计、咨询、知识产权、信用评级等领域专业服务业企业在海外设立分支机构，提升国际化咨询服务能力。同时，要优化完善国内标准，学习引进国外的先进技术和管理经验，取长补短，提升咨询服务水平与质量。

三、发挥行业协会统筹协调作用

（一）发挥协会桥梁纽带作用

完善协会与政府主管部门的沟通协调机制，通过开展调查研究，及时向政府反映本行业问题和诉求，为政府提供决策参考。组织会员之间、兄弟协会之间以及行业与政府部门间的交流合作，及时了解宏观政策导向，聚焦政府关注的关键领域和重点投资方向，整合各方面的智力资源，分享可供企业参考借鉴的咨询案例。发挥信息平台作用，探讨行业改革发展策略，为行业发展发挥引领、示范作用，推动行业高质量发展。组织建立咨询服务业务体系及相应标准、规程、规范，修订完善协会章程、行规行约、行业标准、教育培训、议事规则、信息公示等制度。

（二）加快规范行业发展秩序

建立企业信用状况综合评价体系，依法依规编制出台北京市（全国）失信惩戒措施基础清单；建立从业人员诚信记录卡、行业内警告和黑名单制度，对不诚信企业或从业人员名单进行通报，限制其在行业内执业行为。细化企业经营过程中的违规和不诚信行为，明确责任并提出相应的惩戒措施，推进自律公约体系的系统化和标准化。监督（督促）企业建立规范、自律、诚信的行为准则，强化企业及从业人员职业道德准则，坚持公平公正的原则开展技术咨询，强化会员单位和从业人员的自我约束。不断强化从业人员客观、公正的职业道德，以维护投资者最大利益为原则，提高咨询质量，用专业的技术、严谨的工作态度、优质的服务赢得业主的信赖。

（三）全力做好服务保障工作

利用协会的技术资源优势，构建专业技术人才培养、咨询服务能力培训和行业内信息交流的平台。注重从业人员业务能力、职业素养的综合性培养。完善咨询工程师（投资）职业资格考试、登记和继续教育制度，实施咨询师知识更新工程、技能提升行动，培养高素质工程咨询人才队伍。积极向有关部门争取工程咨询系列高级职称评审通道，积极发挥人才蓄水池的功能，承担职称评审工作，形成管理有序、服务高效、覆盖广泛的社会化职称评审服务体系，为工程咨询专业人员畅通职业发展通道。加强调查研究工作，提高研究能力，及时协调处理影响行业健康发展的重大问题。

专题报告

为了更好支撑行业发展报告编写工作，结合工程咨询行业发展的特点、对经济社会发展的支撑作用以及未来工程咨询行业的发展趋势，本书选取了三个专题进行充分论证，分别是政府投资项目专题（医院篇）、城市轨道交通专题以及全过程工程咨询专题，选取三个专题的主要考虑是：

一是集中反映工程咨询重点行业领域的突出贡献。改革开放四十多年以来，北京市工程咨询行业为首都经济社会发展做出了重大贡献，尤其以政府投资的基础设施和民生领域最为突出。基础设施方面，北京轨道交通发展从无到有、从小到大、从线到网，轨道交通里程跃居世界前列，取得了显著成就；民生发展方面，一大批三甲医院建成，首都医科大学附属北京天坛医院整体搬迁、首都医科大学附属北京同仁医院亦庄院区扩建等一批重点医院疏解项目落成，进一步满足了人民群众的新期待。轨道交通和医院的发展最能代表并集中体现工程咨询在政府投资决策、成本控制、过程管理等方面的突出作用。

二是系统展望全过程工程咨询模式对行业发展的引领作用。近几年，为深化工程领域咨询服务供给侧结构性改革，破解工程咨询市场供需矛盾，国家层面完善政策措施，创新咨询服务组织实施方式，大力发展以市场需求为导向、满足委托方多样化需求的全过程工程咨询服务模式。北京市工程咨询行业在全过程工程咨询的理论和实践方面也有很多探索，为固定资产投资及工程建设活动提供了高质量智力技术服务，全面提升了北京市工程建设的投资效益、工程建设质量和运营效率，推动了工程咨询行业高质量发展。

专题报告立足当下、放眼未来，突出重点、聚焦特色，对各领域发展现状、存在问题、行业发展趋势进行了充分分析，提出相关政策建议，以期为北京市工程咨询行业高质量发展提供借鉴和启示。

专题报告一：

政府投资项目专题（医院篇）

- **第一章 政府投资医院项目情况**
- 第一节 总体情况
- 第二节 重大项目建设情况
- 第三节 发展趋势

- **第二章 医院项目工程咨询服务情况**
- 第一节 总体服务情况
- 第二节 规划研究咨询
- 第三节 项目决策咨询
- 第四节 工程设计服务
- 第五节 项目管理服务

- **第三章 问题分析及工作建议**
- 第一节 存在问题分析
- 第二节 相关工作建议

政府投资项目建设是一项复杂的系统工程，从项目提出设想、论证决策、开工建设到投入运营，涉及众多行业管理部门和市场行为主体，涉及众多制度规定和标准规范，实施周期长、影响因素多、技术复杂、协作性强。正是由于政府投资项目的特点，更需要工程咨询充分参与、支撑决策。客观上，工程咨询通过为经济社会发展以及工程项目的决策与实施提供全过程、全方位智力服务，为政府投资科学民主决策和工程建设管理服务做出了重要贡献。

医院类项目作为最典型、复杂的政府投资项目，属于重要的民生工程。近年来，医院类项目政府投资维持在较高水平，对增加社会服务供给、优化资源布局、促进地区均衡发展、提升群众的获得感、幸福感、安全感发挥了积极作用。

第一章 政府投资医院项目情况

第一节 总体情况

一、医院项目建设情况

按照《北京市"十三五"时期卫生计生事业发展规划》，北京市重点推进优化卫生资源配置，合理设置全市卫生资源配置标准，通过资源布局调整促进各区医疗资源均衡发展。以中心城区医疗卫生机构整体迁建、建设分院等方式，向郊区、新城和医疗资源匮乏的大型居住区转移，同时积极支持部分区属医院提质改建和社会办医，严格控制大医院规模扩张，严禁新增单体规模超过1500张床位的公立医院，合理控制部分公立专科医院的床位规模，遏制医疗卫生资源向中心城区和大医院过度集中，结合非首都功能疏解引导优质医疗卫生资源向北京城市副中心、新城和资源薄弱地区扩散，城市核心区实现疏解三级医疗机构床位2000张以上。

目前已完成首都医科大学附属北京天坛医院（以下简称"天坛医院"）整体迁建、首都医科大学附属北京同仁医院（以下简称"同仁医院"）亦庄院区扩建、北京中医药大学东直门医院东区扩建、北京大学第六医院北院区等央属、市属疏解项目；基本建成北京大学人民医院通州院区，实现北京大学第一医院城南院区、首都医科大学附属北京朝阳医院（以下简称"朝阳医院"）东院、首都医科大学附属北京友谊医院（以下简称"友谊医院"）顺义院区等项目主体结构封顶；加快推进北京口腔医院整体迁建、友谊医院通州院区二期建设、北京积水潭医院回龙观院区扩建、清华长庚医院二期建设、市疾控中心迁建等项目；推进北京丰台医院提质改建、北京怀柔医院二期扩建、顺义区妇幼保健院改扩建等工程，满足辖区居民基本医疗服务保障；支持社会办医，分别在朝阳、"三城一区"等重点地区建设北京安贞东方医院、昌平中关村生命科学园研究型国际医院。

当前，北京医疗卫生资源总量持续增长，但距国内和国际大城市仍有差距，与人民群众的期盼和首善标准相比还有不足。据统计，截至2020年底，全市共有医疗卫生机构11211家，实有床位12.7万张，分别较2016年增长5.4%、8.7%。按照机构类别划分，医院733家（公立227家、民营506家），基层医疗卫生机构10183家，专业公共卫生机构111家，其他机构184家。每千常住人口实有床位数为5.8张，低于全国6.3张的平均水平，也低于上海6.4张、重庆7.4张等国内大城市每千人床位数量，与东京（9.6张）、巴黎（12张）等国际城市差距明显。北京医疗卫生资源总量仍有较大的增长空间（表1-1）。

2020年首都医疗卫生资源主要指标　　　　　　　　　　　　　表1-1

指标名称	规划指导目标	北京市实际情况	国内平均水平	国际参考水平
每千人口床位数（张）	6.1	5.8	6.3	9.6-12

此外，优质医疗资源主要集中在中心城区，区域分布不均，有待优化。2020年北京全市每千常住人口实有床位数为5.8张，低于全国平均水平；但核心区每千人实有床位数较高，为13.9张，明显高于外围地区，资源分布不均衡问题凸显。

2020年中心城区三级医院71家，实有床位5.5万张，分别占全市三级医院的68.3%、73.1%。全市54家三甲医院中，超过80%布局在中心城区，实有床位4.1万张，占全市三甲医院的84.1%。平原多点地区和生态涵养区优质资源相对不足。优质医疗资源需要向医疗服务能力薄弱、群众医疗需求较大的地区布局（图1-1）。

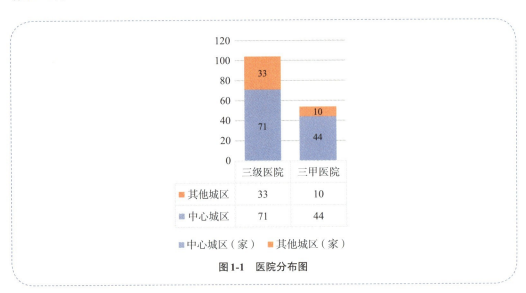

图1-1　医院分布图

二、"十四五"时期医院项目规划情况

按照《北京市国民经济和社会发展第十四个五年规划和二〇三五年远景目标纲要》《"十四五"时期健康北京建设规划》《北京市医疗卫生设施专项规划（2020—2035年）》提出的新形势、新要求和新任务，"十四五"时期北京市将加快推进优质医疗卫生资源均衡布局、优化结构、提质增效。

（一）核心区

通过严控增量和疏解存量相结合，向外疏解腾退和内部功能优化双向发力，为区域内居民健康需要和中央党政军机关运行、政务活动提供医疗卫生保障。重点推进北京大学第一医院、北京大学人民医院、北京积水潭医院、北京口腔医院、友谊医院、北京儿童医院、北京中医医院、北京安定医院等疏解项目。

（二）中心城区

按照疏解与承接并重原则，推进优质资源由中心城区向城市南部、西部、"回天"地区等资源薄弱地区疏解，促进优质资源均衡合理布局。在朝阳区、海淀区等面向国际交往中心、国际科技创新中心服务的区域，增加国际医疗服务供给。重点推进朝阳医院东院、首都医科大学附属北京安贞医院（以下简称"安贞医院"）通州院区、首都儿科研究所附属儿童医院（以下简称"首儿所"）通州院区、首都医科大学附属北京佑安医院（以下简称"佑安医院"）新院区等疏解项目。

（三）城市副中心

科学适度配置医疗卫生资源，健全体系补充功能和资源短板，为副中心及北三县等地区提供高水平治疗综合医疗服务保障。重点推进友谊医院通州院区二期、安贞医院通州院区、首儿所通州院区、北京卫生职业学院新院区、市疾控中心新址等项目建设。

（四）平原新城

积极承接中心城区疏解的优质医疗资源，除了满足辖区内服务需要外，重点承接对全国和区域的疑难重症患者提供医疗服务功能，大力发展医学可行性研究，促

进临床科研成果转化。重点推进北京大学第一医院城南院区、友谊医院顺义院区、北京积水潭医院回龙观院区扩建、北京儿童医院新院区、佑安医院新院区、北京安定医院新院区、清华长庚医院二期、首都医科大学研究型医院等项目建设。

（五）生态涵养区

提升医疗卫生服务能力，满足当地居民健康服务要求。同时，具体区域结合其城市功能定位，合理匹配医疗卫生资源。适度承接发展与绿色生态发展相适应的健康养老、康复护理、安宁疗护等服务功能。重点推进区属医院提质改建类项目建设。

第二节 重大项目建设情况

通过对北京市近五年以来（2017—2021年）列入北京市年度重点工程计划的项目进行梳理，政府办公立医院项目共计29个，其中市属医院13家，区属医院16家。2017—2021年政府投资建设医院项目详见表1-2。

2017—2021年北京市重点工程（政府投资建设医院项目）　　表1-2

序号	项目名称	隶属关系	项目单位	项目地点
1	天坛医院迁建项目	市属医院	天坛医院	丰台区-南四环西路
2	友谊医院顺义院区项目	市属医院	友谊医院	顺义区-后沙峪
3	同仁医院经济技术开发区院区扩建项目	市属医院	同仁医院	北京经济技术开发区
4	安贞医院通州院区项目	市属医院	安贞医院	通州区-宋庄镇
5	北京口腔医院迁建项目	市属医院	北京口腔医院	丰台区-樊家村
6	北京回龙观医院科研教学康复楼项目	市属医院	北京回龙观医院	昌平区-回龙观镇
7	北京中医医院新址（垡头）项目	市属医院	北京中医医院	朝阳区-王四营乡
8	北京积水潭医院回龙观院区二期扩建项目	市属医院	北京积水潭医院	昌平区-回龙观镇
9	朝阳医院东院建设工程	市属医院	朝阳医院	朝阳区-常营乡
10	友谊医院通州院区二期建设项目	市属医院	友谊医院	通州区-永顺镇
11	北京胸科医院危房改建项目	市属医院	北京胸科医院	通州区-北关大街
12	首儿所通州院区项目	市属医院	首都儿科研究所附属儿童医院	通州区-宋庄镇
13	北京清华长庚医院二期项目	市属医院	北京清华长庚医院	东城区-定安里

续表

序号	项目名称	隶属关系	项目单位	项目地点
14	北京市垂杨柳医院改扩建项目	区属医院	朝阳区卫生和计划生育委员会	朝阳区-垂杨柳南街
15	北京市昌平区医院门急诊综合楼新建及改建项目	区属医院	北京市昌平区医院	昌平区-鼓楼北街
16	北京中医医院怀柔医院迁建项目	区属医院	怀柔区卫生和计划生育委员会	怀柔区-青春路1号
17	北京市东城区第一人民医院异地迁建项目	区属医院	东城区第一人民医院	东城区-定安里
18	北京市昌平区中西医结合医院住院楼项目	区属医院	北京市昌平区中西医结合医院	昌平区-回龙观镇
19	北京市密云区中医医院迁建项目	区属医院	北京市密云区中医医院	密云区-鼓楼北大街
20	北京中医医院延庆医院迁建一期项目	区属医院	北京中医医院延庆医院	延庆区-延庆新城
21	昌平区回龙观西城区旧城保护定向安置房配套医院（北京大学人民医院北院区）项目	区属医院	西城区卫生和计划生育委员会	昌平区-回龙观镇
22	海淀区北部医疗中心项目	区属医院	海淀区政府公共服务委员会	海淀区-西北旺镇
23	北京丰台医院提质改建项目	区属医院	北京丰台医院	丰台区-丰台街道
24	北京市平谷区妇幼保健院迁建项目	区属医院	平谷区卫生和计划生育委员会	平谷区-04街区
25	北京怀柔医院二期扩建项目	区属医院	怀柔区卫生和计划生育委员会	怀柔区-永泰街
26	北京市朝阳区双桥医院改扩建项目	区属医院	北京市朝阳区双桥医院	朝阳区-双桥
27	北京中医药大学房山医院新院区项目	区属医院	房山区卫生健康委员会	房山区-良乡组团
28	北京市丰台中西医结合医院二期项目	区属医院	北京市丰台中西医结合医院	丰台区-长辛店镇
29	海淀区苏家坨中心医院项目	区属医院	海淀区卫生健康委员会	海淀区-苏家坨镇

从建设规模看，29个政府投资建设医院项目总建筑面积约为354万平方米，其中通州区建设医院项目总规模最大，约66万平方米，其次是丰台区（约64万平方米）、朝阳区（约57万平方米）、昌平区（约35万平方米），上述四个区的医院项目建设规模占总量的62.7%（图1-2）。

从项目数量看，昌平区在近五年内共有5个医院建设项目，占项目总量的17.24%，其次是通州区、丰台区和朝阳区分别各有4个医院建设项目，各占项目总量的13.79%；上述四个区共有17个医院建设项目，占近五年内政府投资建设医院项目总量的58.62%（图1-3）。

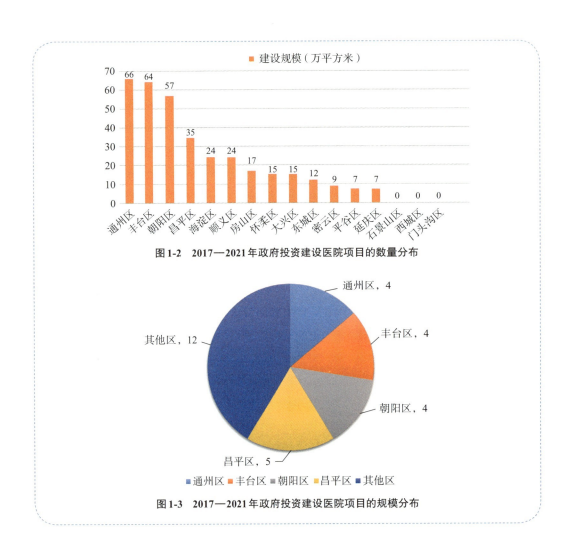

图1-2 2017—2021年政府投资建设医院项目的数量分布

图1-3 2017—2021年政府投资建设医院项目的规模分布

第三节 发展趋势

一、市属医院"分院区"建设即将掀起高潮

近年来,北京市正快速推进一批市属医院"分院区"建设项目,通过为市属医院设立"分院区",引导优质医疗资源向医疗服务能力薄弱、群众医疗需求较大的地区布局,推动区域医疗服务体系均衡发展。

2017—2021年五年之间,市属医院开工建设的"分院区"项目总规模持续递增,累计项目总建筑面积达到超过100万平方米,累计项目总床位规模达到4000床以上(图1-4)。按照"十四五"时期总体规划和各类专项规划、计划要求,并结合目前正在前期规划的项目，以及近几年新建医院项目建设推进的速度上来看，预计在今后几年内将陆续启动建设一批市属医院"分院区"项目。与此同时，在2017—2021年推进建设的项目也将迎来建设收尾，届时前后两批项目将在加快推进首都医疗卫生资源优化布局的时代背景下，掀起一波医院项目的建设高潮。

图1-4　市属医院"分院区"项目建设规模发展趋势图

二、大力推广委托专业化项目管理机构的管理模式

2018年以来，北京市陆续出台《关于深化投融资体制改革的实施意见》《北京市工程建设项目审批制度改革试点实施方案》《关于加强市级政府性投资建设项目成本管控的若干规定（试行）》等一系列投资建设项目有关的政策改革文件，对提高审批效率、提高管理水平、加快项目实施、控制工程投资起到了很好的效果。

在北京市投资建设项目相关政策改革的背景下，政府投资建设医院项目的项目管理业务得到了蓬勃发展。根据2017—2021年以来市属医院项目建设管理模式统计结果，在近五年以来建成或在建的政府投资建设医院项目中，85%以上采用了委托专业项目管理机构的模式来开展医院项目的建设管理。

由于政府投资建设医院项目具有投资规模大、建设周期长、医疗工艺复杂、管理难度高和协调工作量大等特点，委托专业项目管理机构能够充分发挥其资源、技术和经验优势，运用系统理论和方法，对项目及其资源进行计划、组织、协调、控制，在项目建设推进的全过程给项目建设单位提供专业指导与决策建议，以便顺利实现项目建设目标，预计北京市政府投资建设医院项目将大力推广委托专业化项目管理机构开展项目全过程管理的模式。

第二章 医院项目工程咨询服务情况

第一节 总体服务情况

医院项目工程咨询服务范围广泛，涉及项目基本建设程序的各个阶段，包括前期决策阶段、项目准备阶段、项目实施阶段、投入运营阶段，为医院项目决策与实施提供全方位的智力服务。各阶段主要工作内容（包含但不限于）详见表2-1。

医院项目工程咨询服务涉及的阶段及内容　　　　表2-1

阶段		咨询服务	服务成果	审批或备案
前期决策阶段	策划阶段	项目建议书	项目建议书	√
		项目策划书	项目策划书	/
		选址研究	选址报告	/
		概念性规划	规划方案书（图册、说明）	/
	决策阶段	可行性研究	可行性研究报告	√
		项目申请报告	项目申请报告	√
		资金申请报告	资金申请报告	√
		专项研究	/	/
		环境评价	评价报告或表	√
		社会稳定风险评估	报告	必要时
		水土保持方案	报告	必要时
		地质灾害危险性评价	报告	必要时
		交通影响评价	报告	必要时
		城市规划	/	/
		总体规划	规划方案书（图册、说明）	必要时
		控制性详细规划	规划方案书（图册、说明）	必要时
		修建性详细规划	规划方案书（图册、说明）	必要时
		PPP投融资咨询	报告	必要时

续表

阶段		咨询服务	服务成果	审批或备案
项目准备阶段	各类手续	项目审批	批文、核准备案表	√
		用地手续	土地出让合同、国有建设用地划拨决定书、建设用地批准书或国有土地使用权证	√
		规划手续	建设用地规划许可证、建设工程规划许可证	√
		专项手续	/	√
		开工手续	工程施工许可证	/
	实施准备	场地准备	方案、预算、招标	/
		工程勘察	分阶段，勘察报告	/
		工程设计	分阶段，设计文件	初步设计（√）
		招标投标咨询	招标投标方案	/
		工程造价咨询	分阶段，造价文件	设计概算（√）
		项目管理咨询	咨询方案	/
项目实施阶段		工程监理	/	/
		工程管理	/	/
		工程造价咨询	分阶段，造价文件	/
		竣工验收	报告	√
		竣工决算	报告	√
投入运营阶段		工程保修	/	/
		工程交付	不动产登记	/
		投产运营	策划报告	/
		项目后评价	报告	/

结合国家发展改革委《工程咨询行业管理办法》对于服务范围的界定，本专题报告对上述工程咨询服务涉及的阶段及内容进行分类聚焦，选择有代表性的规划研究、决策咨询、工程设计、项目管理四种服务类型，重点针对特定内容和典型案例进行介绍。

第二节 规划研究咨询

规划研究咨询服务主要包括医疗卫生总体规划、专项规划、区域规划和医院发展规划的编制及相关课题研究。下面重点介绍医院发展规划编制工作内容并进行案例分析。

一、医院发展规划

医院发展规划编制坚持顶层设计、全盘谋划的原则，聚焦面临的老难题和新挑战，通过外部形势与挑战、内部资源约束条件的分析，谋划医院发展的目标、思路和举措。编制过程将量化评估的理念贯穿始终，强调用客观数据说话，用真实的总结评估结果和对标对表分析结果谋划战略定位，将对标结果全面纳入战略规划编制的目标任务、工程项目以及具体落实举措的各个环节，引领医院健康发展。

二、典型案例介绍

（一）首都医科大学附属北京世纪坛医院总体规划及综合性能提升

1. 项目简介

首都医科大学附属北京世纪坛医院（以下简称"北京世纪坛医院"）是有着百年悠久历史的集医、教、研、防于一体的综合性三级甲等医院，位于首都中心城区，用地严重不足，影响了正常的医疗秩序及学科发展。该规划在特定的时代背景下，响应中央有序疏解非首都功能的号召，对老院区进行全面的改造优化及综合性能提升，并拟在房山区规划建设一个新院区。

2. 服务内容

规划编制工作由中国中元国际工程有限公司承担，服务时间为2018年4月至2019年2月，主要针对新老两个院区不同的服务人群制定不同的功能定位，科学预测发展需求与规模，对远期双院区协同发展提供清晰的规划目标。对老院区的现状情况和存在问题进行梳理，传承历史特色，"精细化"规划各个阶段的拆除、新建、改造工程计划及分期实施计划，使用地紧张的老院区得到综合性能的全面提升；对新院区进行一级流程规划，为未来的有序发展打下良好基础。打造符合首都发展战略、顺应首都公立医院卫生事业发展规律、又富有世纪坛医院特色的双院区医院发展模式（图2-1、图2-2）。

3. 借鉴意义

（1）在疏解非首都功能的背景下，采用统筹规划理念，注重两院区之间的功能定位协同发展，提高医疗资源配置整体效益，为综合医院多院区规划模式提供范本和参考。

重点咨询项目

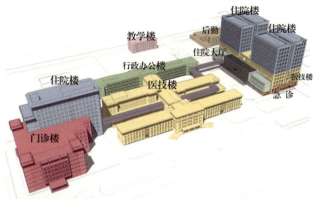

图 2-1　北京世纪坛医院双院区功能分区模型图

图 2-2　北京世纪坛医院老院区规划风貌整体提升项目

北京世纪坛医院原为铁道部北京铁路总医院，创建于1915年，是集医疗、教学、科研、预防和保健为一体的综合性三级甲等医院，同时也是首都医科大学附属医院、首都医科大学肿瘤医学院和北京大学第九临床医学院。医院总体规划及综合性能提升项目助力百年老院蜕变与发展，提升医院健康服务保障水平。

（2）采用"精细化"设计理念，全专业配合，注重可实施性，从复杂的院区现状出发，抽丝剥茧，分步实施，减少对医院运行的影响、节约投资、降低施工难度。

（3）城市形象设计充分体现医院文化特色、历史传承，成为新时期具有医院个性特色的成功探索。

（二）北京同仁医院院区总体规划及既有院区综合性能提升改造规划

1.项目简介

北京同仁医院自1886年创建，经过一个多世纪发展，已成为集医疗、教学、科研于一体的大型三级甲等综合医院。医院目前有3个院区，分别为西区、东区、南区。根据医院"一院两址"规划，未来东、西区合并成为崇文门院区，南区为亦庄院区。北京同仁医院总体规划建筑面积33.63万平方米，其中崇文门院区规划建筑面积11.21万平方米，亦庄院区规划建筑面积22.42万平方米。规划总床位1759张（图2-3）。

图2-3 北京同仁医院院区功能分区图

2.服务内容

规划编制工作由中国中元国际工程有限公司承担，服务时间为2018年3月至2019年6月。通过对同仁医院崇文门院区和亦庄院区的功能定位、床位资源、大型医疗设备和基础设施进行科学、合理的统筹规划，对院区空间进行现状梳理、资源整合和适度扩建，既缓解了崇文门院区业务空间紧张的实际问题，又为医院优化医疗服务模式、发展医学教育和人才培养、做好全民健康工作的更高要求提供了坚实物质基础。

3.借鉴意义

（1）运用床位疏解、"留白增绿"等措施完成既有院区综合性能提升改造

该规划将缩减同仁医院位于中心城区的崇文门院区病床数、增加亦庄院区病床资源，并将崇文门院区部分重点学科及病房调整到亦庄院区。通过全院医疗资源的

合理调整、科学布局，推动中心城优质医疗资源向薄弱地区、向郊区转移，改善中心城的交通和环境压力，同时带动郊区医疗水平提升，促进医疗卫生服务均衡发展。

（2）建设期间不停床不停诊，提出分步实施方案

总体规划实施分为两个阶段：至2020年，阶段性科室转移；至2024年，总体规划布局基本完成。

（3）高点定位，科学测算，统筹医疗资源布局

通过资源整合推动中心城优质医疗资源向薄弱地区、向郊区转移，通过医疗资源和教学科研资源的调整、布局，改善中心城的交通和环境压力，同时带动郊区医疗水平整体提升，促进全市医疗卫生服务水平均衡发展。

三、服务经验总结

随着《京津冀协同发展规划纲要》发布实施和《北京城市总体规划》修编，北京市城市功能定位发生了战略调整，市属医院迎来发展战略调整期。市属医院调整医院发展规划以适应首都城市发展新形势，既面临着巨大调整也面临着重大机遇，需要市属医院审时度势重新科学规划发展蓝图。北京地区的医院面临新形势下的发展机遇与挑战，存在原有院区的提升改造，也存在多个院区统筹发展的情况，在发展规划编制时需把握以下几项原则：

（一）合理规划，优化整合

充分考虑利用原有医疗资源，优化整合。针对医院特点，保证对不同的人流、物流具体分析，合理安排分布，避免交叉感染，管理安全方便，使其成为设施一流的现代化医院。如果医院包括几个院区，应注重各院区之间功能定位的相互配合、相互协调以及协同发展，提高医疗卫生资源配置整体效益。

（二）以人为本，以病人为中心

适应大型医疗设施的空间环境和流线组织要求，为病人提供方便、卫生、安全的就医环境。实现人、自然、建筑的有机结合，创造有特色的医疗环境。

（三）营造良好的医疗空间环境

优美的医疗环境有助于患者的治疗与康复，同时可以提高医护人员的工作效

率。医疗设施的建设应注重环境的营造与配置，创造良好的室外空间，降低建筑覆盖率，提高绿化率，并注重室内环境氛围的营造，充分体现现代化与人性化。

（四）充分发挥城市功能，合理利用土地

充分利用地下空间，在满足医疗需求的同时，使有限的土地发挥最大的使用效率。

（五）方案的可持续发展性

随着生活水平不断提高，先进医疗设备不断更新，新的医疗理念层出不穷。因此，规划方案应充分考虑医院的可持续发展性，以适应医院发展的需要。

第三节　项目决策咨询

项目决策咨询服务主要包括项目建议书、项目可行性研究报告、项目申请报告、资金申请报告的编制，及水资源论证、安全评价等专项咨询服务内容，以及与项目建议书、项目可行性研究等报告编制工作形成"一体两面"的评估咨询工作。下面重点介绍项目建议书、可行性研究报告编制工作内容并进行案例分析。

一、项目建议书

项目建议书是基本建设程序中最初阶段的工作，主要是从宏观上论述项目设立的必要性和可能性，是立项的依据。主要内容可参考相关编制指南等文件规定，其中必要性是重中之重，一般从宏观、中观、微观三个层级论述，结合项目实际情况和未来发展规划论述项目设立的必要性。

二、可行性研究报告

可行性研究报告是基本建设程序中的重要组成部分，对建设项目在技术、工程和经济上是否合理和可行，进行全面分析、论证，进行多方案比较，提出评价，为项目决策提供可靠的依据。主要内容可参考《投资项目可行性研究指南（试用版）》

等文件规定，核心内容包括需求分析、建设内容及规模、建设方案、投资估算等。重点是从需求分析出发，论证项目建设内容，依据相关医院等建设标准计算医疗业务用房、科研用房、教学用房、人防及地下车库等规模，提出技术可行经济合理的设计方案，并计算相应投资估算。

三、典型案例介绍

（一）海淀区北部医疗中心建设工程项目建议书

1. 项目简介

项目建设地点为海淀区西北旺镇亮甲店3号地块，规划床位800张，建成后由海淀区妇幼保健院（以下简称"海淀妇幼"）和北京大学第三医院（以下简称"北医三院"）共同运营，两家使用单位各运营床位400张。项目总建筑面积18.30万平方米，其中地上建筑面积8.27万平方米，地下建筑面积10.03万平方米。

2. 服务内容

项目建议书编制工作由北京市工程咨询有限公司承担，服务时间为2018年4月至2018年10月，工作过程共分为五个阶段。

第一阶段：搜集整理相关资料。搜集医院建设相关的政策法规、建设标准、医院基本情况、医院总体发展规划、医院功能定位等资料。

第二阶段：实地调研踏勘现场。通过踏勘现场，了解项目选址周边的交通条件、市政条件、项目实施进度、项目用地取得方式以及土地费用等情况。

第三阶段：与相关单位沟通研讨。与项目建设单位、项目管理单位和两家使用单位，沟通项目建议书对勘察设计方案、市政配套方案的内容和深度要求，对规划、国土、环保、水务、民防等部门审批要件的要求。分别梳理两家使用单位的功能用房需求与统筹使用、项目建成后两家医院的运营方式、项目资金筹措方式等情况。与设计单位沟通项目建议书对设计方案中图纸、设计说明内容和深度的要求，以及对医院特殊系统及工程的设计要求。

第四阶段：报告编制。在梳理海淀北部地区医疗资源现状的基础上，结合海淀妇幼和北医三院的实际需求，参照《妇幼健康服务机构建设标准》建标189—2017和《综合医院建设标准》建标110—2021，分别测算两家使用单位的医疗用房建设规模；并参照北京市相关政策文件测算锅炉房、人防医院和地下车库等用房的建设规模。结合项目设计方案，并参考同类医院建设项目的造价水平，科学确定该项目投资水平。

第五阶段：配合建设单位完成项目评估工作。项目建议书于2018年9月上报海淀区发展改革委，经评审后上报北京市发展改革委，顺利通过评估，获得北京市发展改革委立项批复文件。

该项目获得北京市优秀工程咨询成果一等奖。北京海淀妇幼保健院建设项目效果如图2-4所示。

图2-4 北京海淀妇幼保健院建设项目

北京海淀妇幼保健院始建于1983年，是集预防、保健、医疗、科研、教学于一体的三级妇幼保健院，承担着海淀全区妇幼保健任务，是海淀区妇幼保健技术指导和业务培训中心。新院区按照三级妇幼保健院的建设标准规划设计，定位为主院区，计划于2025年上半年投用。

3. 借鉴意义

（1）研究提出不同权属医院在同一项目中进行立项的前期策划方案

该项目两家医院分别为区属医院和国家卫生健康委员会直属医院，项目组在前期策划过程中，就建设主体、资金申请渠道、后期运营管理等重大问题与委托方进行了多次沟通交流，最终提出以北京市海淀区卫生健康委作为项目申报主体（建设单位），海淀妇幼和北医三院作为运营主体（使用单位）；项目资金以区政府固定资产投资为主，争取市政府固定资产投资，建成后固定资产归属于区属资产；建成后两家医院独立运营，分别按照各自隶属关系申请运营经费和补助。通过前期策划方案，厘清了不同权属医院一个项目立项的难题，解决了分别立项带来的方案设计、项目实施、资金管理、后期运营等一系列问题。

（2）研究提出不同类型医院在同一项目中进行规模测算的咨询方法

国家颁布了各类医院的建设标准来指导不同类医院的建设，如《综合医院建设标准》建标110—2021、《中医医院建设标准》建标106—2021、《儿童医院建设标准》建标174—2016、《传染病医院建设标准》建标173—2016、《妇幼健康服务机构建设标准》建标189—2017等。由于学科特色差异，不同类型医院建设标准虽有一定共性，但也存在较大差异。根据两家医院的功能定位，依据各自医院类型，采用相应建设标准分别测算建设规模；对于可以统筹设置的功能用房，如食堂餐厅、设备用房及地下车库等，进行统一测算；实现资源合理配置和高效利用，避免重复建设。

（3）研究提出考虑不同医院运营管理要求的设计方案优化建议

落实医院功能需求，深入参与设计方案功能布局讨论，提出方案优化的合理化建议。从全生命周期角度，站在未来运营管理要求审视设计方案的合理性。两家医院一家为妇幼保健院，服务人群包括健康人群及妇科、产科和儿科等患者；一家为综合医院，服务人群为患病人群，主要包括内科、外科、骨科、运动医学科等患者。两家医院科室设置及服务人群差异性较大，医疗功能需要各自独立布局。保障系统用房、地下车库等用房可以统筹设置。在独立计量基础上统筹设置，有效提高了建筑空间使用效率，降低了固定资产投资和运营管理成本。

（二）北京友谊医院顺义院区项目建议书（代可行性研究报告）

1. 项目简介

根据市政府相关会议的要求，同意将北京友谊医院部分功能疏解到顺义区后沙峪地区，并采用政府与社会资本合作（PPP）模式，引入北京市国有资本经营管理中心参与友谊医院顺义院区建设工作。2016年9月，北京市发展和改革委员会对该项目进行了核准，项目总建筑面积24.17万平方米，设置床位1000张。

2017年5月，财政部等六部门联合发布《关于进一步规范地方政府举债融资行为的通知》，其中明确提出地方政府应当规范政府和社会资本合作（PPP）。根据PPP项目规范实施要求，由于短时间内再重新研究PPP实施方案，公开招标社会资本等存在较大难度，为避免违规风险，考虑项目实际情况及推进现状，将项目调整为政府投资。在上述背景下，该项目按照政府投资项目审批程序，编制项目建议书（代可行性研究报告）重新申报立项。

2. 服务内容

项目建议书（代可行性研究报告）编制工作由北京市工程咨询有限公司承担，

服务时间为2017年9月至2019年2月。工作过程共分为五个阶段。

第一阶段，搜集整理相关资料。搜集与医院建设相关的政策法规、建设标准、医院基本情况、医院总体发展规划、医院功能定位等资料。由于项目已经开工建设，针对当时的施工进度，有针对性收集项目概算、清单编制等资料，为编制工作奠定基础。

第二阶段，实地调研踏勘现场。通过踏勘现场，了解项目选址周边的交通条件、市政条件、项目实施进度、项目用地取得方式以及土地费用等情况。

第三阶段，与相关单位沟通讨论。与建设单位沟通勘察设计方案、市政配套方案的内容和深度要求，对规划、国土、环保、水务、民防等部门审批要件的要求，以及当时项目的建设进度、医院的实际需求、实际功能用房的设置等情况。与设计单位沟通设计方案中图纸、设计说明设计说明内容和深度的要求，以及对医院特殊系统及工程的设计要求。

第四阶段，报告编制。将研究的建设规模与前期已经办理取得的项目申请报告中批复的建设规模进行对比，找出差异部分，分析原因。并找出依据对新的建设规模进行测算，根据医院特色和基础数据结合《综合医院建设标准》建标110—2021及其他建设标准、政策文件等，测算总建设规模。详细对比项目申请报告阶段的概念方案与可行性研究阶段深化到施工图阶段的方案，找出差异，并结合已深化的图纸最终确定医院的建设规模和建设内容。综合该项目的建设内容、设计方案以及项目已经开工、基坑已经实施等各方面因素，并参考同类医院建设项目的造价水平，科学确定该项目投资水平。

第五阶段，配合项目单位完成项目评估工作。项目建议书于2017年12月上报市发展改革委，2018年1月投资北京国际有限公司委托中冶京诚工程技术有限公司对项目建议书（代可行性研究报告）组织评估。项目顺利通过评估，获得北京市发展改革委立项批复文件。

该项目是优化首都医疗资源配置、非首都功能疏解的重点工程项目，是北京市第一个采用PPP项目模式建设、又转为政府投资项目重新审批的医院项目，获得北京市优秀工程咨询成果二等奖。

3.借鉴意义

（1）结合北京市实际情况进一步完善细化《综合医院建设标准》建标110—2021，提出在保障系统之外增加单列项用房的保障系统

由于《综合医院建设标准》建标110—2021是考虑全国不同地区、不同经济状

况、不同需求，综合平衡后制定的，与北京市公立医院基本建设实际情况有一定差异。如《综合医院建设标准》建标110—2021中，医院床均建筑面积指标根据诊床比3∶1确定，北京市三级医院日门（急）诊量普遍较大（一般在6∶1）；七项设施的床均面积指标相对于医院实际情况偏低；医院科研教学工作内容不断增加和拓展，独立法人科研机构、重点实验室、药物临床试验基地、住院医师规范化培训用房、学生宿舍、医务人员值班宿舍等新需求不断增加。因此，除七项设施外的单列项用房同样需要保障系统用房，而且随着建筑防排烟规范等的实施，都需要增加建筑面积。

（2）根据项目已经开工的事实将估算造价与清单造价进行对比分析

项目申报可行性研究的过程中，项目已经完成基坑施工，工程主体的清单编制工作正在进行中。因此，在投资估算中，需要同时考虑基坑施工实际发生的费用以及主体工程的清单价，对于估算与清单相差较大的强电专业，聘请专家分析原因，对外电源的范围、投资到变配电工程、照明配电工程、防雷接地等工程，从系统形式、品牌到估算指标等方面进行系统梳理。

（3）以《综合医院建设标准》建标110—2021为例对各种功能用房建设规模进行研究

综合医院用房主要包括七项用房（基本医疗用房）、单列项增加用房和地下停车用房。除七项用房外，结合近期同类项目分析不同类型单列项目用房的测算思路、测算方法、适用的标准规范等。科研用房测算的基数为医院总体工作人员，除去按照相关标准确定的指标外，还应考虑因为教学、重症等增加的人员编制，经过测算的总人数与医院的现状人数基本匹配。标准中根据学生人数提供的10平方米/人包含的内容，可参照《普通高等学校建筑面积指标》建标191—2018中规定的学生各项用房指标进行分析。分析北京市和全国各地停车配建指标的差异，结合医院公共交通便利通达情况，考虑停车位的配建指标，以及平层和立体相结合的停车方式、社会资本引入等。从工程咨询角度，研究如何确定医院建设规模、建设内容的有效措施，能够为北京市未来医院建设项目的投资决策提供一定参考。

四、服务经验总结

（一）项目决策咨询对促进项目科学决策和规范建设发挥重要作用

医院项目决策咨询是一项政策性强、专业性强、知识面宽的系统工程，应按照科学的规划方案、规范的制度进行，符合国家标准和发展规划。通过分析项目建设的必要性与可行性，科学决策建设规模和建设投资，确保项目合法合规建设，能够为投资者和决策者提供很好的科学依据。项目决策咨询在建设过程中的作用巨大，对项目决策、建设实施、运行管理起着重要作用，是相关工作顺利开展的先决性、基础性工作，只有做好前期咨询工作，提高咨询工作效率，才能保证项目建设顺利实施，并顺利达成运营目标。

（二）政府主管部门对咨询成果质量提出更高要求

近年来，随着政府投资项目管理的日益完善，投资主管部门对政府固定资产投资项目前期咨询成果，尤其是可行性研究报告的编制深度提出了较高要求，特别是对社会事业类项目无论是规模测算还是设计方案深度都有明确规定。医院项目作为最复杂的社会事业类项目，其前期咨询工作的科学性、准确性、有效性，在很大程度上决定了项目实施的质量甚至成败。

（三）与建设单位进行充分沟通是保证成果质量的关键

项目建议书、可行性研究报告的编制人员需要具有较强的专业技术水平，熟悉医院项目相关的建设标准、设计规范、政策文件等。在前期咨询工作中，一些建设单位对前期咨询工作的重要性认识不足、重视程度不够，对医院的功能和需求考虑不够系统和全面，提出的使用功能需求不准确或存在问题，有些需求不符合相关国家标准，同时有些必要的合理需求偶有缺失的情况，对建设项目进度、工程质量和投资控制产生了较大影响。需要与建设单位进行充分、深入的沟通交流，使其了解前期咨询成果编制的技术要求以及政府投资主管部门的审批要求，协助建设单位完成可行性研究阶段的重点工作，顺利推动项目实施进程，并为初步设计概算的审批和项目开工建设打下坚实的基础。

（四）项目评估咨询是投资决策的必备条件

随着医药卫生体制改革的不断深化，国家及地方政府陆续出台了很多政策文件，引导医疗卫生领域项目健康、可持续发展。医院项目由于建设规模大、造价水平高、投资规模大等特点，在项目决策阶段对医院建设的必要性、可行性、合理性等进行评估变得尤为重要。尤其是在政府投资管控精细化程度日益提高的情况下，对医院项目进行科学合理的评估是控制政府投资成本，提高投资效益的关键环节。

第四节　工程设计服务

工程设计服务从项目阶段划分及成果深度要求方面，主要可分为前期决策、项目实施准备以及建设实施阶段，服务内容主要包括医院项目方案设计、初步设计、施工图设计等服务内容。

一、方案设计

项目方案设计阶段是设计实质性的开始阶段，以总图、建筑专业为主，应满足建设方需求，同时向当地规划部门报审，并获得规划许可。有些项目采用概念性方案招标，突出功能布局、建筑形体、建筑外设计，为方案设计奠定基础。

在开展工程设计工作前，应依据批复的可行性研究报告编制设计任务书，保证设计工作顺利有序进行。

二、初步设计

初步设计应根据批准的可行性研究报告或方案设计进行编制，要明确功能区域、工程规模、建设目的、投资效益、设计原则和标准、各专业系统技术设计等；深化设计方案，确定拆迁、征地范围和数量；编制初步设计概算；提出设计中存在的问题、注意事项及有关建议。其深度应能满足确定工程投资，满足编制施工图设计、主要设备订货、招标及施工准备的要求。

初步设计完成后，应组织专家对项目初步设计文件进行审查与优化，主要审查设计文件的深度是否达到要求，是否满足消防规范的要求，是否对主要专业技术方案进行比选等内容。待审查合格后，按国家和当地建设行政主管部门的规定，将初步设计文件报有关部门审查。根据《中共中央　国务院关于深化投融资体制改革的意见》关于"改进和规范政府投资项目审批制，严格审批项目建议书、可行性研究报告、初步设计"相关要求，政府投资项目需要对初步设计进行审批，通常是主管部门委托相关机构（或中介机构）对初步设计及概算进行评审，依据评审结果完成批复。

三、施工图设计

施工图设计阶段主要是依据批复的初步设计及概算，主要以图纸的成果形式把设计者的意图和全部设计结果表达出来，使整个设计方案得以工程实施。施工图设计应根据批准的初步设计进行编制，其设计文件应能满足施工招标、施工安装、材料设备订货、非标设备制作加工及编制施工图预算的要求。一是用于指导施工，二是作为工程预算编制的依据。

施工图设计完成后，应进行施工图设计审核，分为自行组织的技术性及符合性审核，以及建设行政主管部门认定的施工图审查机构实施的工程建设强制性标准及其他规定内容的审核，完成审查后的施工图文件应按当地建设行政主管部门要求进行备案。

四、典型案例介绍

（一）首都医科大学附属北京朝阳医院东院建设工程设计

1. 项目简介

首都医科大学附属北京朝阳医院东院建设工程位于朝阳区常营定福庄规划医疗用地内，总用地面积7.22万平方米。项目床位规模1000张，总建筑面积19.84万平方米。

2. 服务内容

工程设计工作由中国中元国际工程有限公司承担，服务时间为2013年至今，具体包含方案设计、初步设计及概算、施工图设计及相关的配合工作。

3. 借鉴意义

该工程设计的创新点和亮点主要包括：

（1）建筑规划以"丹凤朝阳"为构思主题，主广场的绿化及铺地呈拥抱之态，表达着朝阳医院的热情与信念，中央下沉庭院形成"生命之谷"，为人们提供休憩、观赏的环境，沿景观轴布置医疗街及等候、休憩空间。

（2）外观设计体现了朝阳医院"一院三区"交相辉映、一脉相承的建筑文化。

（3）建筑内部功能安排以工艺设计为引领，科学组织各医疗科室流线。

（4）医疗综合楼地上主体建筑结构采用钢框架结构体系，建筑内外墙体、内装系统及机电系统配套采用装配式体系，引领医院发展，起示范作用。

通过朝阳医院东院的设计，整合完善朝阳医院"一院三区"的功能配置，强化医院的集团化发展之势，其服务范围、服务人群和服务环境均会极大提升，将进一步扩大医院的社会影响力。同时，作为非首都功能疏解的重点项目，朝阳医院东院建设将进一步优化首都东部的医疗资源配置，为同类型、同规模项目设计提供重要参考。北京朝阳医院建设项目效果如图2-5所示。

图2-5　北京朝阳医院建设项目

北京朝阳医院始建于1958年，是集医疗、教学、科研、预防为一体的三级甲等综合性医院，是首都医科大学附属医院、首都医科大学第三临床医学院和北京市呼吸疾病研究所所在医院。东院区设有包括内科、外科、妇科、儿科在内的全部学科门诊、急诊急救区域以及住院部，同时承担科研及教学任务，于2022年12月竣工验收，2023年5月正式开诊，开启"一院三区"高质量发展新篇章。

（二）北京友谊医院通州院区二期工程设计

1. 项目简介

北京友谊医院通州院区二期工程项目规划选址位于通州区永顺地区苏坨新村南侧（现友谊医院通州院区），项目总用地规模8.69万平方米，新建建筑面积9万平方米，地下4层，地上14层，高度59.95米，建设干保医技综合楼、汇流排间，扩建锅炉房、煎药房、门卫、消防泵房出入口等附属配套设施。二期新增床位共200个。

2. 服务内容

工程设计工作由中国中元国际工程有限公司承担，服务时间为2018年至今，具体包含方案设计、初步设计及概算、施工图设计及相关的配合工作。门急诊医技楼面对普通患者开放，主要设置急诊、血透、内窥镜及手术部等医疗功能，北侧VIP楼主要服务干保楼，主要设计门诊、体检、医技和住院等功能。

3. 借鉴意义

该工程设计的创新点和亮点主要包括：

（1）优化现有医疗结构，形成全新的先进功能布局。

（2）以人为本，打造温馨舒适就医体验，错落有致空间感受。

（3）"一区两期"干保模式，相对独立，资源共享。

（4）延续医院历史文脉，打造区域标志性建筑景观。

（5）以副中心风格为设计依托，打造区域标志性建筑景观。

通过北京友谊医院通州院区二期工程的设计，进一步完善北京友谊医院的功能配置，提升了服务能力，为同类型、同规模分期建设项目设计提供了重要参考。北京友谊医院建设项目效果如图2-6所示。

图2-6　北京友谊医院建设项目

北京友谊医院始建于1952年，原名为北京苏联红十字医院，是新中国成立后由党和政府建立的第一所大型综合性医院，是集医疗、教学、科研、预防和保健为一体的北京市属三级甲等综合医院，同时也是首都医科大学附属医院、首都医科大学第二临床医学院。通州院区于2019年正式启用，二期建设项目主体结构于2021年12月封顶，计划2023年5月竣工。

五、服务经验总结

(一)科技创新对工程设计发挥引领作用

随着时代发展,医疗建筑不断创新,医疗技术、医疗服务模式不断发展,科研成果不断向实际工程转化,先进的设备与技术得到运用,提高了工程的智能化、自动化、信息化水平,创造了更为舒适的就医环境,用科技创新为医疗项目的工程设计标准变革提供持续动力。

(二)标准规范提升工程设计成果质量

近年来,国家、行业、团体、协会的医疗建筑标准、规范不断发布,对工程设计发挥了指导和促进作用。在2020年新冠疫情暴发时,国家卫生健康委发布了《新冠肺炎应急救治设施负压病区建筑技术导则(试行)》《综合医院"平疫结合"可转换病区建筑技术导则(试行)》《新型冠状病毒感染的肺炎传染病应急医疗设施设计标准》T/CECS 661—2020等相关技术标准,为疫情防控做出了重要贡献。

(三)深化设计需要符合上阶段批复文件的相关要求

项目从前期咨询到后期实施运营经历多个阶段,相关批复文件包括项目建议书批复、可行性研究报告批复、初步设计及概算批复等。设计阶段包括方案设计、初步设计、施工图等不同阶段,在开展下一阶段设计工作时,务必重视上一阶段相关批复的要求,包括规模、功能、标准、建设内容及方案、投资指标等要求,在上一阶段批复文件的要求内开展设计深化工作。

(四)建筑设计与医疗工艺设计需做好配合

在医院项目设计过程中,医疗工艺设计发挥着重要作用。通常在方案阶段,建筑设计单位对接医疗工艺一级流程、二级流程,在施工图阶段对接三级流程,需要做好建筑设计与医疗工艺设计的紧密配合。医疗工艺单位要对医疗规划和流程设计负责,项目计划里必须明确工艺提资时间节点,工艺设计单位对工艺比较熟悉,对规范、建筑空间感相对不敏感,建筑设计单位必须把控质量、过程跟踪,使各功能联系更加紧密,医疗流程短捷、高效,满足使用需求。

（五）设计总包单位需要做好各专项设计的管理工作

很多医院项目推行设计总包的模式，除传统意义上的设计内容外，还包括很多专项设计，如幕墙、精装修、智能化、手术室净化、防护屏蔽、实验室工艺、动物房工艺、物流、基坑支护、景观设计等。对于设计总包单位，同步开展相应设计时需要分工明确，专项设计提前介入，可避免后期施工造成的修改，要求专项设计单位提资的准确性、严肃性，把控专项设计单位设计方案的合理性、经济性、可实施性以及相互之间的可衔接性，审核设计深度与质量。

第五节　项目管理服务

一、项目管理服务

项目管理服务是指从事建设工程项目管理的企业受委托，按照合同约定，代表或协助委托方对工程建设项目的组织实施进行全过程或若干阶段的管理服务。

按照授权程度和承担责任不同可分为代建管理和项目管理。按照介入阶段不同可分为全过程管理和实施阶段管理。

项目管理服务内容一般包括报审报批管理、采购管理、设计管理、进度管理、质量管理、投资管理、安全管理、信息与文档管理、沟通与利益相关者管理、风险管理、收尾管理等。政府投资建设医院项目的项目管理服务一般还需配合从市财政单独申请资金开展医疗设备采购安装、医院信息化建设、家具购置等开办类项目的管理。

二、典型案例介绍

（一）天坛医院迁建项目代建

1.项目简介

天坛医院迁建项目是1949年以来建设规模与投资额度最大的公立医院建设项目，同时也是市属医院率先疏解的示范引领项目、优化医疗资源均衡布局的重大民生项目、恢复天坛公园历史风貌的申遗行动项目。项目于2013年12月奠基，2017年12月竣工，2018年10月投入使用，是北京市建设规模和投资规模最大的公立医院项目。

主管部门：北京市医院管理局，现更名为北京市医院管理中心，简称"市医管中心"。

建设单位：首都医科大学附属北京天坛医院。

代建单位：北京市工程咨询有限公司。

设计单位：北京市建筑设计研究院有限公司。

施工总承包单位：中国建筑一局（集团）有限公司、北京住总集团有限责任公司。

监理单位：北京双圆工程咨询监理有限公司。

2. 服务内容

天坛医院迁建项目从立项到施工图设计由天坛医院自行组织完成。鉴于医院自身管理力量不能满足后期施工阶段组织项目建设的实际需要，为确保新院医疗功能全面实现，经市政府研究决定采用新型的"合作代建"模式组织项目建设。2013年10月，市医管中心通过竞争性谈判方式选定北京市工程咨询公司作为项目代建人，项目从施工图审查开始，经工程招标、深化设计、现场施工、设备安装、功能调试、竣工验收、试运行保驾，直至缺陷责任期结束，实行阶段性代建管理。

3. 借鉴意义

（1）创新组织管理模式，明确责任分工，保障项目顺利推进

在项目建设过程中，原市卫计委（现市卫生健康委）、市医管中心会同市发展改革委调度项目概算执行和投资计划安排等事项；会同市住房和城乡建设委员会调度工程招标、现场施工、质量、安全和进度检查、专项验收和竣工验收，以及医院试运行保驾等事项；会同市财政局调度医疗设备、家具购置和医院信息化建设等事项。市医管中心在项目试运行期间协调推进医疗功能完善，医疗设备安装、使用培训和工程移交等事项。项目整体调度机制如图2-7所示。

市医管中心牵头建立"协调推进工作机制"，来协调委托人、代建人和使用人三方的关系，如图2-8所示。市医管中心聘请监督机构，定期对代建人工作开展检查和评价。针对涉及功能与投资的矛盾问题，由代建人会同医院按工作程序进行相关研究、论证，然后报市医管中心组织召开代建合同三方领导小组会进行决策。

代建人在项目建设过程中主要负责编制管理规划，制定建设计划，办理各项手续，办理市政报装接用，组织采购并签订合同，指挥协调各类参建单位，监督管理建设过程，检查验收各项成果和协助医院调试运行等工作。医院主要负责确认医疗功能需求、采购医疗设备及办公家具、开展医院信息化建设和协调落实建设资金。

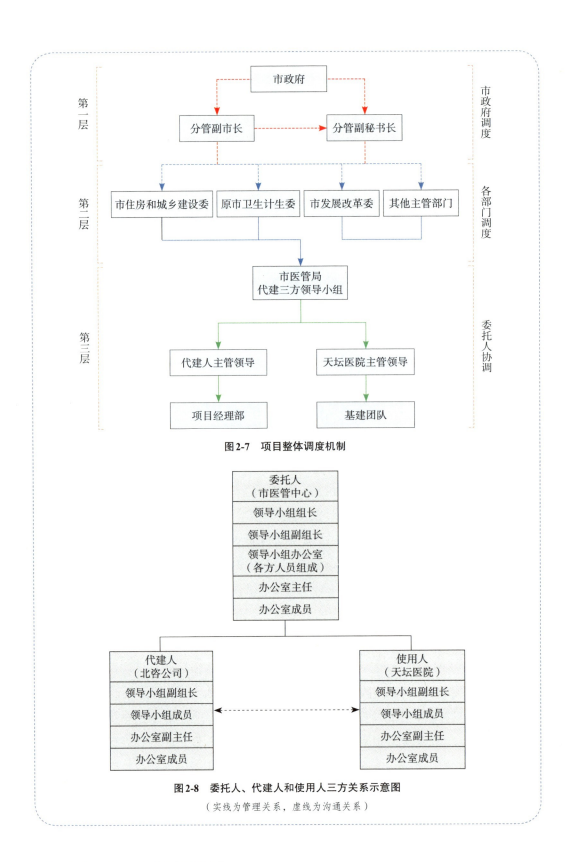

图 2-7 项目整体调度机制

图 2-8 委托人、代建人和使用人三方关系示意图

（实线为管理关系，虚线为沟通关系）

代建人与医院建立完善的工作制度和沟通机制，发挥各自优势，共同推进项目建设，确保项目建设高效、有序推进。

（2）深入分析医院建设项目本身特点，高度重视成本管控难度大的问题

天坛医院迁建项目为整建制医院，项目功能复杂，涉及门诊、急诊、医技、住院、教学、科研和后勤七大功能区，每个功能区又进一步细分众多科室。使用功能需求最开始从科室提出，然后逐级汇总，最后到院级进行综合平衡。使用功能需求很难在项目启动之初明确稳定，导致项目在施工过程中设计变更、工期延长、投资增加的情况较多，从而导致投资成本增加，致使医院建设项目成本管控难度增大。由此，项目实施过程中需高度重视成本控制问题，采取有效措施予以解决。

（3）工程建设、设备安装、信息化建设相互关联的特点决定全过程成本管控对医院建设项目具有重要意义

一般来说，医院项目建设内容包括工程建设、医疗设备安装和信息化系统建设三项内容，三项内容相互关联，互相影响。三项内容对应的审批主管部门分别为市发展改革委、市财政局及市经济和信息化局。工程建设与设备安装相衔接的面积广，工程建设与信息化建设相衔接的点位多。以设备购置和安装为例，在新建医院建设过程中，医疗设备是医院功能的集中体现，尤其是大型医疗设备造价高、施工复杂、涉及专业多、安装及联合调试难度大。医院医疗设备安装不仅限于安装一个方面，还需要很多专业工程配合完成，包括给排水、暖通、净化、医用气体、消防、强电、智能化等系统，涉及专业众多，线路排布复杂，各专业交叉施工及综合调试难度大。由于目前的投资管理体制下，设备购置和信息化建设的设计、审批、购买、实施均与工程建设异步进行，导致后期出现大量调整拆改问题。工程建设、设备安装、信息化建设具有相互关联的特点，因此决定了全过程成本管控对医院建设项目具有重要意义。

（4）需高度重视外部市政设施条件解决方案在概算批复时尚未完全明确导致部分项目成本不可控的情况

医院建设项目所需大市政条件主要包括电力、燃气、热力、自来水、污水、雨水和中水、网络、通信和电视等。为落实以上条件，需分别向电力公司、燃气集团、热力集团、自来水集团和排水集团等企业办理方案咨询、设计审查、过程监管、验收接用等手续。在大市政接口工程施工前，还需分别向规划、路政、住建等部门办理工程规证、市政掘路、交通占路和施工许可证等手续。天坛医院迁建项目土方工程启动时，现场施工所需的临水和临电还没有接通。基础工程开工时，沿原

丰台南路敷设的地上地下通信线缆，以及马草河北岸的雨水涵道和污水管线仍在使用中，项目所需的永久电力、热力、自来水、中水、雨水和污水等市政条件还没有形成明确的解决方案，为适应大市政供应条件变化导致增加投资。因此，针对医院项目最好在概算批复前，明确外部市政设施条件解决方案和相应的成本。

（二）北京市支持河北雄安新区建设医院项目管理

1. 项目简介

项目位于河北雄安新区启动区第四组团E01-06-05/E01-06-06地块，占地面积约6.03万平方米（含代征道路）；床位数为600床，总建筑面积为12.2万平方米，概算批复总投资18.24亿元，资金来源为北京市政府资金。北京市支持河北雄安新区建设医院项目整体规划效果如图2-9所示。

图2-9　北京市支持河北雄安新区建设医院项目

北京市支持河北雄安新区建设医院项目与雄安宣武医院（新区投资部分）是雄安新区首批启动的公共服务类项目，也是雄安新区新建的第一所大型综合三级甲等医院，采取总体规划设计、分期建设实施的模式，床位规模分别为600床。

建设单位：首都医科大学宣武医院雄安院区（筹）。

项目管理单位：北京市工程咨询有限公司。

设计单位：北京市建筑设计研究院有限公司。

监理单位：北京赛瑞斯国际工程咨询有限公司。

施工总承包单位：北京建工集团有限责任公司。

2. 服务内容

2018年11月，北京市工程咨询有限公司正式启动项目全面建设管理工作，在项目前期、设计准备、设计、施工准备、施工和竣工验收等阶段，提供全过程项目管理咨询服务，履行项目管理职责，按照项目的建设功能要求，实现投资、质量、工期和安全控制目标。

3. 借鉴意义

北京市支持河北雄安新区建设医院项目是为落实京冀两地《关于共同推进河北雄安新区规划建设战略合作协议》，以交钥匙方式支持雄安新区建设的一所高水平三级综合医院，是雄安新区起步区优先建设的医院项目，对新区医疗体系建设具有示范引领作用。

三、服务经验总结

（一）"代建制"管理模式对项目实施发挥积极作用

"代建制"管理模式是由具有专业技术资质和管理能力的法人单位（代建人）接受委托承担建设项目全过程管理工作的项目建设方式。

"代建制"是非经营性政府投资项目领域推行的项目管理模式，从实践的实际情况来分析，推行过程中虽然存在着法律地位不明确、取费标准偏低等方面的问题，但其优势亦非常明显，一是利用市场竞争机制，为预防"三超"现象出现提供了制度和体制保障；二是借助专业咨询力量，提高整体项目管理效率，从而带动政府投资项目整体管理水平提高；三是打破了原先政府投资项目封闭的管理体系中各种权利的平衡，在一定程度上遏制了"权力寻租"现象的发生。

（二）专业化项目管理可有效提升建设管理水平

在项目实施过程中，专业化项目管理单位作为专业从事项目投资建设管理的机构，拥有大批专业人员，具有丰富的项目建设管理知识和经验，对建设程序及管理要点更加熟悉，使项目前期决策阶段所确定的建设内容、规模、标准及投资更加科学化和专业化，不仅满足深度要求，亦能从项目实施全过程的角度，满足项目后续工作的需要。能够在项目建设中发挥重要的管理作用，通过制订项目全程实施计划，设计风险预案，协调参建单位关系，合理安排工作，从而极大地提升项目管理水平和工作效率。在满足项目功能前提下，通过加强协调和控制，将控制工程投资、节约造价作为项目管理任务的重点和核心义务，切实按照合同履行相关责任，严格控制工程变更，坚持"先批准、后变更""先设计、后施工""先定价、后使用"的管理原则，并强化工程结算管理。

（三）"项目管理+N"是推行全过程工程咨询的有效方式

以项目管理服务为引领，实施"项目管理+N"服务模式，是深入推进全过程工程咨询服务的有效方式。"项目管理+N"是指项目管理牵头与其他某类业务通过融合实现综合咨询服务，项目管理单位成为全过程工程咨询业务牵头人，能够有效突破非项目管理业务牵头融合的局限，充分发挥管理站位与建设单位视角所带来的效应与作用。从建设单位的视角，建设单位将包括管理在内各咨询服务打包委托给"项目管理+N"服务主体，建设单位对服务主体释放了自行管理的权限，项目管理与被融合的其他业务形成"管理+咨询"业务的统一整体，强调了基于项目管理服务的集成。从服务主体的视角，其内部业务具有"管理+咨询"的性质，有利于服务主体内部形成优秀的管控方式。

第三章 问题分析及工作建议

目前,北京市公立医院在规划和建设过程中存在功能不完备、工期有拖延、决算超概算等问题,下面具体从规划研究、决策咨询、工程设计、项目实施等方面进行存在问题分析并提出相关工作建议。

第一节 存在问题分析

一、规划统筹方面

目前,北京市现有医疗资源分布不均衡,优质医疗资源相对集中;北京市医疗资源规划与中央部署医疗资源衔接融合不足,对进一步优化首都医疗资源布局产生一定影响;项目规划缺少在区域或市域层面的系统性研究及整体性统筹,易出现医疗资源集中化、同质化等问题。

二、前期咨询方面

(一)医院建设标准适用性不强

医院建设标准是审批新建、改扩建医院项目的重要依据。现行国家医院建设标准制定是考虑全国不同地区、不同经济状况、不同需求,综合平衡后制定的,也是基本标准。北京市经济发展水平较高,整体医疗水平也较高,国家标准难以满足北京市医院建设需求,亟待制定适合北京市实际情况的地方建设标准。

(二)功能需求前期论证研究不充分

医院项目使用功能复杂,需求最开始从科室提出,然后逐级汇总,最后到院级进行综合平衡。首先，项目功能需求需要协调各科室主任进行多次集中深入研讨、综合平衡确定，如果缺乏院长级别领导的重视，各科室所提需求很难满足和平衡；其次，科室人员多为医师，不是工程师，所提需求本身很难周全；再者，项目前期研究过程中因科室人员有变动、设备有更新或流程有变化会导致变更既定需求或产生新需求。如果前期医院总体规划不明确、功能需求不清晰，前期工作不充分、不到位，容易致使后期功能调整较多，出现大量变更洽商，建设规模和投资规模难以控制。

（三）前期项目咨询质量待提高

医院项目咨询工作的特点是难度大、专业性强，对咨询工作者要求高、投入精力大，需要对医院项目进行系统、全面、专业的技术论证。部分咨询单位经验不足，不愿投入较大的精力进行深入研究，对项目功能定位、规模需求、建设方案、投资估算等内容论证不充分、不透彻，导致前期咨询成果编制不规范，内容不完整，造成项目建设规模不合理、投资估算不准确等问题。

另外，近几年国家及北京市出台了很多关于结构抗震、节能低碳、绿色建筑、高质量发展等相关政策文件、规范标准，部分前期咨询业务人员对新政策、新规范的相关要求不清晰；部分设计单位对政府固定资产投资相关政策不甚了解，重技术、轻经济，在项目前期咨询阶段很少考虑项目规模的合理性和建设投资的经济性。

三、工程设计方面

（一）忽视医疗工艺设计

在实际设计工作中，普遍忽视医疗工艺设计，存在不做设计、设计完整性较差、设计深度不足等现象，导致医院使用功能论证不充分，使用需求不断变化，功能布局不断修改，项目进度和投资难以得到有效控制。

（二）专业设计成果深度不足

医院建筑设计工作除常规建筑、结构、安装等各专业设计内容外，还包含医用净化、辐射防护、医用气体、物流系统、医用纯水、医疗污水处理、实验室等各类医疗专项设计工作。但在实际设计工作中，设计单位一般只开展建筑、结构、机电和电气等常规专业设计工作，医疗专项设计基本由专项设计单位或厂家进行深化设计或施工图设计（不同厂家系统和设备差别较大，对方案有较大影响），存在着设计内容不完整、设计成果深度不足、系统性差、集成度不高、概算申报缺漏多等问题。

（三）设计单位缺乏限额设计约束

设计注重建筑观赏性，不重视功能实用性，追求设计造型，一味求新、求奇、求异，盲目追求时尚，常常出现空间浪费、功能缺失、布局不合理、投资浪费等问题。未经过充分的技术经济论证，就采用新技术、新工艺、新设备、新材料，没有考虑到方案的经济合理性，造成工程初始投资或运营成本大幅增加。

（四）不合理压缩设计工期

医院建设项目一般为重点工程，对项目开工时间要求高，时间紧、任务重，存在行政干预、条件不成熟就要求开工的问题。设计周期不充足，造成方案设计、初步设计和施工图设计深度不足，设计考虑不周全，技术论证不充分，设计成果存在缺陷，导致施工过程中产生大量设计变更，使得项目投资难以得到有效控制。

（五）政策执行灵活性不够

《北京市人民政府办公厅关于进一步发展装配式建筑的实施意见》明确规定：新立项政府投资的单体地上建筑面积1万平方米以上的新建公共建筑应采用钢结构。由于钢结构耐火性差，发生火灾且超过建筑耐火极限后，建筑将很快发生整体式坍塌。所以，对于医院这类治病救人和生命保障建筑采用钢结构是不适宜的，因为当发生火灾时，要在短时间内转移出手术室、ICU及住院部的病人几乎是不可能的事情，必然要造成巨大的人员伤亡。因此，政策执行还应实事求是，不可绝对。

（六）疫情对医院设计提出新要求

新冠疫情暴露了很多医院建设上的短板，许多综合医院门诊因没有严格的隔离办法不得不大规模停诊。后疫情时代，如何在有限的财政资金下，使现有医院建筑满足疫情发生时的救治需求，新建医院如何更好地应对新发突发传染病和公共卫生应急事件等问题是项目前期策划和设计方案研究的重点问题。

四、项目实施方面

（一）项目建设缺乏集中统一管理

医院作为医院建设项目的建设主体和项目使用方，大部分医院缺乏管理人员，管理力量薄弱。基建人员项目管理能力偏弱，只能承担医院小型项目建设管理，不具备承担大型医院建设项目管理能力。当前公立医院新建大型医院主要采取委托第三方项目管理单位的管理模式，但存在各医院各自为战、管理模式各异的情况，缺乏集中统一管理，管理经验和教训得不到总结，不利于管理水平的整体提高和专业化发展。同时，分散管理的方式不能充分利用和发挥集中采购优势，实现择优选择咨询、勘察、设计、施工、材料、设备等单位。

（二）市政条件难落实

医院项目主要涉及电力等七大类市政条件。为落实这些条件需分别向相关市政设施主管部门办理报装，并依次开展方案咨询、设计审查和验收接用等工作。若接口工程涉及超出红线边界的，还需再另行办理工程规证、施工许可等手续。这些都不是建设单位或项目管理单位能够主导的，需从更高层级上加大协调力度。

（三）不同资金来源导致项目实施不配套

北京市公立医院工程建设投资由市发展改革委审批，医用设备采购及安装投资由市财政局审批，医院信息化系统设置投资由市经济和信息化局审批，地下车库建设资金由医院部分自筹解决。由于项目资金来源渠道不同，存在部门间审批不配套、时间衔接难以控制等问题，造成建筑设计时无法充分考虑大型医用设备、信息化系统的预留预埋和安装一次到位，导致建设施工过程中的反复拆改和投资浪费。

（四）实施过程变化不确定因素较多

医院项目建设周期相对较长，一般会经历4至6年时间，在建设过程中常遇到设计规范及实施标准调整、市场人工材料及设备价格上涨、市政条件和规划条件改变、水文地质条件变化、现场发掘出地下文物、重大活动影响、雾霾及暴风雨等异常天气影响等意外不利情况。

（五）医院项目工程招标特点与监管部门认知存在偏差

医院项目土建部分投资约占30%，装修部分投资约占30%，机电部分投资约占40%。在施工总包招标时大部分机电工程和装修工程还没有设计完成，因此，在施工总包招标时清单中的暂估项工程金额比重会大大高于30%控制比例，按照现有规定则无法及早启动总包招标工作。同时，因医院项目工艺复杂、技术专深、医用设备繁多，工程招标事项数量多，依照招标管理部门要求每项招标均需依次办理公告文件、资格预审文件、招标文件和评标报告的报审手续，且有的招标事项因不常见，需与经办人多次沟通。对参建各方精力消耗较大，也对医院项目建设进程产生了一定的影响。另外，目前工程招标主管部门从"便于监管"的角度，制定了招标文件和合同文件的标准范本，而且强制要求各类项目必须严格执行。这些标准范本主要针对普通民用建筑项目，虽然具有普遍的参考性，但对政府投资性质医院项目的特殊要求（如机电管线综合、部分专业深化设计、医疗设备安装配合、过程履约考评等）并未给予足够考虑，缺乏合同约束保障，不利于医院项目后期现场施工顺利推进。

（六）项目管理费用未市场化

医院的基建人员项目管理能力偏弱，不具备承担大型医院建设项目管理能力。在新建大型医院时，主要采取委托第三方项目管理单位的管理模式。但项目管理单位的取费受财政部门管理费行政规定限制，并未营造出市场竞争的环境，有限的费用也不能满足医院建设项目管理需求。参照财政部门有关文件标准计取管理费又远不够覆盖项目管理单位的投入成本。

（七）BIM技术应用不到位

目前北京市医院建筑设计和施工过程中BIM技术应用不充分、不普遍，还未进入全面应用阶段；缺少BIM应用技术标准和费用出处保障等，不利于在医院建筑设计和施工中大规模、深入系统应用BIM技术。

第二节 相关工作建议

一、加强规划统筹，促进公立医院合理布局

依据新版北京城市总体规划，结合区域医疗资源现状及医疗卫生服务需求，加强经济社会发展规划、国土空间规划、医疗卫生专项规划的协调统一，同时加强与中央所属医疗资源的统筹衔接，探索紧密型医联体、托管、共建等合作模式及一院多址、统一管理的布局方式，推动优质医疗卫生资源向资源薄弱地区转移，促进中央、市属、区属等各类公立医院医疗资源布局形成阶梯有序、功能协调的统一体，实现全市优质医疗资源均衡布局。

二、强化前期研究，提高项目科学决策水平

（一）合理确定公立医院建设标准

参照现行相关标准和规范，结合北京市经济社会发展水平和公立医院的实际需求，制定北京市公立医院项目建设用地、建筑面积、内外装修、机电设备配置、医用设备配置和手术室设置等标准。

（二）加强医院功能需求提出管理

公立医院应进一步加强项目前期的内部管理，成立医院建设专班，指定专人在规定时间内开展功能需求调研工作，结合实际需求适时引入医疗工艺及需求研究的第三方机构，协助开展功能需求专项研究。在可行性研究阶段要全面系统梳理医院实际需求，后续保持功能需求基本稳定，除因法规政策、技术规范和建设标准调整等客观原因外，不发生较大幅度的需求调整。

（三）加强项目可行性研究论证工作

咨询机构应进一步加强对医院项目的人员组织、工作投入、成果审核、经验积累等工作。选派经验丰富的项目经理作为项目负责人，适当增加前期人员和时间投入，充分了解医院的功能定位、功能需求和医疗特色等基本情况，实时跟踪了解最

新专业技术标准等相关要求，加强前期可行性研究论证工作的全面性、系统性和专业性。

三、加强设计管理，提升设计约束管控力度

（一）切实加强医疗工艺设计

由公立医院组织开展医疗工艺设计，深入研究项目的系统构成、功能划分和工艺流程，确定医疗指标、空间指标、技术指标及相关工艺条件，避免后期因医疗工艺调整导致变更和拆改。

（二）大力推行设计总包模式

由设计总包单位牵头负责项目投资构成范围的全部设计工作，确保各专业及各部位设计成果的完整性和系统性，以及各阶段技术成果和经济成果的一致性和准确性。

（三）严格落实限额设计制度

在设计招标及设计合同中，建设单位增加限额设计合同条款，要求限额设计应贯穿于项目建设全过程，明确设计单位责任和相应违约处罚措施。

（四）合理设定设计周期

医院建设项目的方案设计、初步设计以及施工图设计的工作周期分别不少于现行设计工期定额标准，为确保设计成果深度和质量满足要求提供保障条件。

（五）限制医院项目采用钢结构体系

鉴于钢结构在医院抗震、防火及防爆方面均存在弱势，住院楼、门诊楼、急诊楼、医技楼等以病人/医生活动和精密设备使用为主要功能的建筑，应限制采用钢结构体系。

（六）疫情推动医院建设"平疫结合"

后疫情时代，突发公共卫生事件常态化发展，医院建筑设计应既能在突发事件中快速反应，又能做到灵活多变、"平疫结合"、形式多样，医院的总平面规划和

建筑方案都要尽可能"平疫结合"。未来的医技流程应充分考虑"平疫结合",把握门诊防护关,提高医患安全,在确保足够安全的前提下,尽可能使就医流程更便捷高效。

四、创新组织管理,提升医院建设管理效能

(一)设立医院建设统筹管理机构

由市卫生主管部门内设公立医院建设管理中心,负责编制专项规划和行动计划,审核医院发展规划,推进工程项目建设。项目实施方式上,公立医院建设管理中心通过竞争方式优选项目管理单位。项目管理单位与公立医院共同成立项目筹建工作组,科学界定职责,明确权限和工作流程,共同做好建设项目前期工作、筹资、建设、医用设备采购、信息化建设等各项任务。项目管理单位加强沟通协作,发挥专业优势,选聘专业管理人员,提升医院专业化建设水平。

(二)构建三层次快速调度机制

第一层次即市政府调度,由分管市领导或秘书长调度项目征地拆迁、建设方案和大市政条件等重大事项。第二层次即部门调度,项目前期由市发展改革部门调度,实施阶段由市住房和城乡建设部门调度,试运行阶段由市卫生健康部门调度。第三层次即实施调度,由市属公立医院建设管理中心负责协调推进项目建设日常工作。

(三)营造有利于新模式运行的外部环境

将工程建设、医疗设备采购和信息化系统建设三部分建设内容联动审批。探索建立一体化的大市政接用报装、设计及审图平台。允许对招投标文件和合同文件的标准范本根据实际需要进行调整或补充。紧密结合医院项目建设管理工作的难度、范围和周期等具体情况,参照市场水平合理确定管理费用标准。

(四)科学合理应对实施过程不确定因素

投资决策方面,充分考虑医院项目使用功能复杂、实施难度大、建设周期长等特点,适当提高医院项目各阶段预备费占项目总投资的比例,以应对意外不利情况对建设资金的合理需求。

实施管理方面，建立项目概算调整制度，对于因项目建设期间价格上涨、政策文件调整、标准规范变化、合理需求变化、地质条件发生重大变化、发生自然灾害等情况导致的原批复概算不能满足工程实际需要的，由建设单位按项目审批程序及时申请调整概算。

（五）组建医院项目建设专家及企业名录库

组建医院管理、咨询、招标、工艺、设计和造价等领域咨询专家库，组建医院管理、咨询、招标、设计、施工和监理等服务商名录库，组建医院建筑、结构、机电及电气等类材料设备价格信息库。建立履职或履约评价体系，定期开展考评，推动专家和企业自我约束。探索建立医院项目材料设备集中采购制度，保障质量，压实价格。

（六）探索开展项目全过程咨询服务

紧密结合医院项目建设管理工作的难度、范围和周期等具体情况，参照市场水平合理确定管理费用标准。探索开展以全过程项目管理业务为核心，集成招标代理、造价咨询和工程监理等业务内容的全过程咨询服务，增强项目建设过程的协同性。

建设单位对合同履约情况进行管理和评价，根据履约评价结果严格按照合同约定支付款项和进行奖惩。同时，定期将各单位履约结果上报相关主管部门，统一录入企业信用平台，并向社会公布。

（七）推动BIM技术全过程应用

市属公立医院项目在设计、施工及后期运行管理等各阶段全方位应用BIM技术，提升设计成果质量，减少施工过程拆改。需从政策层面加强研究，提出强制性要求或鼓励性措施，明确在工程建设其他费中允许计入BIM应用专项费，或通过市场竞价方式将BIM费用包含在工程设计费中。

专题报告二：

城市轨道交通专题

- **第一章 轨道交通行业工程咨询发展概述**
- 第一节 城市轨道交通发展及相关政策情况
- 第二节 轨道交通行业工程咨询发展情况
- 第三节 轨道交通行业工程咨询发展趋势

- **第二章 轨道交通行业工程咨询服务情况**
- 第一节 行业结构分析
- 第二节 行业竞争情况分析
- 第三节 行业咨询服务情况

- **第三章 行业发展问题与建议**
- 第一节 存在主要问题
- 第二节 行业发展建议

北京轨道交通起步于20世纪60年代，发展至今已五十余年，规划建设主导思想、运营规模等方面均发生了翻天覆地的变化，从"战备为主"到"交通为主"，从"单线运营"到"网络化运营"，从"依赖进口"到"自主创新"，从"快速发展"到"高质量发展"。北京一直是国内轨道交通规划建设的领跑者，目前北京轨道交通总规模已经跃居世界前列，用较短的时间完成了国际上其他城市百余年的建设历程，创造了世界轨道交通史的奇迹。

轨道交通工程是缓解城市交通拥堵、提升城市整体形象的重要民生工程。近年来，轨道交通规划建设引导了城市空间的优化调整，促进了产业的集群发展，提升了居民出行的幸福感和安全感，助力了城市的高质量发展。

第一章 轨道交通行业工程咨询发展概述

城市轨道交通作为重要基础设施和城市通勤主要交通工具，具有运量大、投资高、运营维护费用高、对周边城市引导带动强等特点，受国家政策严格管控。轨道交通工程咨询为政府部门、投资建设主体提供从决策、投资到建设、实施及运营维护全过程、专业化的技术服务，从提效益、控投资、保安全、促和谐等方面为首都轨道交通建设保驾护航。

第一节 城市轨道交通发展及相关政策情况

一、轨道交通建设规模

北京是新中国城市轨道交通发展的起点。1965年北京地下铁道一期工程开工建设，1969年开通运营，这也是全中国的第一条建设、运营线路。截至2021年底，我国拥有城市轨道交通的城市达50个，运营总里程约9206.8公里。其中地铁7209.7公里，市域快轨1011公里，轻轨219.7公里，跨座式单轨144.6公里，磁浮57.9公里，有轨电车503.6公里，自导向轨道系统10.2公里，电子导向胶轮系统34.7公里，导轨式胶轮系统15.4公里。北京以27条线路领先全国，城市轨道交通线网累计开通运营总里程达到783公里左右。

北京地下铁道一期工程建设的主导思想是"战备为主，兼顾交通"，逐步发展成为长安街沿线的重要交通支撑。2021年底，北京市轨道交通年客运量累计约30.7亿人次，平均日客运量841.1万人次，占城市公共交通74.6%，是首都城市公共交通骨干出行方式，支撑了城市空间结构发展变化，有效促进中心城非首都功能疏解和新城建设，有力保障了居民出行需求，在缓解交通拥堵、促进经济社会发展、带动相关产业一体化发展等方面做出了较大贡献。

二、轨道交通发展政策

我国已经形成以发展城市轨道交通为骨干的大城市公共客运交通发展战略,将发展城市轨道交通作为拉动城市经济可持续发展和建立支柱产业链的重大战略举措列入国民经济计划发展的纲要。

由于城市轨道交通的投资、运营维护费用都较高,且为公共基础设施,以政府投资为主,建设轨道交通政府财政压力大,极易引发政府债务问题,因此,轨道交通建设规划纳入国家审批范围。根据社会经济发展过程中的不同情况,国家及北京政府部门先后发布了轨道交通规划审批政策,见表1-1、表1-2。

国家关于城市轨道交通发展相关政策一览表　　　　　　表1-1

时间	文号	文件名称	主要内容
1995年12月	国办发〔1995〕60号	国务院办公厅关于暂停审批城市地下快速轨道交通项目的通知	根据我国城市现有经济发展水平和国家财力状况,必须严格控制城市快速轨道交通的发展
1999年2月	计产业〔1999〕428号	城市轨道交通设备国产化实施方案的通知	对城市轨道交通国产化做出相应要求
2002年	计产业〔2002〕913号	关于印发《加快城市轨道交通设备制造业发展的若干意见》的通知	对城市轨道交通国产化做出相应要求
1999年3月	国办发〔1999〕20号	国务院办公厅转发国家计委关于城市轨道交通设备国产化实施意见的通知	规定城市轨道交通项目无论使用何种建设资金,其全部轨道车辆和机电设备的平均国产化率要确保不低于70%
2003年9月	国办发〔2003〕81号	国务院办公厅关于加强城市快速轨道交通建设管理的通知	提出发展城市轨道交通应当坚持量力而行、规范管理、稳步发展的方针,合理控制建设规模和发展速度,确保与城市经济发展水平相适应,防止盲目发展或过分超前
2009年5月	国发〔2009〕27号	国务院关于调整固定资产投资项目资本金比例的通知	提出对固定资产投资项目资本金比例进行适当调整,并规定城市轨道交通行业固定资产投资项目的最低资本金比例为25%
2013年5月	国发〔2013〕19号	国务院关于取消和下放一批行政审批项目等事项的决定	将城市轨道交通项目的核准权限下放至省级投资主管部门,明确提出做好城市轨道交通项目审批权限下放后的落实和衔接工作
2015年11月	发改基础〔2015〕2506号	国家发展改革委 住房城乡建设部关于优化完善城市轨道交通建设规划审批程序的通知	将建设规划分头审核上报方式调整为由省级发展改革委会同省级住房和城乡建设(规划)等部门进行审核,形成统一的审核上报意见。省级发展改革委向国家发展改革委报送建设规划,同时抄报住房和城乡建设部

续表

时间	文号	文件名称	主要内容
2017年7月	发改办基础〔2017〕1151号	国家发展改革委办公厅关于开展城市轨道交通建设规划中期评估工作的通知	要求各个已经批复城市轨道交通建设规划的城市就规划实施执行情况开展中期评估,并将中期评估报告作为各个城市批复新一轮轨道交通建设规划的前提条件之一
2018年7月	国办发〔2018〕52号	国务院办公厅关于进一步加强城市轨道交通规划建设管理的意见	要求申报建设地铁和轻轨的城市一般公共财政预算收入分别在300亿元、150亿元以上,地区生产总值分别在3000亿元、1500亿元以上,市区常住人口分别在300万人、150万人以上;明确有轨电车项目由省级发展改革部门审批,除城市轨道交通建设规划中明确采用特许经营模式的项目外,项目总投资中财政资金投入不得低于40%,强调了政府对轨道交通全生命周期的财政承受能力;严格了建设规划报批和审核程序,规定本轮建设规划实施最后一年或规划项目总投资完成70%以上的,方可开展新一轮建设规划报批工作

北京市城市轨道交通发展相关政策规范一览表 表1-2

时间	发文单位	文件/规范	主要内容
2003年11月	北京市发展改革委	关于本市深化城市基础设施投融资体制改革的实施意见	对有经营收入但不足以回收成本的轨道交通等城市基础设施项目,在政府资金引导下,采取PPP(公共部门与私人企业合作)模式吸引社会投资者合作建设,或给予政府补贴等优惠政策对社会投资者进行投资回报补偿
2019年7月	北京市环境保护局	《地铁噪声与振动控制规范》DB11/T 838—2019	规定了地铁列车运行引起的环境噪声与振动控制的原则与方法,并明确适用于指导地铁建设项目噪声与振动环境影响评价工作
2015年5月	北京市人民代表大会常务委员会	北京市轨道交通运营安全条例	贯穿一条主线、突出两个重点、构建三大体系、创新四项制度
2018年12月	北京市人民政府	关于加强轨道交通场站与周边用地一体化规划建设的意见	完善政策和审批机制、推进技术标准制定和创新、强化场站和周边用地一体化规划设计

第二节 轨道交通行业工程咨询发展情况

为解决我国特大城市中心城区交通问题,城市轨道交通建设的主导思想由最初的"战备为主,兼顾交通"逐渐调整为"交通为主,兼顾人防",并开始以交通需求作为依据定标准定规模。同时随着对外交流的加强,工程咨询的理论和方法逐步引入国内，重大项目"先咨询、后评估"的体系开始建立。

我国的城市轨道交通起步较晚，随着国家对轨道交通的大力支持和投入，我国轨道交通行业发展迅速，运营线路总里程长度、客运量不断增长，发展态势良好。受益于轨道交通的持续、快速发展，轨道交通工程咨询行业的发展也逐步完善，并在轨道交通规划建设领域发挥出越来越重要的作用。

一、为首都城市轨道交通规划实施提供重要智力支持

支持轨道交通专项规划编制。工程咨询单位深度参与了城市轨道交通领域全局性、区域性的相关规划，以深厚的工程建设领域相关经验为基础，提升了线网规划的效益及工程可实施性。北京城建设计发展集团股份有限公司、北京市政工程设计研究总院有限公司等单位参与编制了如《北京市轨道交通线网规划（2020年—2035年）》《北京市区域快线网规划》等专项规划，作为总体规划的专题深化，为落实非首都功能疏解、北京城市副中心发展等国家重大战略提供了重要支持。北京城建设计发展集团股份有限公司相继编制了《北京市城市快速轨道交通建设规划（2007—2015年）》《北京市城市轨道交通近期建设规划调整（2007—2016年）》《北京市城市轨道交通第二期建设规划（2015—2021年）》《北京市城市轨道交通第二期建设规划（2015—2021年）调整》等建设规划，参与谋划了整个首都城市轨道交通建设与发展。

助力破解首都轨道交通线网建设发展难点问题。北京市工程咨询单位始终深度关注轨道交通建设、运营问题。如随着轨道交通步入高质量发展，将既有线优化提升纳入规划视野，创新性提出运营组织规划，向存量资源优化提升要效益，开创了我国轨道史上新的里程碑；又如随着城市规模扩张，外围线路与中心城线网的衔接线需求增大，部分线路既有衔接模式已满足不了发展需求，提出贯通改造优化衔接关系，并通过1号线、八通线贯通改造工程落地实施，减少大量乘客换乘，提升了轨网服务水平。

二、满足城市轨道交通项目各环节服务需求，为政府投资决策提供科学依据

伴随着北京市工程咨询行业从无到有、从弱到强并逐步发展壮大，轨道交通的

发展亦进行了一系列开创性的工作。北京地下铁道一期工程是我国自主设计、自主施工的中国第一条地下铁道,实现我国城市轨道交通史零的突破。工程第一次进行大规模机械化作业,形成中国机械化施工体系;第一次应用打桩深机井降水、打桩支护施工;第一次创造出土层锚杆施工技术,并获得国家科技进步奖。北京地铁13号线探索了城市内的铁路改为城市轨道交通的可能性与可行性,线路由北京市主导建设,部分线路走向紧贴国铁京包铁路、北京市郊铁路东北环线。地铁八通线可行性研究报告提出与京通快速路共廊道,合理节约了用地,有效控制了成本。

结合相关政策要求,轨道交通项目咨询衍生出一系列配套专题,如客流预测、投融资分析、社会稳定风险分析、环境影响评价、项目风险控制、节能评估、资源共享研究等。在项目可行性论证、方案设计的基础上为轨道交通进一步提升客流效益、控制投资规模、减少环境影响、促进社会稳定、保障施工安全、减少能源消耗、优化资源共享等方面提供了重要支撑。

在项目咨询以外,工程咨询行业还通过评估咨询,帮助政府主管部门把好第二道关。自2007年亦庄线开始,共完成了18条线路的总体设计、初步设计评审工作,建设规模约494公里,为北京市轨道交通的快速发展提供了强有力的智库支撑和服务保障。

在轨道交通投融资方面,工程咨询行业积极参与到相关政策、方案的制定实施过程中。从最初的政府筹资为主,到8号线一期(奥运支线)的BT建设模式,到4号线、14号线、16号线的"A+B包"PPP融资模式,再到轨道交通授权经营(ABO)模式,对控制轨道交通建设、运营成本,拓宽融资渠道,提升融资能力,激发市场主体活力和发展潜力等方面发挥了巨大作用。

三、提供项目管理咨询服务,提高工程建设专业管理和建设水平

北京市轨道交通领域开创性提出设计总体总包管理模式并推广到全国,成为轨道交通设计管理的标准做法。总体总包管理通过建立系统完善的设计管理制度体系和高效有序的设计管理机制,规范设计管理活动、明确设计管理流程、落实设计资源需求、加强产品质量控制、细化设计进度安排、限额设计投资目标、服务工程建设管理,提高工程管理效率,对参与轨道交通设计相关单位的设计服务、设计成果实施全过程、全方位的管理、协调和控制,保证轨道建设目标的圆满完成。

四、走出去战略，北京市对外咨询服务输出

北京的轨道建设一直走在全国前列，相应的工程咨询行业也在持续向外输出相关经验。北京工程咨询行业相关单位（北京城建设计发展集团股份有限公司）主编了第一部《地下铁道设计规范》GB 50157—92；从规划编制、可行性研究、项目评审、项目设计、咨询监理等全过程、全方面参与了上海、广州、南京、深圳等其他城市的地铁建设工作。仅2010年以来，北京城建设计发展集团股份有限公司承担了全国36个城市共55项城市轨道交通线网规划、17个城市共42项轨道交通建设规划的编制。

第三节　轨道交通行业工程咨询发展趋势

我国城市轨道交通建设即将进入高位平稳发展阶段，支持轨道交通的高质量、可持续发展是"十四五"时期城市轨道交通行业工程咨询的发展主题。我国城市轨道交通的第一个发展阶段比世界第一条地铁晚了100年。进入21世纪，得益于经济社会高速发展、城镇化快速推进、国家政策的规范和完善、装备国产化和多制式发展等综合因素推动，第一个五年（2001—2005年）新建线路399公里，年均80公里，为前35年的20倍，开始快速发展；第二个五年（2006—2010年）新建线路约910公里；第三个五年（2011—2015年）新建线路约2019公里；第四个五年（2016—2020年）新建线路约4200公里，实现连续几个五年规划期的翻番，时间长达20年。根据已批规划测算，"十四五"五年内将新建线路3000公里左右。随着建设强度趋缓趋稳，行业将全面进入存量发展时代，与国家经济由高速转向高质量发展相吻合，未来的轨道交通行业将由原来的粗放增长转向精细化、高质量发展，追求质量与效益并重发展。

一、支持轨道交通行业高质量发展

一是要建设中国智慧、绿色城市轨道交通。新一轮科技革命已经吹响号角，工程咨询行业要以新一代信息技术与城市轨道交通深度融合为主线，助力城市轨道行

业的信息化、智能化、智慧化、绿色化。

二是因地制宜，做好多制式协调发展的研究和实践。对于经济实力强、债务风险可控的城市群、都市圈、大城市等，加快城际铁路、市域（郊）铁路建设的同时，有序推进城市轨道交通建设，注重存量资源提质增效，谋求增量做大做优，率先开创轨道交通高质量发展新局面。对于中小城市，以需求为导向，探索与城市经济发展水平、交通出行需求相适应的新型轨道交通发展路径。

三是积极推动装配式车站、区间、轨道等成套式技术的推广应用。我国已经制定可持续发展和节能减排的战略发展路径，并向世界做出"碳达峰、碳中和"低碳发展目标的履行承诺。因此要拓展以装配式技术为主的轨道交通建造技术应用场景，促进城市轨道交通建设效率提高和经济效益提升。

四是积极推进编制地方、行业相关标准规范。随着国家标准向通用性标准方向发展，应对新制式、新系统、新技术的地方、行业标准规范也将不断涌现，轨道工程咨询单位将发挥系统思维优势和总体技术能力，做好顶层设计，引领技术可持续发展。

五是进一步拓展企业发展空间。参与开展全过程工程咨询，努力实践全产业链发展理念，积极向城市轨道交通产业链上下游延伸，深挖城市轨道交通市场潜力。响应"一带一路"倡议，积极参与国际竞争，推动中国标准、中国方案"走出去"，努力开拓国际城市轨道交通市场，为打造有国际竞争力的综合型设计咨询企业探索道路。

六是建设并完善专业的人才梯队，有效支撑高质量发展。未来是运营与建设并重的时代，要着力加强国民教育和职业培训，进一步完善人才培养方式，提高从业人员专业素养和技术水平。

二、支持轨道交通行业可持续发展

城市轨道交通行业要实现可持续发展，除了要持续不断地发力攻关关键核心技术、建设人才队伍外，还要解决的重中之重的难题是财务的可持续性和严控政府债务风险问题。

一是进一步拓展土地资源开发和资产经营开发。通过土地开发提高土地集约利用效率，拓展社会资本投资渠道，通过资产经营开发拓展轨道交通经营收益渠道，以综合开发反哺轨道交通建设运营，充分发挥轨道交通增值效应。

二是继续推行多元化的债务融资模式。充分利用固息贷款、贷款招标、发行企业债券和短期融资券、信托、资产证券化等多种融资工具，积极引入社会资本，降低融资成本，保障资金需求，提高存量资产的使用效率。

三是进一步实施与创新PPP融资模式。成功引入包括民营资金在内的社会资本，拓展筹资渠道，改善财务状况。如运作"建筑集团+运营企业"的社会资本组合模式等兼顾建设和运营，有助于参与主体分别在不同阶段发挥各自的能力与优势，实现建设和运营工作的平稳推进、有序衔接，为项目全生命周期保驾护航。

四是加大力度盘活存量资产。拓宽基础设施建设资金来源，减轻地方政府债务负担，吸引具有较强运营能力的社会资本，提高项目运营效率、降低运营成本。

五是加大商业运营力度。运营主体在车站商业、传媒广告、信息通讯的基础上不断扩充经营业态，创新模式，增加运营经营收入。

六是进一步运用新技术挖潜轨道交通网络资源。如全自动运行系统和信号系统互联互通等，开创资源最大化的路网共享新途径，节省投资，降低建设和运营成本。

未来只有多措并举，政策支持，勇于创新，增收节支，才能推动轨道交通行业走向高质量可持续发展之路。

第二章 轨道交通行业工程咨询服务情况

当前，国内经济发展已由高速增长转向高质量发展阶段，国家积极推进供给侧结构性改革，促进经济转型和产业结构调整。面对纷繁复杂的内外部环境，城市轨道交通行业发展面临前所未有的挑战，轨道交通工程咨询行业亟待谋求更能适应未来发展变化的转型路径。行业和企业需认真审视行业发展现状，做好行业发展趋势预判，不断学习，在变化中积极调整应对，坚持以创新推动行业技术及管理进步，为城市轨道交通行业高质量可持续发展提供技术保障。

第一节 行业结构分析

轨道交通专题行业结构分析基于北京市工程咨询协会《行业发展报告信息调查表》的调研数据成果开展。2022年5月，北京市工程咨询协会组织开展了对会员单位基本情况的调研，编制完成了《行业发展报告信息调查表》。在协会300多家会员单位中，共采集样本数据116份，轨道交通专题从中筛选出具有轨道交通工程咨询资信的单位样本数据共18份。考虑提供信息的代表性、有效性、单位活跃度等因素，从中筛选出15份与轨道交通业务密切相关的数据样本进行分析判断，从一定程度上可以反映北京市轨道交通工程咨询行业的基本状况、特征和发展趋势，具有一定的参考价值。

一、行业经营及业务结构分析

《行业发展报告信息调查表》调查统计了会员单位2019年、2020年、2021年共三年的行业营收收入数据。对上述15份数据样本情况分析如下：

(一)行业营收总收入、工程咨询收入占比变化情况

2019年，15家单位行业营收总收入共计1481787.56万元，其中工程咨询收入891837万元，占比60.2%；2020年，行业营收总收入共计1711605.63万元，其中工程咨询收入945655.68万元，占比55.2%；2021年，行业营收总收入共计1881780.45万元，其中工程咨询收入1063230.74万元，占比56.5%。见图2-1。从统计分析看，行业营收总收入及工程咨询总收入均呈稳步上升趋势，但工程咨询总收入占行业营收总收入占比2019年最高，其后降幅约4%。

图2-1 行业营收总收入及工程咨询收入占比变化情况

(二)行业工程咨询收入结构分析

工程咨询主营业务收入来源由课题研究及规划咨询、项目咨询、评估咨询、工程勘察、工程设计、工程监理、招标代理、工程造价、项目管理(含代建)、全过程咨询等业务收入构成。2021年，15家单位工程咨询总收入中，各项业务收入构成占

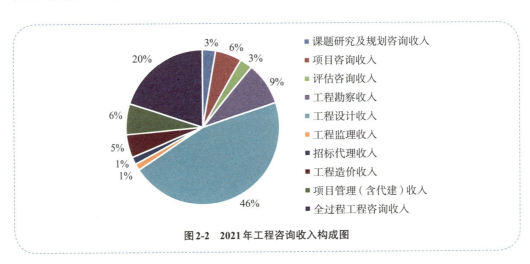

图2-2 2021年工程咨询收入构成图

比，见图2-2。由数据分析可知，15家单位轨道交通工程咨询收入中，排名前三的收入构成依次是工程设计、全过程工程咨询、工程勘察收入，其中，工程设计收入占比最高，达46%。前期立项阶段咨询如规划咨询、项目咨询业务收入总和约占9%。

（三）行业项目营收来源分析

1. 客户来源

在营收客户来源方面，根据样本统计，2019—2021年，签订合同额中，以服务主体划分，企业委托合同额呈逐年稳步上升趋势，占比份额占据主体地位，企业委托合同额三年占比分别为75.80%、84.17%和83.52%；而政府委托合同额2019年最高，近两年有所下降，三年占比分别为23.51%、14.63%和15.69%，如图2-3、表2-1所示。

图2-3 行业项目营收来源情况统计

行业项目客户来源占比情况统计　　　　　　　　表2-1

年份	项目客户来源—政府委托	项目客户来源—企业委托	项目客户来源—其他
2019	23.51%	75.80%	0.69%
2020	14.63%	84.17%	1.20%
2021	15.69%	83.52%	0.79%

2. 地域来源

在营收地域来源方面，根据样本统计，2019—2021年，签订合同额中，以服务地域划分，境内北京市以外地区合同额呈逐年上升趋势，且占比份额大，委托合同额占比三年分别为77.79%、76.55%和81.38%，而北京市内委托合同额占比三年分别为21.69%、22.97%和18.29%，如图2-4、表2-2所示。可见，北京市从事轨道交通咨询服务的企业业务仍以国内京外市场为主。因受到疫情影响，境外市场合同额整体呈下降趋势。

图 2-4 行业项目地域来源情况统计

轨道交通工程咨询行业项目地域来源情况占比统计　　表 2-2

年份	北京市	境内除北京外	境外
2019	21.69%	77.79%	0.52%
2020	22.97%	76.55%	0.48%
2021	18.29%	81.38%	0.33%

（四）行业科研费用投入分析

在单位研发投入方面，15个数据样本中，高新技术企业共计12家，占比高达80%，其中国家高新技术企业11家，中关村高新技术企业1家。

2019-2021年样本单位总研发费用投入占营业收入比重分别为4.08%、3.85%和3.72%，总体呈下降趋势（图2-5）。工程咨询业是技术密集、智力密集型行业，从统计数据看，与北京全市2021年6.0%以上的研发投入相比，北京市轨道交通工程咨询行业在研发投入方面尚有一定优化提升空间。

图 2-5　研发费用投入占营业收入比重变化情况

二、企业基本情况及资质分析

(一)企业基本情况

1. 单位属性

在单位属性方面,15个数据样本数据中,有10家国有企业,5家民营企业。其构成比例分别为67%、33%,见图2-6。从统计数据看,北京市轨道交通工程咨询行业从业单位中国有企业占比更高。

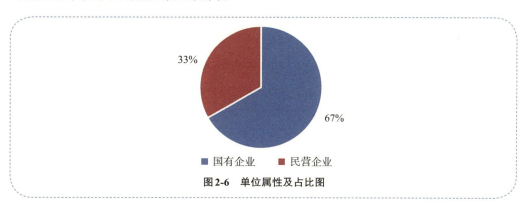

图2-6 单位属性及占比图

2. 单位规模

在单位规模方面,参照国家统计局《统计上大中小微型企业划分办法(2017)》的划分,15个数据样本中,大型单位7家,中型单位5家,小型单位3家。城市轨道交通工程是大型综合性的系统工程,从业单位以大中型企业居多,占比约为80%,见图2-7。

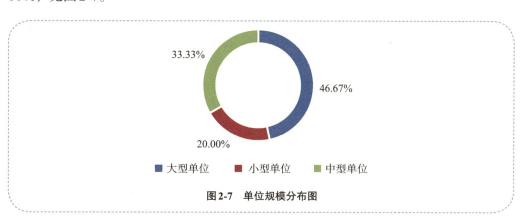

图2-7 单位规模分布图

（二）企业资质分析

1. 工程咨询资信

在工程咨询资信方面，15个数据样本均为拥有工程咨询资信的单位，其中拥有综合甲级咨询资信单位共5家，占比33.3%；拥有城市轨道交通专业资信甲级共9家，占比60%；拥有城市轨道交通专业资信乙级共6家，占比40%。拥有PPP咨询专项资信甲级共4家，占比26.7%。

2."工程咨询资信+资质（信）"

在"工程咨询资信+资质（信）"方面，15个数据样本中，拥有工程咨询资信的单位共15家，拥有工程勘察资质单位6家，拥有工程设计资质单位8家，拥有工程监理资质单位5家，拥有工程造价资信评价单位9家，拥有招标代理资信评价单位6家，总体情况见图2-8，具体详见表2-3。随着建设单位一体化服务需求及全过程工程咨询业务拓展，对轨道交通工程咨询企业专业资质和综合能力提出了更高要求。整合前期投资决策、勘察、设计、监理、招标代理、造价等建设工程全过程的技术咨询服务，提供综合性、全过程工程咨询服务将成为未来行业的发展趋势。

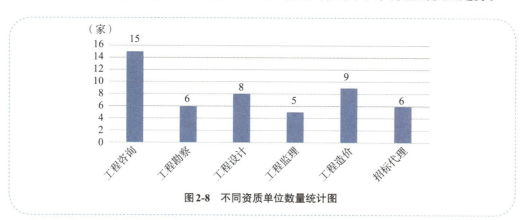

图2-8 不同资质单位数量统计图

工程咨询资信/资质情况统计　　　　　　　表2-3

资质/咨询数量种类	资信/资质名称	企业数量
单一资质/资信	工程咨询资信	3
工程咨询资信+一项资质（信）	工程咨询资信+设计	1
	工程咨询资信+招标	1
工程咨询资信+两项资质（信）	工程咨询资信+勘察+设计	1
	工程咨询资信+勘察+造价	1
	工程咨询资信+造价+招标	1

续表

资质/咨询数量种类	资信/资质名称	企业数量
工程咨询资信+三项资质（信）	工程咨询资信+勘察+设计+造价	2
	工程咨询资信+监理+造价+招标	1
工程咨询资信+四项资质（信）	工程咨询资信+勘察+设计+监理+造价	1
	工程咨询资信+设计+监理+造价+招标	1
工程咨询资信+五项资质（信）	工程咨询资信+勘察+设计+监理+造价+招标	2

从数据统计可以看出，现阶段小于等于"工程咨询资信+一项资质"的数据样本共5家，且5家均为城市轨道交通专业咨信甲级单位，占比达33.3%；小于等于"工程咨询资信+两项资质（信）"的数据样本共8家，占比超过半数；而同时有多项资质的轨道交通工程咨询单位数量偏少，"工程咨询资信+五项资质（信）"的数据样本共2家，均为城市轨道交通专业咨信乙级单位，主营业务以市政公用工程为主。现阶段轨道交通工程咨询企业综合服务能力构建仍需进一步加强，业务链条和咨询服务的深度和广度均有待进一步提升。

三、行业人员情况

（一）行业人员数量

在从业人员数量方面，2021年，15家单位总人数共计14356人，其中拥有专业技术职务人数共计11543人，占比80.41%。大型企业单位总人数共计13189人，其中拥有专业技术职务人数共计10694人，占比81.08%（图2-9）。

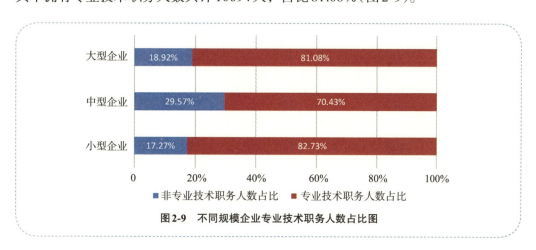

图2-9 不同规模企业专业技术职务人数占比图

（二）行业人员资质情况

在从业人员资质方面，15个数据样本中，拥有咨询工程师（投资）职业资格人数占从业人数比重为5.68%。从专业技术职务构成来看，中级及以上职称人数占从业人数比重为30.7%，高级及以上职称人数占从业人数比重为26.04%。从学历构成来看，本科学历占从业人数比重为55.93%，硕士占比为31.9%，博士占比为1.17%。

由此看出，一是轨道交通工程咨询行业拥有咨询工程师（投资）职业资格人数相对不足，需着力打造智库型咨询机构，扩大工程咨询智库影响力。二是在强化个人执业资格管理的大背景下，从业人员执业资格重要性日益增强，但现阶段从业人员执业资格水平建设与行业发展要求仍存在差距，要高度重视专业人才的培养，造就一批符合轨道交通工程咨询服务需求的综合型人才，形成支撑行业发展的专业技术人才梯队。三是轨道交通工程咨询行业对高学历人才吸引力不足，需进一步加强行业人才吸引力，以高素质人才队伍推动行业高质量发展再上新台阶。

第二节 行业竞争情况分析

一、行业壁垒分析

城市轨道交通设计咨询行业是市场化程度相对较高的行业。国内多家大型设计咨询企业通过母集团在业务、资源、投资等方面的支持，基于既有的技术和团队优势，从区域龙头转向全国市场布局，成功突破了行业区域壁垒。同时，行业技术发展相对成熟，市场竞争较为充分，使得行业专业技术壁垒并不显著。相对而言，当前行业内资质壁垒、价值链壁垒问题更为突出。

（一）资质壁垒

轨道交通工程咨询行业，对企业的从业资质有明确要求，无相应资质或超越资质范围无法承揽项目，这就是资质壁垒。工程咨询企业存在资质多头管理是国内咨询行业的一大特点。企业具备相关资质，才能从事相关设计咨询业务。而资质的发放涉及多头管理，如国家发展改革委管理工程咨询资信，住房和城乡建设部管理全国勘察设计资质，商务部管理涉外工程设计和工程承包资质，国资委和交通运输部及北京市分别对各自所属的工程设计企业进行归口管理。

多头管理衍生了复杂的资质体系，导致工程咨询企业相关的资质分类多、等级多、管理复杂。为实现业务领域的拓展和转型，设计咨询企业纷纷申请综合甲级设计资质。而我国工程总承包设计是施工采用"双资质"制度，即具备"双资质"才能接工程总承包项目，这又使得大型的设计咨询企业纷纷申请施工资质。当前，北京市的设计咨询从业单位资质构成复杂多样，相关从业企业需加大力度突破资质壁垒，加强企业资质认证工作，并投入专业力量做好企业资质的长期维护，从而更好地推进轨道交通行业向全过程工程咨询服务发展。

(二) 价值链壁垒

当前，轨道交通工程建设市场价值链环节融合的趋势在加快，相较传统的轨道交通业务模式，出现了应用工程总承包模式、全过程工程咨询模式等。业主的需求变得更丰富，要求设计施工走向融合，希望企业除工程建设外，能提供建设前的规划咨询、项目策划和建设后的运营运维服务，即提供全生命周期的专业咨询服务。而在传统行业条块分割的历史背景下，轨道交通设计咨询企业对工程建设掌握不足，尤其是工程施工、运营两个阶段，难以提供工程全生命周期综合服务。新的市场需求要求轨道交通设计咨询企业提升专业能力，调整资源布局，融合行业价值链，在发挥设计咨询企业位于产业链前端，具有技术优势及项目把控能力优势的基础上，通过向前后端延伸，横向整合前期咨询、设计、招标采购、施工管理等环节，实现从单一设计咨询服务转向项目全过程、全产业链、全生命周期的服务。

二、行业竞争格局分析

更加激烈的市场竞争是"十四五"期间和未来设计咨询市场的总体特征。不同企业因综合竞争力不同而造成分化，在未来市场会越来越明显。面对行业整体增速下降，大型企业会侵蚀中小企业的市场，行业内大型企业和中小企业之间的总体格局会出现"龙头效应"和"马太效应"。"龙头效应"是大型综合竞争力强的企业会获得更好的发展机遇；"马太效应"是优秀企业会越做越强，而落后企业会越来越差，甚至业务萎缩。这要求企业要重视能力建设，关注发展，重视规划，重视人才和技术水平建设，重视管理提升和机制优化，努力提升企业的核心竞争力。

此外，行业内多数企业正加速适应市场需求，向具备全过程咨询服务能力、具备工程总承包能力转型，企业业务和运营模式转型将是求生存、求发展、求未来的必然选择。价值链无论是向前端延伸，还是向后端拓展，都对设计咨询企业提出了更高的要求。

第三节　行业咨询服务情况

我国的城市轨道交通建设起步较晚，随着国家对轨道交通的大力支持和投入，轨道交通行业发展迅速，运营线路总里程长度、客运量不断增长，发展态势良好。受益于轨道交通的持续、快速发展，轨道交通工程咨询行业近年来蓬勃发展。

本节结合轨道交通工程规划咨询、项目咨询、评估咨询等工作论述北京市城市轨道交通工程咨询行业服务情况。

一、规划咨询

城市轨道交通工程规划咨询主要包括轨道交通线网规划、近期建设规划等咨询服务。下面以北京市轨道交通近期建设规划咨询为例论述。

（一）北京城市轨道交通近期建设规划情况

1. 北京市城市快速轨道交通建设规划（2007—2015年）

2007年，国家发展改革委批复《北京市城市快速轨道交通建设规划（2007—2015年）》（简称"第一期建设规划"），第一期建设规划共批复了19条（段）线路，线路总长447.4公里，其中市区线343.2公里，外围线104.2公里，车站289座。总投资1359亿元。

第一期建设规划是为落实城市总体规划要求，推进北京城市空间结构的战略性调整而编制的。当时的城市总体规划提出北京"国家首都、国际城市、文化名城、宜居城市"的发展目标，确定了"两轴—两带—多中心"的城市空间结构调整战略，明确了"中心城—新城—镇"的市域城镇体系，并要求"要采取切实措施，建设以公共交通为主导的高标准、现代化的综合交通体系"。第一期建设规划提出：一是将辐射周边新城的市域（郊）铁路S线调整为地铁线路，形成系统完整的城市轨道交通一张网；二是优化网络结构，形成"双环+棋盘+放射"的大规模网络，有效支撑城市空间结构扩展和中心城人口的疏解。

第一期建设规划是《国务院办公厅关于加强城市快速轨道交通建设管理的通知》出台后，北京市按照政策要求编制的第一版建设规划，具有里程碑式意义。该规划建设规模大、线路多，在全方位覆盖中心城区的基础上，辐射所有边缘组团和近郊新城，形成"双环＋棋盘＋放射"的大规模复杂的轨道交通运营网络，在北京城市规模快速扩张时期，对推进北京城市空间结构快速扩展，促进中心城人口疏解，起到了至关重要的引领作用。

2.北京市城市轨道交通近期建设规划调整（2007—2016年）

2012年，国家发展改革委批复了《北京市城市轨道交通近期建设规划调整（2007—2016年）》（简称"第一期建设规划调整"），16号线、海淀山后线、8号线三期、燕房线和新机场线5条（段）线路得到批复，线路总长119公里，车站63座。总投资707亿元。本期规划在"第一期建设规划"的基础上，重点加密中心城区线网，加强和支持重要城市功能区、新机场的建设。

为应对北京市"世界城市"目标的提出和城市人口规模增长超预期的情况，本期建设规划对轨道交通规划建设进行适应性调整和优化：一是优化网络结构，改善断头线问题，优化网络换乘衔接关系；二是加强中心城区线路覆盖，建设南中轴线，支持南城发展；三是支持北京新机场建设，形成交通枢纽与城市中心的快速联系；四是进一步扩大轨道辐射范围，支持西北、西南部地区的产业升级。"第一期建设规划调整"新增规模不多，但调整范围涉及整个网络，是一次全方位的网络升级优化。

3.北京市城市轨道交通第二期建设规划（2015—2021年）

2015年，国家发展改革委批复《北京市城市轨道交通第二期建设规划（2015—2021年）》（简称"第二期建设规划"），共批复了12条（段）线路，线路总长262.9公里，车站121座。总投资约2122.8亿元。面对成网运营后日益增长的客运压力，本期建设规划重点打造中心城穿城快线，如17号线（图2-10）、19号线等，逐步完善线网功能、疏通网络瓶颈。

第二期建设规划是对北京市轨道交通线网的一次系统全面的升级迭代。在"第一期建设规划调整"的基础上进一步丰富轨道网络功能层次，优化网络结构，加密中心城区覆盖，基本实现中心城区轨道站点周边800米直接吸引范围全覆盖，辐射范围拓展至远郊新城。规划期末网络规模增加至1000公里，形成"双环＋棋盘＋放射"的普快结合、中心城全覆盖、辐射近远郊新城的多层次网络。

图2-10　北京地铁17号线次渠南停车场上盖开发效果图

北京地铁17号线是贯穿中心城南北方向的轨道交通干线,线路串联通州、东城、朝阳、昌平四个行政区,支持和带动亦庄新城站前区、堡头工业区、朝阳港、CBD及未来科学城的发展,线路全长49.97公里,共设车站21座,1座车辆段和1座停车场。

4. 北京市城市轨道交通第二期建设规划调整（2015—2021年）

为落实京津冀协同发展战略,提升北京市城市轨道交通网络服务水平,更好支持北京城市副中心建设、北京大兴国际机场发展（图2-11）,更好地服务2022年北京冬奥会,2019年,国家发展改革委同意对《北京市城市轨道交通第二期建设规划（2015—2021年）》方案进行调整。重点调整了新机场线、22号线（平谷线）、28号线（CBD线）的工程方案,并增加建设11号线西端（冬奥直线）工程（图2-12）,改造13号线为13A、13B两条线。新建线路里程161.1公里,新增投资822.5亿元。

本期建设规划提出"既有线改造＋新建",开拓国内轨道交通研究建设的新方向,如地铁13号线扩能提升工程,在保证既有线不停运、少停运情况下,对既有车站进行大规模站内改造,例如增长站台、扩厅、屋顶拆除等。推进"四网融合",多方向优化国铁、市郊车站与地铁的高效衔接、便捷换乘,为实现"一张网"服务、车票一体化、安检一体化做贡献。轨道交通智慧化方向大踏步,如提出将智慧乘客服务便捷化、智慧运维安全化、智能列车运行安全化等具备智慧化标志的建设内容融合进轨道交通方案中,打造一"脸"出行、依"人"运营、以"云"支撑、一"脑"决策的首都"智慧化名片",如地铁11号线冬奥支线工程中,实现五大类别,11个智慧设备项目,是线路级的1.0版本的智慧地铁示范工程。

图 2-11　北京轨道交通大兴机场线草桥站效果图

北京大兴机场线一期工程线路全长 41.36 公里，共设三座车站，最高运动速度 160km/h，通过与地铁 19 号线接驳，实现大兴国际机场至长安街"半小时"到达。

图 2-12　北京地铁 11 号线西段（冬奥支线）首钢园区两站一区间效果图

北京地铁 11 号线西段（冬奥支线）是服务首钢园区冬奥场馆、训练馆及服贸会，与首钢园区高度一体化、地上地下密切衔接的线路。线路长 4.2 公里，设车站 4 座，1 处地下检修区间，全部为地下线。

（二）北京城市轨道交通近期建设规划咨询实践

1. 由补短板向全面高质量发展转变

以往的轨道交通近期建设规划，主要依据城市总体规划，重点落在城市的重点发展区域、城市交通拥堵最严重的地方等，以"补短板"为主。

新时期建设规划的编制，在解决交通问题为首要问题的导向基础上，更注重完善轨网、注重"提质增效"，按照建设全面、绿色、安全、智能的立体化现代化交通体系的要求，推动轨道交通工程向高质量发展。重视以创新为发展动力，促进产业结构调整，不断提高工程质量和效益，加大新技术研发和运用力度，加快培育工业生产基地、推动施工队伍专业化、质量管理规范化、资源高效配置，稳步提高工程建设质量水平、不断打造优质工程，满足人民日益增长的美好生活需要。

2. 由单纯地铁向多网融合发展转变

新时期的轨道交通建设规划，通过对北京市城市发展阶段的深刻解读，在非首都功能疏解的背景下，将轨道交通网络功能进行层次划分，重视打造分圈层差异化的轨网服务，打造"面向区域、主副结合、多点支撑"的多网融合的轨道交通体系。提出区域快线网服务京津冀发展，地铁骨干服务中心城区，中低运量服务局部区域的发展模式（图2-13）。

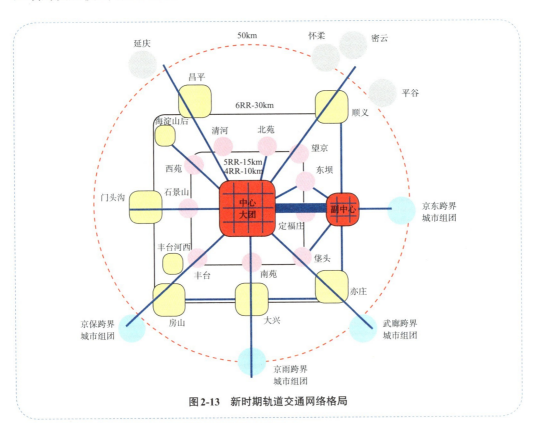

图2-13 新时期轨道交通网络格局

3. 由纯新建向改造优化新建相结合转变

新时期的轨道交通建设规划，打破以往以新建线路、延伸线路为主的模式，运用改造、优化加新建的方式，实现既有线工程提质增效。如地铁13号线，通过拆分并与新建线路组合，在提升既有线路运能的基础上，缓解既有客运廊道压力，并通过线路延伸，提升城市轨网覆盖范围，提高轨道交通服务水平。同时，在重视多网融合的基础上，重视不同层级轨道交通站点之间的一体化建设，结合城市微中心建设推动轨道站点综合改造。如地铁13号线的霍营站与市域（郊）铁路东北环线的黄土店站的融合改造等。

二、项目咨询

城市轨道交通工程项目咨询主要包括预可行性研究、项目可行性研究报告、项目申请报告、资金申请报告的编制，政府和社会资本合作（PPP）项目咨询等咨询服务。下面以北京市轨道交通项目可行性研究咨询为例论述。

1. 研究范围由中心城区扩展至市域范围

北京市城市轨道交通的服务范围由传统的中心城区，逐渐过渡到近郊区、远郊区甚至跨行政区划，例如服务北京市平谷区、通州区及河北省三河市的22号线（平谷线）。

服务范围的扩大，带来需求的变化，系统制式由传统的A、B型车，逐步形成包含直线电机、有轨电车、市域快轨及中低速磁浮等多样化发展的系统制式格局。2017年通车运营的中低速磁浮S1线及现代有轨电车西郊线，2019年通车运营的大兴机场线是国内首条最高运行速度160公里/小时，采用交流25千伏供电方式的市域D型车"7+1（行李车）"编组，并设置行李托运系统、具备机场专线属性的市域快轨。

2. 研究内容由新建线路发展到新建线兼顾既有线改造

北京市城市轨道交通在经历大规模新线建设成网运营后，既有线的提质改造将逐渐成为建设发展的重要内容。例如13号线扩能提升改造工程在原13号线西二旗站至回龙观站之间进行拆分，新建29公里线路并改造利用原13号线34.4公里线路，使原13号线形成两条"L"型的交叉线路：13A线和13B线，提升回天地区轨道交通服务水平。

3. 规划设计理念坚持以人民为中心，优化车站设计

项目设计坚持以方便乘客为中心，相对于以往的车站设计，普遍将站台宽度提高至12～16米，车站出入口数量至少3～4个，增加公共区的规模，增设楼扶梯数量提高了垂直交通设施能力的同时缩短了乘客走行距离，增加自动扶梯的设置数量，优化服务设施的标准。车站增设母婴室，继续深化并提高人性化设计的理念和标准。换乘车站优先考虑预留远期节点换乘的条件，避免换乘走行距离过长，以提高换乘便捷性、舒适性，平行换乘及同台换乘数量增加，换乘距离缩短，换乘通道加宽，服务设施标准提升；因建设时序、实施条件等因素采取通道换乘时，通过采用优化换乘通道空间尺度、增加通道空间变化、避免换乘通道高差、增设换乘设施无障碍设施等手段提升换乘品质。

4.编制方向及重点向多重维度转变

（1）运营安全前期提前介入

在可行性研究阶段前期手续中除常规的客流预测、规划、土地预审、环保、社会稳定风险、地质灾害、地震、安全、水影响评价、文物保护等手续批复外，还结合《北京市轨道交通运营安全条例》的要求，增加了项目可行性研究阶段运营安全专篇的编制及审查（批）工作，以保障轨道交通运营安全。

（2）建设方案更加重视一体化规划设计

打造与其他交通方式的一体化、协调发展的高效网络。如新机场线大兴机场站与新机场同期实施、同期建设，并预留南延至南航站楼的条件；3号线无缝衔接京沈客专始发站星火站，结合周边地块及铁路车站方案，进行综合交通一体化设计，并预埋远期R4线车站；轨道交通站点特别是枢纽站设置自行车停车场、出租车停靠站、公交车停靠站、"P+R"停车场、公交换乘中心、"K+R"停靠等多元化灵活接驳方式，加强各种交通方式的一体化衔接。

以轨道交通站点及车辆基地一体化开发引导城市发展。如7号线二期结合城市副中心建设，站点与用地一体化建设，打造环球影城主题，同时考虑车辆段用地紧邻环球影城，土地利用价值较高，车辆段采用一体化方式进行上盖开发；CBD线停车场采用全地下设计，将轨道交通车站、停车场和铁路枢纽进行一体化设计，以多种功能复合和联动，打造开放活力的CBD门户形象。

轨道交通与管廊的一体化规划建设。如7号线东延结合万盛南街综合管廊建设，建设轨道交通与管廊一体化示范工程；17号线、19号线也结合轨道交通建设研究综合管廊整合城市市政基础设施。

（3）支持和鼓励创新发展

在北京的轨道交通建设中，越来越多的自主知识产权技术和设备得到上线应用，如亦庄线、昌平线的自主知识产权CBTC信号系统，房山线的国产B型车，亦庄线、房山线、昌平线、8号线和9号线的国产综合监控软件平台、安全门系统和通信传输系统等，燕房线、3号线、17号线、19号线、CBD线等大力推行全自动运行系统。

（4）广泛应用绿色、低碳发展理念

如17号线方案设计从节能、节水、节材、节地、室内环境等方面在国内首次提出城市轨道交通绿色评价标准框架体系，并在可行性研究中推广应用；14号线张郭庄站最大限度采用自然光、太阳能和雨水回收等多种节能环保技术，使车站达到绿色建筑标准；"北京城市轨道交通节能关键技术研究与示范"科研项目在供电系统和通风空调系统两个能耗高的系统形成了节能技术成果，并在北京地铁9号线进行了示范应用，直接蒸发式空调系统、车辆制动再生电能有效利用技术取得了良好的节能效果。

三、评估咨询

城市轨道交通工程评估咨询主要包括各级政府及有关部门委托的对城市轨道交通工程规划、项目建议书、可行性研究报告、项目申请报告、资金申请报告、PPP项目实施方案、初步设计的评估，规划和项目中期评价、后评价，项目概预决算审查等专业技术服务。下面以建设项目后评价为例论述。

（一）建设项目后评价的意义

轨道交通是城市综合交通体系的基本骨架，也是城市最大规模的基础设施建设项目，轨道交通的设施先进性及运输效率已经成为衡量一个城市经济和社会发展水平的重要指标。城市轨道交通项目建设需要投入大量的资金和资源，需要规划决策部门做出每一个慎重而正确的决策。在北京城市轨道交通建设实践中，一方面有不少建设成功的项目需要总结经验；另一方面尚有部分未达到预期目标的项目需要汲取教训。因此，如何站在规划决策层面对已完成项目进行科学评价，如何总结经验、汲取教训、分清责任，以不断提高规划决策和管理水平，使有限的资源得到最佳配置，上述问题迫切需要通过项目后评价予以回答。

在国家主管部门的政策文件中多次提到对项目后评价的要求。《国务院办公厅关于进一步加强城市轨道交通规划建设管理的意见》和《"十四五"城市轨道交通规划建设实施方案》都指出"建立建设规划执行情况和建成投运线路客流强度、经济社会效益分析的后评价机制"。住房和城乡建设部于2015年发布的《城市轨道交通建设项目后评价导则》，明确了项目后评价的开展时机、工作内容和深度要求。由此可见，及时开展项目后评价既是国家相关文件的要求，也是充分体现轨道交通可持续发展的现实需求。

（二）后评价工作方法创新性实践

轨道交通建设项目后评价工作起步较晚，北京地铁5号线项目后评价不仅是北京也是国内首个全方位开展轨道交通后评价的项目。5号线后评价结合城市轨道交通项目在规划、决策、设计、建设、运营各个阶段的具体特征，创新性提出了一套适用于城市轨道交通建设项目后评价的思路、指标和评价方法体系。

该方法体系以项目投入运营后的功能表现为核心，在功能评价的基础上向前追溯进行过程后评价，向未来展望进行可持续发展评价，寻求实现功能的代价进行经济后评价，探讨功能实现的环境和社会效果进行影响后评价，最终汇总城市轨道交通建设项目的功能性、经济性和互适性，形成综合后评价并得出综合后评价结论。后评价主要内容如下：

（1）功能后评价：一方面，从实际功能入手，评价实际功能效果是否满足规划决策目标；另一方面，通过对实际使用者的感受进行调查，以此来反映项目建成后是否满足预期的功能要求。功能后评价是整个建设项目评价体系的核心内容，是其他评价的基础和关键。

（2）过程后评价：依据国家现行有关法令、制度和规定，对项目前期决策、设计、施工和运营全过程的管理水平及工作质量进行评价，并对功能评价反映出的问题进行追溯。

（3）经济后评价：包括投融资后评价、财务后评价和国民经济后评价三部分内容，主要体现项目的投融资过程和目标控制，以及投入运营后的经济效益。

（4）影响后评价：包括环境影响后评价和社会影响后评价两部分内容。考虑到轨道交通的公益性特点，既要评价建设项目对环境和社会产生的正面影响，又要评价其负面影响，为新线的决策、实施、运营提出建议。

（5）可持续发展评价：可持续发展评价是为了实现北京轨道交通的可持续发展目标，运用系统的评价指标、科学的评价方法和现代的评价手段来评价项目可持续发展的运行状况、实现程度和效果，为促进今后北京轨道交通建设项目可持续发展提出建议。

（6）综合后评价：根据过程后评价、经济后评价、影响后评价及可持续发展评价的结论，综合分析论证项目的综合效益水平。

各模块在评价体系中的相互关系如图2-14所示。

图2-14 城市轨道交通建设项目后评价模块关系图

后评价从建设项目全过程中与功能相关的直接和间接相关对象的调查入手，采用调研访谈、收集资料、查阅媒体信息、问卷调查、现场勘查等方式，全面细致地收集第一手资料。根据各模块评价内容的基本特性（与某项功能的相关程度）确定评价指标，综合应用总结归纳法、逻辑分析法、比较分析法（如有无对比、前后对比等）、专家打分法等多种方法，对指标进行全方位的定性和定量分析，从而系统、客观、全面地对城市轨道交通建设项目进行后评价。

基于5号线后评价成果所形成的这套系统、全面的城市轨道交通建设项目后评价技术思路、指标体系和评价方法，已经编入了《城市轨道交通建设项目后评价导则》，该导则由住房和城乡建设部于2015年发布，对全面指导整个行业的后评价工作具有重要指导意义。

四、投融资咨询

北京轨道交通发展可大致归纳为建设发展初期、大规模集中建设期、高速增长期和高质量发展期四个阶段，随着轨道交通的建设发展，北京市的投融资及相关政策也在不断随之调整，在各个阶段呈现不同的发展变化和创新实践。

1. 轨道交通建设发展初期，建立投融资模式基础（1965—2003年）

建设发展初期的轨道交通投融资模式以政府筹资为主，最初政府出资比例甚至高达100%，运营资金由政府承担。如1号线和2号线，均在2000年以前建设，其建设资金由中央财政承担，运营资金由北京市财政承担；13号线和八通线，约在1999—2003年建设，其建设资金采用"资本金+银行贷款"模式，运营资金由北京市财政承担。

由于城市快速轨道交通建设投资大、运营成本高，当时财政难以承受，1995年，《国务院办公厅关于暂停审批城市地下快速轨道交通项目的通知》提出"根据我国城市现有经济发展水平和国家财力状况，当前必须严格控制城市快速轨道交通的发展，并对在建项目加强管理，除北京、广州两个在建地铁项目和上海地铁二号线项目外，一段时间内暂停审批城市地下快速轨道项目"。

2. 轨道交通大规模集中建设期，初步探索投融资创新模式（2003—2010年）

2003年，《北京市发展改革委关于本市深化城市基础设施投融资体制改革实施意见的通知》提出按照"政府主导、社会参与、市场运作"的方针和"增量改革、存量试点"的原则，开放城市基础设施建设和经营市场，实行基础设施特许经营制度，引进社会投资，盘活存量资产。2005年通过的《北京市城市基础设施特许经营条例》也为北京市城市基础设施建设和经营市场的开放创造了政策环境。北京城市轨道交通项目也随之开始了多元化的投融资尝试，在投资体制和社会化融资方面均开始了创新性试点。在这一阶段，轨道交通项目投融资实践主要有：

（1）市区共建的"资本金+债务资金"模式

2007年初，为进一步加快轨道交通建设步伐，北京市建立了轨道交通"以市区共建为基础，以市政府投资为主体"的一系列投资政策，稳定了轨道交通投资来源。具体包括：一是新线项目资本金占总投资的40%，由市政府承担80%、沿线各区县政府共同承担20%；二是沿线车站、区间的征地拆迁费用由区县政府承担50%，其余50%由市政府解决；三是新线项目除资本金外其余60%资金利用银行贷款等融资解决；四是轨道交通建设专项资金政策，市政府每年集中财力拨付100亿元（市发展改革委30亿元，市财政70亿元）用于轨道交通新线建设和还本付息。

其优点主要体现在：一是明确了政府的投资主体责任，有助于大幅加快轨道交通建设步伐；二是在明确区级政府投资和拆迁主体责任、减小市级政府资金压力的同时，能在一定程度上控制征地拆迁规模和标准，减小工程投资；三是建立了轨道交通专项资金，为大规模建设提供了充足的资金保障；四是最大程度上减少了市民的交通支出负担，使北京市的轨道交通建设资金不依赖于社会资金的投入，因此采取低票价政策不会受到社会资金的压力。

(2) BT模式：8号线一期（奥运支线）

2005年，北京市以奥运支线为试点开展了BT（建设—移交）模式招标工作。经公开招标，中标报价比初设概算降低3.35亿元，节省投资23.7%。2008年，轨道交通亦庄线采用BT模式进行了公开招标。中标价30.59亿元，较初设概算降低了7.4亿元，节省投资19.5%。实践证明，引入BT建设模式可合理改善政府投资项目的负债结构，缓解当期政府资金压力，锁定建设成本，分散政府建设管理压力。同时有利于逐步建立和完善工程建设管理的市场化竞争机制，在轨道交通建设中引进先进建设管理方法，提高项目运作效率。

(3) PPP模式（A+B包）：4号线

2005年2月，北京市基础设施投资有限公司、北京京港地铁有限公司、北京首都创业集团有限公司三方与北京市政府草签了北京地铁4号线项目的《特许经营协议》。项目所有投资建设任务被划分为A、B两部分。A部分占总投资的70%，约107亿元，包括征地拆迁、土建工程（包括地铁车站、洞体、车辆段和停车场部分）、轨道、人防工程等，其投资与建设由北京市基础设施投资有限公司负责。建成后该部分资产以使用权出资和租赁两种方式提供给PPP公司使用，其中以使用权出资的资产部分简称A1，租赁的资产部分简称A2。B部分占总投资的30%，约50亿元，包括车辆、自动售检票系统、信号和通信、空调通风、给排水和消防、自动扶梯和电梯、控制设备、供电设施等机电设备的购置和安装。政府通过授予地铁4号线的特许经营权，引入了北京京港地铁有限公司和北京首都创业集团有限公司，吸收了占建设资金30%比例的投资，同时给这两家公司30年期限的特许经营权。通过这种方式打破了北京地铁长期以来投资主体单一的投融资模式，不但减轻了政府财政的压力，锁定了部分工程的投资风险，而且可以使公共部门和私人机构集中精力和资源从事其最擅长的活动，是一种具有重要意义的制度创新。

3. 轨道交通高速增长期，逐步健全投融资机制（2010—2017年）

这一时期，国家部委和北京市出台了大量政策以推进轨道交通投融资的改革，对轨道交通特许经营项目的业务许可范围、权限等从政策层面（包括规划、土地、收费、政府补贴等）提供具体指导意见和实施细则，规范了社会资金的进入渠道，使投融资的多元化获得了根本性的突破。同时，2016年，北京市交通委员会代表北京市政府与北京市基础设施投资有限公司（以下简称"京投公司"）正式签署《北京市轨道交通授权经营协议》，创造性提出授权（Authorize）—建设（Build）—运营（Operate）的ABO模式，标志着北京市轨道交通投融资体制机制进入了授权经营模式的新阶段，大幅降低政府债务，平滑政府支出波动，增强京投公司融资能力，激发了市场主体活力和发展潜力，进一步完善了北京市轨道交通投资政策。

此阶段主要在上一阶段投融资创新尝试的基础上，进行完善并灵活运用。如：在吸取和借鉴4号线经验教训的基础上，在14号线和16号线继续采用了A+B包PPP融资模式；继奥运支线后，亦庄线在部分标段再次采用了BT模式，虽然通过BT模式可以缓解项目建设期的投资压力，但是由于存在支付固定回报、建设与运营脱节等诸多问题之后不再应用。此外，此阶段轨道交通项目投融资方面新的实践主要有：

（1）委托运营模式：大兴线

大兴线是4号线的南延长线，在投融资模式选择上，充分考虑了其作为4号线延长线，与已经采用PPP模式实施的4号线贯通运营的独特之处，采用了委托运营模式，将运营管理委托给北京京港地铁有限公司，与4号线统一运营，可以减少运营管理界面，保证客运服务水平的一致性。土建、设备和运营全部引入社会资本，有效地解决了土建与设备、建设与运营的衔接问题，政府将建设内容同时交由项目公司负责，由其承担相应的风险和责任，相关责权利的切分界面清晰明确，成功解决了原有模式的潜在问题。

（2）企业多元化融资

京投公司在金融市场不断探索采用融资工具，拓宽融资渠道，降低融资成本。在国内金融市场采用了短期融资券、资产售后回租、中期票据、工银租赁、昆仑租赁公司融资、私募债券、债权投资计划、专项资产管理计划、超短期融资券、股权投资计划、超长期企业债等诸多融资工具，融资规模超过1400亿元，很多融资产品是业内首例或者创造了当时市场的最低利率水平。如：2014年京投公司通过海外子公司发行3亿美元的5年期美元债券，完成了首次海外发债，实际利率为3.705%，用于北京地铁6号线二期和8号线三期的建设。

（3）车辆段综合开发

2012年底五路和平西府车辆段综合利用项目完成上市，均为集居住、教育、商业、办公、交通枢纽等多功能于一体的城市综合体项目。10号线二期五路车辆段项目总用地面积约22.36公顷，建筑面积33万平方米；8号线平西府车辆段总用地面积约39.3公顷，建筑面积51.71万平方米。此外，轨道交通第二期建设规划的车辆基地综合利用开发也在逐步推进。车辆段综合开发由市政府授权京投公司作为场站综合开发主体，统筹开展征地拆迁、规划设计及预留结构工程建设等工作。采取"带条件招拍挂"方式供应土地，京投发展股份有限公司获得上盖开发的土地使用权，并将取得二级开发收益用于轨道交通建设运营，从而实现以综合开发收益支持轨道交通建设运营，有效缓解了政府在轨道交通建设领域的资金压力。

4. 轨道交通高质量发展期，规范投融资体制发展（2017年至今）

《国务院办公厅关于进一步加强城市轨道交通规划建设管理的意见》和《国务院关于加强固定资产投资项目资本金管理的通知》的出台，不仅将城市轨道交通项目执行的最低资本金比例由20%提高到40%，同时要求项目总投资中财政资金投入不得低于40%，严禁以各类债务资金作为项目资本金，北京市的城市轨道交通发展面临着新的挑战。在北京市轨道交通线网规模庞大的情况下，亟须探索创新投融资方式，为实现轨道交通自循环可持续发展提供支撑。此阶段轨道交通项目投融资方面的创新实践主要有：

（1）PPP模式：大兴机场线

大兴机场线扩大了纳入PPP的工程范围，将全部工程建设内容划分为A、B两部分，A部分主要包括前期工程和新机场航站楼相关工程，B部分除了机电设备设施部分外，还包括A部分之外的土建部分，社会资本在原有"设备+运营"合作范围的基础上，加入了土建施工部分。在这种模式下项目更加复杂，对资金和技术的要求也较高，因此在招投标阶段允许投标人以联合体的方式参与竞标，最终北京市轨道交通建设管理有限公司、中国铁建股份有限公司等八家单位组成的联合体作为最终中标人。联合体与政府出资人代表京投公司共同出资组建项目公司，负责上述B部分的投资建设和特许经营期限的项目运营，其中A部分以项目公司签订资产租赁协议方式取得资产的使用权。这些中标联合体成员以"建筑集团+运营企业+施工企业"的社会资本组合模式兼顾建设和运营，各参与主体分别在不同阶段发挥各自的能力与优势，使得项目高质量地完成。大兴机场线是目前北京市轨道交通领域合作范围最广的轨道交通社会化引资项目。

（2）项目收益专项债：13号线扩能提升工程

根据《关于试点发展项目收益与融资自求平衡的地方政府专项债券品种的通

知》，鼓励地方试点发展项目收益专项债券。2020年初，北京市政府针对13号线扩能提升工程发行了项目收益专项债，发行额为7.40亿元，期限15年，利息按半年付，到期后一次性偿还本金，发行后可按规定在全国银行间债券市场和证券交易所债券市场上市流通。项目收益专项债丰富了地方政府债券品种，吸引更多社会资本投资地方政府债券，能够保障重点领域合理融资需求、支持轨道交通持续健康发展。

（3）企业多元化融资的继续探索

2020年，京投公司成功注册非金融企业债务融资工具（DFI）资质，成为全国第一家同时取得银行间、发展改革委企业债和交易所三个市场储架式发行资质的轨道交通类企业。同时，京投公司全年共发行5笔共计140亿元债券，品种包括超短融、公司债和企业债，境内债券发行利率再创新低，创地方国企公司债历史最低利率。另外，京投公司落实项目银行贷款共计255.43亿元，开展融资租赁业务80亿元，发行6.5亿美元3年期债券（创下中资地方国企发行人境外美元债历史最低收益率纪录）。

北京市城市轨道交通项目的投融资模式是随着国家及北京市的轨道交通发展情况及投融资政策逐渐变化的。整体而言，北京市轨道交通项目投融资模式以"传统资本金+债务资金"模式为主，辅以PPP模式、委托运营等市场化融资模式。为更好地引导社会资金进入轨道交通建设、经营市场、缓解政府投资压力，北京市轨道交通项目仍然应在政府主导的"市区共建"投资模式基础上，结合现有项目的投融资实践经验，继续探索多元化融资模式。

一是进一步拓展土地资源开发和资产经营开发。通过土地开发提高土地集约利用效率，拓展社会资本投资渠道，通过资产经营开发拓展轨道交通经营收益渠道，以综合开发反哺轨道交通建设运营，充分发挥轨道交通增值效应。

二是继续推行多元化的债务融资模式。由京投公司充分利用固息贷款、贷款招标、发行企业债券和短期融资券、信托、资产证券化等多种融资工具、积极引入社会资本降低融资成本，保障资金需求，提高存量资产的使用效率。

三是实施与创新PPP模式。从现有PPP项目实施结果来看，PPP模式科学合理的投资回报机制和绩效考核方式，消除了明股实债、固定收益、保底承诺等潜在问题。"建筑集团+运营企业"的社会资本组合模式兼顾建设和运营，有助于参与主体分别在不同阶段发挥各自的能力与优势，实现建设和运营工作的平稳推进、有序衔接，为项目全生命周期保驾护航。

四是盘活存量资产。采用TOT方式盘活存量资产，有利于拓宽基础设施建设资金来源，减轻地方政府债务负担，吸引具有较强运营能力的社会资本，提高项目运营效率、降低运营成本。此外，北京轨道交通项目可通过基础设施不动产投资信托基金（REITs）盘活存量资产，广泛筹集项目资本金，降低债务风险，推动基础设施投融资市场化、规范化健康发展。

第三章　行业发展问题与建议

截至2021年底，北京市已经通车运营783公里的轨道交通线网，在建轨道交通线路里程约236公里，规划申报线路里程超过200余公里，日均客流量近千万人次，无论是运营、建设和规划规模、客流效益都位居全国前列。总结近年来轨道交通高速发展的情况，轨道交通工程咨询行业仍然在前期规划咨询、工程设计与建设实施、既有线运营评估与改造等方面存在问题。

第一节　存在主要问题

一、前期规划咨询研究方面

（一）轨道建设以追随城市发展为主，引领不足

北京的轨道交通线网规划在历版城市总体规划中均有专项研究，但在每一轮轨道交通建设规划时，线网都在不断发生变化，主要原因是城市正在经历快速城镇化阶段，城市的快速发展对交通产生新的需求和调整。新版城市总体规划的背景下，北京市发展方向也改为疏解非首都功能，构建"一核一主一副、两轴多点一区"的新的空间格局，轨道交通网络始终要追踪城市的建设发展。但由于轨道交通基础设施投资规模较大，且以地下结构为主，如在规划时未预留结构条件的情况下，线路建成运营后很难再进行调整改造，当城市发展需求发生变化时就需要规划调整新的线路追赶城市建设，而既有建成的线路会出现客流不适应的情况。比如北京地铁8号线，建设历时16年，规划初期是城市南北中轴线的线路，预测日均客流达到150万以上，但至2021年全线贯通建成后，线路南段丰台地区大红门区域的物流批发市场等非首都功能的企业已经被大规模疏解，沿线城镇已经变成以绿地设施为主的空间，导致实际客流量仅实现30%左右。

（二）轨道规划与城市用地开发联动不足

轨道交通客流是由站点沿线土地的建筑物特征所决定的，而城市土地利用规划与轨道交通规划长期处于"两张皮"的状态，土地开发的性质、时序与轨道交通建设时序不匹配，容易导致线路通车后，沿线土地仍然没有开发建设，车站设施长期没有客流，造成公共设施资产的投入浪费。另外，现行的城市总体规划体系主要是以行政区划的区域范围内规划为主，追求区域范围内的人口、岗位内部的职住平衡，缺乏以轨道交通设施线性工程的用地调配机制。

（三）轨道规划经济效益有待进一步提升

北京市轨道交通规划总规模里程达到2688公里，但线路主要是以新建线路的方式为主。城市轨道交通主要是为了解决城市通勤功能，但有时为了解决产业联动或外围功能区的覆盖，往往会规划新建线路去覆盖这些地区或者实现直接联系。目前，北京市的轨道交通综合造价已经接近10亿元/公里，轨道交通客流的边际效应也日益显现，规划的线路对经济效益的考虑尚不完善。

二、工程设计与建设实施方面

（一）设计专业接口多、管理机构多，咨询行业投入人力资源规模大

城市轨道交通涉及40余个专业，同时管理机构也众多，而在北京尤为特殊，在投资、建设、运营"三分开"的管理模式下，在设计咨询阶段咨询单位将面临大量技术接口问题，同时也造成设计咨询企业大量的人力资源投入。

（二）北京市的轨道交通设计市场最开放，但关键核心设计产品未把控

据统计，北京市在京服务的设计咨询机构超过30余家，其中80%的设计咨询机构都不是注册地在北京的企业。从全国轨道交通发展情况来看，北京市在轨道交通设计市场领域是最公开、开放的。但这样的情况也带来一部分隐患，在提供轨道交通的设计服务咨询时，关键性的网络节点性工程，如多线换乘站、网络联络线等，就会出现技术统筹差、对城市环境不熟悉等情况，导致北京市的换乘站实施效果差、网络联络线规划而未建的情况发生。另外，由于非在京企业较多，在线路建成通车后，设计单位的后续服务经常出现跟不上的情况。

（三）稳定工程建设外部条件时间滞后，规划方案难以落实

轨道交通作为线性工程，沿线呈现涉及产权单位多、协调工作多的特点。经统计分析，北京地铁通车运营的出入口设置方案与原规划阶段的方案差异较大，实现率不足50%，市民普遍反映出入口设置不合理，使用不方便。主要原因是由于工程建设阶段稳定外部条件的时序滞后，很多工程是在施工过程中逐步稳定外部条件，导致设计变更量很大。

三、既有线运营评估与改造方面

（一）既有线运营规模大，但规划思维仍然是单线运营模式

北京轨道现状仍以单线独立运营、站站停的方式为主，只有个别服务郊区的线路有跨线运营和大站快车的方式。如八通线与1号线贯通运营，大兴线与4号线贯通运营，6号线早、晚高峰开行大站快车。但整体来说，规划线网的思维仍然保持的是轨道交通单线运营模式，而在非首都功能疏解的背景下，城市在传统的功能区发生了转变，中心城区传统的客流出行走廊发生了调整与转变。比如随着北京市西南方向的丰台总部基地逐渐建成，大兴线的乘客有部分是前往丰台总部基地就业的，但线网中大兴线的乘客只能与4号线贯通运营，与服务丰台总部基地的9号线之间没有联络线路。

（二）既有线改造投资规模日益增加，但缺乏网络整体筹谋

目前，北京既有线运营10年以上的轨道交通占比达到38%，主要设备系统寿命期为10～30年，北京市既有线即将进入改造的高峰期。其中，38%的线路为运营10年以上的线路，30%的线路运营6～10年，31%的线路为近5年开通运营的，这些线路的设备系统将形成梯次更新状态，逐年改造提升。而既有线改造主要是以单线设备更新、设备替换为主，缺乏对网络的整体筹谋，地铁13号线在扩能改造的过程中，结合北部客流OD的变化，提出了拆分为13A、13B线的发展模式具有推广性，应在未来的既有线改造时充分考虑网络的整体筹谋。

（三）既有线运营网络缺乏整体的后评估体系，经验传承难

北京运营的既有线网络缺乏成体系的后评估工作，一般是以"委办局"为主的单项评估居多，如规划部门重点评估线站位设施的实现程度、发展改革部门重点评

估线路的投资效能。轨道交通作为系统性工程，在规划建设时是多部门协同的，但在运营后没有多部门参与后评估，相关的经验很难传承下去。

第二节 行业发展建议

一、加强前期规划咨询研究

（一）规划阶段开展运营组织规划

由于轨道交通基础设施以地下结构为主，建成后改造十分困难，这就需要在规划之初就引入运营组织规划的概念，为未来的城市动态发展留好余地。即在关键的节点位置预留好线路延伸、出支线、互联互通的技术可能性，未来无论城市如何发展变化，城市轨道交通系统都具备随城市调整的可能性。

（二）加强线路与沿线土地一体化咨询工作

建立"廊道上的职住平衡"的基本概念，在线路研究的规划阶段就要注重线路与沿线土地的一体化咨询工作。通过咨询研究，及时对沿线土地的规划要素、用地性质、开发规模和建设时序提出必要的控制性要求，保障线路建成后的客流效益，在充分保障轨道线路客流效益的基础上，兼顾城市产业之间的发展联动关系，以实现城市与轨道交通之间高质量的融合、互动发展。

（三）向规划要效益，做好线路的经济效益综合测算

轨道交通会带动站点周边1～1.5公里范围内土地5%～10%的增值，同时也会促进相关联的商业、产业办公的营业收益。轨道交通的规划要注重经济效益，在规划阶段需要加强对站点沿线的土地经济和企业营收收益的综合测算，通过经济收益回报与工程投资投入的综合对比后，筛选经济效益较好或经济亏损差额较小的轨道线路方案纳入规划，以充分保证轨道交通的建设、运营对城市经济的可持续发展。

二、创新工程设计与建设实施模式

北京市轨道交通设计咨询行业经过数十年的发展已经非常成熟，轨道交通的建

设速度也在逐渐放缓，在高质量发展时期可以充分借鉴外地的咨询经验，开展全过程咨询服务，即从规划、可行性研究到设计阶段，采取委托一家综合性设计单位总承包的方式，可避免大量技术接口，提高设计质量。

另外，通过全过程咨询、总承包的方式，可以在规划初期就深入对接外部规划条件，以此提前稳定相关产权单位，充分保证建设实施方案与规划方案的一致性。

三、开展既有线运营评估与改造

（一）探索利用既有设施+改造新建的方式，全面提升网络运营服务

通过利用联络线、配线等方式，配合适度的改造新建，实现全网既有线的运营提升，如北部地区可将昌平线与8号线在朱辛庄实现贯通运行，南部地区大兴线建设联络线与9号线贯通运行。在多个放射轨道线上增设越行站点设施，实现昌平线、房山线、15号线等外围郊区线路开行大站快车，大幅缩短外围郊区线路进城时间。

（二）结合网络整体筹谋既有线改造，改造设备设施的同时适度拆分线路

在线路设备设施更新时，需投入原项目至少30%的工程费用，因此设备更新时实际就是线网更新提升的好时机，应结合网络整体客流OD的情况对线网进行拆解提升。如东部东大桥的八通线和1号线，设施改造后可对两线进行适度延伸，八通线自四惠站新建线路延伸至国贸站，而1号线自四惠东站向东延伸至定福庄、城市副中心地区，并将原预留的车辆编组数量提升至8辆编组，扩大运力，改造提升后，城市副中心八通线方向将由1条线路的服务提升为2条线路的服务，同时服务中心城区的1号线运力也将由6辆编组提升至8辆编组，一举两得。

（三）建立既有线运营网络后评估体系，应及时"回头看"

应建立后评估体系，一般在新线投入运营的当年就应对相关线路的影响进行"回头看"，重点针对客流效益、规划实现情况、投资完成情况等方面进行综合评估，评估结论应在新一轮建设开展前充分研读，在新线建设中避免过往发生的问题，逐步提高咨询行业的整体水平。

专题报告三：

全过程工程咨询专题

- **第一章　全过程工程咨询发展现状**
- 第一节　全国发展情况
- 第二节　北京市发展情况
- 第三节　发展趋势

- **第二章　全过程工程咨询服务情况**
- 第一节　全过程工程咨询服务模式及相关要求
- 第二节　全过程工程咨询服务优势
- 第三节　全过程工程咨询服务典型案例
- 第四节　全过程工程咨询试点省市调研情况

- **第三章　全过程工程咨询问题分析及相关建议**
- 第一节　存在主要问题
- 第二节　北京市全过程工程咨询发展建议

改革开放四十多年来，我国工程咨询服务业持续快速发展，形成了投资决策、项目管理、勘察、设计、招标代理、工程监理、造价咨询和其他专项咨询等多类型服务共存的富有生机和活力的业态，大幅提升了我国工程咨询服务专业化水平。随着我国固定资产投资规模不断扩大，为更好地实现投资建设的意图，投资者或建设单位在项目决策、建设和运营过程中，对综合性、跨阶段、一体化的咨询服务需求日益扩大。这种实际需求与既往和现行管理体制形成的服务供给模式之间的矛盾日益突出。

2017年2月21日，国务院办公厅发布《国务院办公厅关于促进建筑业持续健康发展的意见》，首次明确提出"全过程工程咨询"概念。2017年11月6日，国家发展改革委发布《工程咨询行业管理办法》，将全过程工程咨询列入服务范围。2019年3月15日，国家发展和改革委员会、住房和城乡建设部印发《关于推进全过程工程咨询服务发展的指导意见》，对房屋建筑和市政基础设施领域推进全过程工程咨询服务有关工作提出明确要求，要求各地方政府、行业协会和相关单位及企业按照意见要求，结合实际认真贯彻落实，积极引导和鼓励工程决策和建设采用全过程工程咨询。

国务院文件及国家发展和改革委员会、住房和城乡建设部配套文件的发布正式拉开了在全国范围内推行全过程工程咨询的大幕。以全过程工程咨询试点地区浙江、广东和江苏为代表的全过程工程咨询服务先行先试省份，积极响应国务院、国家发展改革委、住房和城乡建设部关于发展和推行全过程工程咨询的号召，在宣贯和研讨基础上，大胆探索创新，改革原有传统工程项目招标模式和工程建设项目管理模式。自2018年起，每年每个省均有上百个全过程工程咨询服务项目招标并落地实施，且呈逐年快速增长趋势。

第一章 全过程工程咨询发展现状

第一节 全国发展情况

一、总体情况

以全过程工程咨询试点地区浙江、广东和江苏为代表的全过程工程咨询服务先行先试省份，积极响应国务院、国家发展改革委、住房和城乡建设部关于发展和推行全过程工程咨询的号召，在认真领会、宣贯和研讨、稳步推进基础上，大胆探索创新，改革原有传统工程项目招标模式和工程建设项目管理模式。2019年5月1日，住房和城乡建设部印发的《关于开展全过程工程咨询试点工作的通知》规定的为期两年（2017年5月2日至2019年5月1日）的全过程工程咨询试点期限届满。

自2018年至2021年，上述省份每年有几十到上百个、甚至数百个全过程工程咨询服务项目招标并落地实施，且呈逐年快速增长趋势。全过程工程咨询服务模式发展、实施情况较好的东南沿海试点省份和地区若干政府投资项目已进入实施期，少数项目已竣工，进入项目总结、反思、提高和进一步探索改革创新招标、委托模式、项目建设管理模式和相关配套法规保障的深水区，随之而来的是更多的试点和非试点省市全过程工程咨询服务项目落地实施。

各先行先试省份结合本地实际情况，以《国务院办公厅关于促进建筑业持续健康发展的意见》《关于推进全过程咨询服务发展的指导意见》为总指导方针，在总结本地区已有全过程工程咨询项目实践经验教训，并调研、借鉴学习其他省份先进做法的基础上，先后出台符合本地区实际情况的全过程工程咨询服务试点工作方案、指导意见、实施意见或服务标准等政策法规文件，为全过程工程咨询在本地区健康、快速、持续发展保驾护航。典型代表情况如下：

（1）浙江省住房和城乡建设厅2019年8月发布《浙江省推进全过程工程咨询试点工作方案》；2020年6月发布浙江省工程建设标准《全过程工程咨询服务标准》

DB33/T 202—2020。

（2）广东省住房和城乡建设厅2018年4月发布《关于征求〈建设项目全过程工程咨询服务指引（咨询企业版）（征求意见稿）〉和〈建设项目全过程工程咨询服务指引（投资人版）（征求意见稿）〉意见的函》；2020年12月，深圳市住房和建设局发布《推进全过程工程咨询服务发展的实施意见》（征求意见稿）及《深圳市全过程工程咨询服务导则》（征求意见稿）、《深圳市推进全过程工程咨询招标文件示范文本》（征求意见稿）、《深圳市全过程工程咨询服务合同示范文本》（征求意见稿）等配套文件。

（3）江苏省住房和城乡建设厅2017年10月发布《关于印发〈江苏省开展全过程工程咨询试点工作方案〉的通知》。

（4）山东省住房和城乡建设厅、发展改革委2019年10月发布《关于在房屋建筑和市政基础设施工程领域加快推行全过程工程咨询服务的指导意见》。

关于在全国各地的项目落地实施状况详见《2019年、2020年、2021年全国全过程工程咨询服务项目招标情况统计图》（图1-1）。整体上看，全过程工程咨询发展和项目落地实施情况可以归纳为：冷热不均、南热北冷、东热西冷，即：南方省份和地区比北方省份和地区发展好，东部比西部发展好，尤其是东南沿海地区表现最热。与我国整体经济发展状况恰好相符，其中又以浙江、江苏、广东、山东和湖南发展积极性最高、势头最猛。其中，湖南项目数量由2020年的第五名跃升至2021年的第二名；山东虽地处北方且非试点地区，但其同时又属东部沿海省份和GDP大省，发展可谓后来居上；广西由于是后增试点省份和地处两广地区及受广东影响等缘故，政府重视，咨询企业踊跃参加，发展后劲较好。黑龙江和福建推行较快，2021年项目数量排名分别升至第六名和第八名。说明全过程工程咨询方式在相应地区的项目建设中较传统的咨询方式发挥了较好的作用，取得了明显的成效。

例外的分别是上海、海南、北京、天津等地，虽或地处东部和沿海或为经济发达地区，且其中北京、上海还是试点地区，其全过程工程咨询发展却未见大的动作。与京、沪、津、琼等地形成对照且难能可贵的是，不少非试点省份和地区（如山东、黑龙江、河北、重庆、湖北、云南等地）积极投身全过程工程咨询项目实践；2020年，西藏和宁夏实现了项目零的突破。

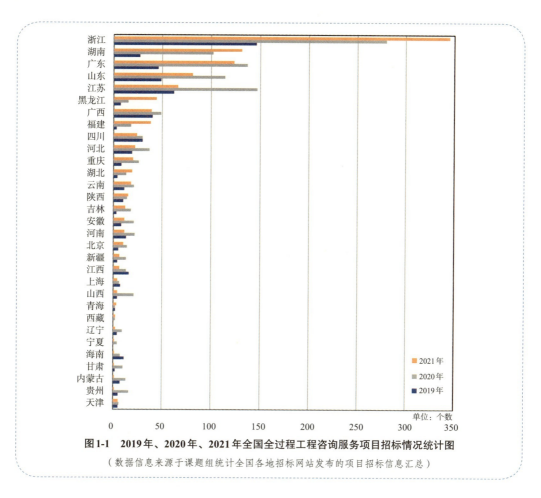

图1-1　2019年、2020年、2021年全国全过程工程咨询服务项目招标情况统计图

（数据信息来源于课题组统计全国各地招标网站发布的项目招标信息汇总）

二、业务分布情况

关于招标和项目实施中所含各项咨询业务分布情况详见《2019年、2020年、2021年度全国全过程工程咨询服务项目咨询业务分布情况统计图》（图1-2）。

三、情况分析

从图1-2可见，在全过程工程咨询服务项目招标所含诸项咨询业务中，工程监理、全过程造价咨询、项目管理三项咨询业务出现频次最高，除此之外，依次为招标和工程设计（二者较接近）。这可反映出如下几个问题：

（1）大多数项目业主比较倾向于全过程项目管理+工程监理+全过程造价咨询或三项业务两两组合模式。

专题报告三　第一章　全过程工程咨询发展现状

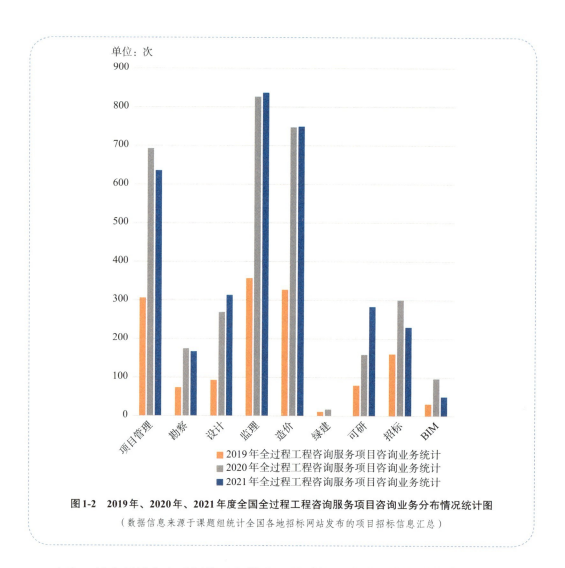

图1-2　2019年、2020年、2021年度全国全过程工程咨询服务项目咨询业务分布情况统计图
（数据信息来源于课题组统计全国各地招标网站发布的项目招标信息汇总）

（2）一部分项目业主采用将工程勘察、设计与上述三项业务组合模式。

（3）上述数据统计验证了"1+1+N（N≥0），一核心＋三主项＋其他专项咨询业务"模式（"1+N"模式的细化模式）适用于项目实践，即：第一个"1"表示必须坚持以全过程项目管理为核心，因此不委托项目管理业务，严格意义上不能称为全过程工程咨询；第二个"1"表示除项目管理外，全过程工程咨询服务还应包括工程设计、工程监理和全过程造价咨询三个主要咨询业务中至少一项；"N"为上述核心和主要咨询业务之外的其他专项咨询业务，"N"可以为零。

（4）从业主委托工程监理和造价咨询业务数量高于委托项目管理数量的现象可以判断，部分招标项目未委托全过程项目管理，而只采用"监理＋造价咨询"组合或与其他专项咨询业务（如前期咨询、招标代理等）相组合，项目管理采用"业主自管"模式;据悉,江苏和江西等省采用此种模式相对较多。

不含委托项目管理的组合,严格意义上讲,应不属于全过程工程咨询服务。因为项目管理是建设工程项目的内驱力和发动机,少数"业主自管"模式可能也会产生较好的管理效果,究其根本原因,还是由于业主团队本身具备专业性和管理能力及项目实操业绩,但这样的情况毕竟在项目业主中占比很小,不具备代表、推广和借鉴意义,且不符合国家推行全过程工程咨询的初心和政策精神,即:鼓励国内咨询公司做大做强,与国际接轨、参与国际竞争和"一带一路"建设。

此外,从专业技术服务角度分析,也应该是术业有专攻,鼓励细化社会化分工,专业的人做专业的事。至于具有政府背景的投资建设平台公司和房地产开发公司等,如果以业主身份参与项目管理,与项目业主自管模式无异;如果由业主直接或通过招标委托承接项目管理,则属委托型项目管理模式,而非全过程工程咨询;只有参与市场公平竞争,通过招投标承接全过程工程咨询业务才是真正意义上的全过程工程咨询服务,亦符合全过程工程咨询发展方向。

(5)在全过程工程咨询服务所含各项咨询业务中,监理业务数量名列前茅,说明在项目服务市场,具有工程监理资质的综合性工程咨询单位目前是全过程工程咨询服务的主力军,这种现象今后将会持续相当长一段时期。

目前,作为经济热点的粤港澳大湾区代表、中国特色社会主义先行示范区和改革开放象征的深圳市,其大型、超大型政府投资项目的全过程工程咨询服务市场,基本上采用管监合一的"全过程项目管理+工程监理"委托模式,云集了全国具有监理资质的顶尖水平工程咨询单位。

第二节 北京市发展情况

2017年5月,住房和城乡建设部发布的全国八省市(后增至十省市)和四十家试点地区和试点企业名录中包括北京市和其所在地11家企业(其中勘察设计类企业7家,具有工程监理资质的咨询企业4家,占全国试点企业数量的27.5%)。然而,时至今日,由于方方面面的原因和条件制约,包括政府投资项目在内的大中型全过程工程咨询项目在北京市并未得到全面落地实施。

国家从2003年开始推行项目管理和工程总承包,其后多次发文提倡和引导推行"项目管理+工程监理"等模式,即:具有相关监理资质的工程咨询单位通过公开招标承接项目管理业务后，可以不再通过招投标，而采用合同备案等方式直接承接本项目的监理业务。这种做法实际上十分接近于目前在深圳等地广泛采用的全过程工程咨询服务模式。

但直到2018年5月之前，"项目管理+工程监理"模式在北京仍是不被允许的，当时的监理招标文件明文规定：凡参加过本项目前期咨询（含勘察、设计、项目管理、项目建议书、可研报告编制、各种评价咨询业务等）均不得参加同一项目的监理投标。

北京市发展和改革委员会于2019年6月转发了国家发展改革委、住房和城乡建设部联合颁布的《关于推进全过程工程咨询服务发展的指导意见》；北京市规划和自然资源委员会于2021年1月印发了《北京市建筑师负责制试点指导意见》。但截至目前，北京市尚未出台有关全过程工程咨询方面的指导意见、实施意见和服务导则等具体指导性文件。

综上所述可以判断，全过程工程咨询服务在北京市仍处于研究论证、摸索起步阶段。

第三节　发展趋势

一、由试点和经济发达省市逐步向全国其他地区推广

全过程工程咨询今后总的发展趋势应是由试点省份和单位向非试点省份和单位、局部省份向全国各地扩展；由经济发达、先行先试的东南沿海和南方地区逐步向北部和西部地区渗透、发展。当然，发展过程由于受项目建设周期长和效果评价滞后的影响，不会一帆风顺，其间会经历徘徊、观望、调研、论证等阶段。经过各级各地政府正确引导和不断出台配套法律法规、先行省份的示范和榜样力量以及广大工程咨询行业人员的共同努力，全过程工程咨询一定会在全国范围内循序渐进、由浅入深地逐步进入健康发展轨道，从而使我国工程咨询行业和企业不断做大做强，与国际接轨并参与国际竞争。

二、全过程工程咨询发展有赖于当地政府的积极引导和推动

政府部门的政策引导、法律法规的完善及配套指导意见、服务导则、服务标准

的编制出台等均十分重要，往往决定所在地区全过程工程咨询的发展方向和进程。全过程工程咨询是一个系统工程，有许多矛盾、问题亟待探讨和解决。政府部门，尤其是建设工程主管部门应创新建设工程管理和服务模式，政府投资项目带头推行全过程工程咨询，同时积极营造非政府投资项目全过程工程咨询服务市场环境。

三、各地加强焦点问题研究，促进全过程工程咨询发展

（一）"1+N"模式的研究和推广

"1+N"模式已经在全过程工程咨询服务项目招标和实践中被广泛认可和采用（尤其是在房屋建筑和市政基础设施工程领域），成为开展全过程工程咨询服务的主流模式。其中"1"为全过程项目管理，"N"为其他专项咨询业务（N≥1），即全过程工程咨询服务必须包含项目管理，其为招标必选项，且为全过程工程咨询的核心业务。"1+N"模式的核心思想是全过程工程咨询服务必须以委托全过程项目管理为核心业务和必选项，加上其他1至N项专项咨询业务（如投资决策咨询、工程勘察、设计、监理、全过程造价咨询、招标代理等）才构成真正意义上的全过程工程咨询服务。

全过程工程咨询项目招标时，如招标人采用"业主自管"模式而不委托项目管理业务，只委托其他专项咨询业务及组合，此种模式是否属于全过程工程咨询服务目前存在争议。这是关乎全过程工程咨询发展方向的核心问题，但却没有达成政府有关部门及工程咨询行业的共识。

全过程工程咨询本质上是让中标的咨询单位（咨询总包）在其资质范围内尽可能承担更多的专项咨询业务，不仅是为了减少业主方的管理协调界面和使项目信息链保持连续，更重要的还是使咨询单位不但掌握业主方项目管理和咨询总包技能，同时也要精通专项咨询技术和业务，及早做大做强，具备综合咨询能力和国际竞争性。

浙江省《全过程工程咨询服务标准》DB 33/T1202—2020规定：全过程工程咨询服务是由项目建设管理和一项或多项的项目专项咨询组成的咨询服务，包括项目建设管理和项目专项咨询两部分内容。深圳市《推进全过程工程咨询服务发展的实施意见》规定：建设单位应充分认识项目管理服务对建设项目的统筹和协调作用，积极采用"以项目管理服务为基础，其他各专业专项咨询服务内容相组合"的全过程工程咨询模式。在其配套文件中明确规定：采用"1+N"模式，"1"指全过程

项目管理，为必选项。中国建筑业协会《全过程工程咨询服务管理标准》T/CCIAT 0024—2020中规定：全过程工程咨询服务模式宜采用"1+N+X"模式，"1"指全过程项目管理。此外，其他试点省份如广西、陕西、湖南等实施文件中也有类似规定和描述。

（二）全过程工程咨询服务取费问题研究

依据《国家发展改革委 住房城乡建设部关于推进全过程工程咨询服务发展的指导意见》（以下简称《意见》），对全过程工程咨询服务取费问题进行以下调整：

（1）全过程工程咨询服务酬金可在项目投资中列支；

（2）可根据全过程工程咨询服务所包含的具体服务事项，通过项目投资中列支的项目管理、投资决策咨询、招标代理、工程勘察、设计、监理、造价等费用进行支付。

国家虽然废止了发布的包括政府投资项目在内的咨询服务价格指导意见，鼓励市场议价，如前期咨询文件编制、工程勘察、设计、监理、招标代理业务等。但在项目建议书、可行性研究报告和初步设计概算编制和审批过程中，仍以原取费标准及价格指导意见作为编制和审批依据，只不过在项目招投标过程中，允许以此标准为最高限价，下浮一定幅度范围内进行价格竞争。国家已经明确发文不鼓励、禁止最低价中标，提倡和鼓励合理低价中标的综合评估法。实质上并没有达到鼓励优质优价，促进高质量发展的目的。

全过程工程咨询服务价格应依据《意见》中的服务取费指导意见，可以将初步设计概算中的相应二类费，如项目建议书、可研报告编制费，勘察、设计费用，项目建设管理费（项目管理费）、招标代理费、造价咨询费和工程监理费以及其他专项咨询费用等，根据全过程工程咨询服务范围进行打包和组合，然后以此为基数按一定的组合系数或称整体服务调节系数（≤1），得出的服务价格（或费率）作为咨询总包招标的最高限价（费率），并允许投标单位在此限价（费率）以下一定幅度内良性、合理竞价。

目前，政府和国有投资项目全过程工程咨询服务中的项目管理取费依据仍然为《财政部关于印发〈基本建设项目建设成本管理规定〉的通知》，该取费标准多年来已被大量项目实践证明取费标准过低，满足不了全过程项目管理服务的成本费用支出，同时也严重制约了工程咨询行业参与项目管理和全过程工程咨询服务的发展，包括工程设计单位参与建筑师负责制项目的积极性。对此，广东省住房和城乡建设厅2018年出台了《全过程项目管理费参考费率表》(征求意见稿),将项目管理最高取费费率提高至3%。但由于种种原因,项目管理新取费标准实际执行难度较大。因此,有必要加大对政府和国有投资项目全过程工程咨询服务中全过程项目管理取费问题的研究,以解决制约全过程工程咨询发展的瓶颈和掣肘难题,使全过程工程咨询能够健康持续发展。

第二章　全过程工程咨询服务情况

根据《工程咨询行业管理办法》,全过程工程咨询是指采用多种服务方式组合,为项目决策、实施和运营持续提供局部或整体解决方案以及管理服务。全过程工程咨询服务内容主要包括全过程项目管理以及其他专业专项咨询服务。其中,全过程项目管理主要服务内容包括:策划管理、报批报建、合约管理、协调管理、工程勘察管理、工程设计管理、投资管理、进度管理、采购管理、质量管理、安全管理、绿色节能环保管理、信息资料管理、风险管理、竣工及验收移交和保修管理、结算、决算管理、工程后评价管理、运维管理以及其他业主方管理范畴内事项;专业专项咨询服务主要包括:投资决策咨询、工程勘察、工程设计、招标代理、造价咨询、工程监理、BIM咨询、绿色建筑咨询、运维咨询以及其他专项或专业专项咨询。

第一节　全过程工程咨询服务模式及相关要求

一、基本服务模式

服务模式基于需求方的需求和供给方的能力所确定的服务类型定,具有多样性。目前多采用的服务模式有:

(1)由一家具有综合能力的咨询机构承担项目的全部咨询服务工作,真正实现综合性、跨阶段和一体化咨询服务;

(2)由两家及以上咨询机构组成联合体,其中一家为联合体牵头单位;

(3)由一家咨询机构承担主要咨询工作(全过程工程咨询总包),其他咨询工作或其不具备资质和能力的咨询工作按合同约定并经业主方同意可进行分包。咨询分包对全过程工程咨询总包负责,后者对业主负责;

(4)全过程工程咨询"1+N"服务模式,其中"1"为全过程项目管理,"N"为其他专项咨询业务（N≥1），即全过程工程咨询服务必须包含项目管理，其为招标必选项，且为全过程工程咨询的核心业务。有项目管理能力的管理、设计、监理、造价单位等均可承担此项工作；

（5）工程勘察、工程设计可与其他全过程工程咨询业务一起打包委托，业主也可根据项目具体情况平行发包委托；

（6）其他专项咨询业务，如BIM咨询、绿色建筑咨询等，业主方可视项目具体情况，既可采用联合体、总分包（转委托）发包方式，也可以采用平行发包方式，另行发包和委托；

（7）定制化咨询服务，根据业主的需求，可以不同咨询业务组合，如：项目管理+其他咨询服务、工程监理+其他咨询服务、造价咨询+其他咨询服务、设计管理+其他咨询服务、工程设计+其他咨询服务、招标代理+其他咨询服务、前期咨询+其他咨询服务等模式。

二、资质要求

全过程工程咨询服务常见的主要咨询业务有：全过程项目管理、投资决策咨询、工程勘察、工程设计、招标代理、造价咨询、工程监理等。实行资质管理的有工程勘察、设计和监理，实行资信评价的有投资决策咨询、招标代理、造价咨询。其中：

（1）全过程项目管理无资质要求，有些项目要求资信评价；

（2）投资决策咨询，国家发展改革委不再评定工程咨询单位资质等级，由中国工程咨询协会进行资信评价，等级分为甲、乙两个等级；

（3）工程勘察实行资质管理；

（4）工程设计实行资质管理；

（5）招标代理，原招标代理资质被取消，不再实行资质管理，若干地区改为由相关行业协会进行资信评价；

（6）造价咨询已取消资质管理，若干地区改为由相关行业协会进行资信评价；

（7）工程监理实行资质管理。

三、咨询机构要求

项目全过程工程咨询服务机构是指具备相关资质和能力，承担建设项目全过程工程咨询服务的咨询单位，可以是独立咨询机构或联合体、咨询总分包形式，主要要求如下：

具有与项目相适宜的全过程工程咨询能力和经验，包括但不限于：能够制订详细、先进、可行的全过程工程咨询方案，鼓励采用新型咨询和管理技术提高咨询服务水平和项目价值。

具有与项目相适应的专业力量，包括但不限于：选派项目的全过程工程咨询项目总负责人（以下简称"项目总咨询师"）以及各专业专项咨询负责人和专业专项咨询工程师。

具有良好的信用记录，包括但不限于：全过程工程咨询单位、全过程工程咨询项目负责人和主要的专业专项咨询工程师规定年限内无不良信用记录等。

四、咨询机构项目人员要求

项目总咨询师：是指具备相应资格和能力，受全过程工程咨询服务单位委派，在授权范围内全面负责履行全过程工程咨询服务合同，主持全过程工程咨询服务工作的人员。项目总咨询师应当取得工程建设类注册执业资格[注册建筑师、注册结构工程师及其他勘察设计注册工程师、注册造价工程师、注册监理工程师、注册建造师、咨询工程师（投资）等一个或多个执业资格]且具有工程类或工程经济类高级职称，并具有同类工程管理经验（业绩）。

承担投资决策综合咨询、勘察、设计、监理、造价咨询等工作的专业专项咨询负责人：一般应具有法律法规规定的相应执业资格。重要的大型公共建筑项目，条件许可情况下，鼓励试行设计牵头（建筑师负责制）的全过程工程咨询，以充分发挥设计团队的主导作用。全过程工程咨询企业、项目总咨询师、专业专项咨询负责人及相关咨询人员，不得与本项目的施工单位、材料设备供应商之间有任何利益关系。

专业专项咨询工程师：是指具备相应资格和能力，在项目总咨询师和专业专项咨询负责人的组织和领导下，承担全过程工程咨询服务中的专业专项咨询服务工作的人员。专业专项咨询工程师包括但不限于以下专业人士：注册建筑师、注册结构工程师及其他勘察设计注册工程师、注册造价工程师、注册监理工程师、注册建造师、咨询工程师（投资）等相关执业和工程咨询人员。

第二节　全过程工程咨询服务优势

　　传统的建设模式是将工程项目建设中的项目管理、投资决策咨询、工程勘察、设计、采购、造价咨询和工程监理等咨询业务分隔开来，各单位分别负责不同环节和不同专业的工作，这不仅增加管理成本（包括各专业专项咨询服务间的协调成本），也割裂了建设工程咨询业务之间的内在联系。在这个过程中，由于缺少全产业链的整体把控，信息流被切断，很容易导致建设项目管理过程中各种问题的出现以及带来安全、质量、投资、工期控制、使用功能实现等方面的隐患，使得业主难以得到完整的建筑产品和服务。

　　实行全过程工程咨询，其高度整合的服务内容，在节约投资成本的同时，也有助于缩短工期，提高服务质量和项目品质，有效地规避风险，这是政策导向，也是行业进步与国际咨询业接轨的体现。采用全过程工程咨询服务模式，可以使各专业专项咨询成果对项目控制形成一个目标统一、逻辑清晰、相互约束、管理高效的成果链。

一、节约建设投资，提高投资效益

　　建设单位采用单次一体化全过程工程咨询服务招标方式，使得其招标、合同成本远低于传统模式下项目管理、勘察、设计、造价咨询、招标代理、投资决策咨询和工程监理等业务多次发包的招标、合同成本。此外，咨询服务覆盖工程建设全过程，这种高度整合各阶段内容的服务将更有利于实现全过程投资控制。通过限额设计、优化设计和精细化管理等措施提高投资效益，确保项目投资目标的实现。

二、有效缩短工期，利于进度控制

　　采用全过程工程咨询服务模式，可大幅度优化管理界面，从而减少业主日常管理工作和人力资源投入，并确保信息的准确传达；此外，也不再需要传统模式冗长繁复的招标活动。有效优化项目组织和简化合同关系，有效解决项目管理、投资决策咨询、勘察设计、造价咨询、招标采购、工程监理等相关单位责任分离等矛盾，有利于加快工程进度，缩短工期。

三、提高服务质量，职责明晰统一

实行全过程工程咨询单位负责制（类似咨询服务总包），弥补了单一服务模式下可能出现的管理疏漏和缺陷，解决了因工作界面不清而出现问题后相互推诿扯皮的痼疾。各专业、专项业务和工程无缝对接，从而提高全过程工程咨询服务质量和项目品质。此外还有利于激发参建各方的主动性、积极性和创造性，促进新技术、新工艺和新方法的应用。

四、有效规避风险，建设阳光工程

全过程工程咨询单位作为项目的主要责任方，将发挥全过程、综合性、一体化的管理优势，通过强化管控，减少安全生产和工程质量事故，从而有效降低建设单位主体责任风险。同时，也可避免因众多管理关系伴生的腐败风险，有利于规范建设市场秩序和建设阳光工程。

五、实现集成化管理，提高管理效率

将全过程项目管理、投资决策咨询、工程勘察、工程设计、招标代理、造价咨询和工程监理、BIM咨询、绿色建筑等咨询服务作为整体统一管理，形成具有连续性、系统化、集成化的全过程工程咨询管理系统。通过多种咨询服务业务的组合，提高业主的管理效率。

六、促进项目全生命周期价值实现

不同的工程咨询服务业务都要立足于工程建设项目的全生命周期，以工程全生命周期的整体最优作为最高目标，注重工程全生命周期的可靠、安全和高效运行，资源节约、费用优化。对于我国目前大多数企业来说，确实存在很大困难，但仍必须站在工程建设项目全生命周期的高度和角度，推动全过程工程咨询服务的发展，才能使其真正成为名副其实的全过程工程咨询。

七、提升咨询企业多业务集成能力

首先可以促进全过程项目管理、投资决策咨询、工程勘察、工程设计、工程监理、招标代理和造价咨询等企业采取联合经营、并购重组等方式发展全过程工程咨询业务；同时也可以提升具有多项咨询资质的企业内部集成、整合资源，强化协调管理能力，助力工程咨询企业做大做强并参与"一带一路"建设，实现与国际接轨的目标。

第三节 全过程工程咨询服务典型案例

一、香山革命纪念馆项目

（一）项目概况

香山革命纪念馆项目是北京市2018年重点工程，2018年4月23日由中央批准建设，2019年国庆节前竣工并向公众开放。项目建成后喜迎新中国成立七十周年华诞，也是北京市首个采用全过程工程咨询模式的政府投资项目（表2-1）。

项目建设内容包括纪念馆主体建设、展览陈列、信息化建设、电力外线工程及配套环境整体提升工程。项目前期手续采用政府投资"一会三函"建设审批模式。

香山革命纪念馆项目概况表　　　　表2-1

项目名称	香山革命纪念馆项目
项目地点	项目位于北京市香山山麓，香山革命纪念馆位于香山公园东侧
总占地面积	总占地面积为6.4公顷，其中香山革命纪念馆占地2.4公顷，项目配套环境整体提升工程4公顷
总建筑面积	总建筑面积17985平方米
建设投资	项目总投资：4.9亿元，其中新建主体工程建筑安装工程总投资2.2亿元
实施工期	2018年9月15日开工，2019年9月11日竣工验收
建设单位	423工程筹备办公室
全过程工程咨询单位	北京国金管理咨询有限公司
全过程工程咨询服务内容	全过程项目管理、工程监理、造价咨询、可行性研究报告编制、招标采购

续表

项目定位和功能	中共中央在北京香山虽然只有半年时间,但这里是中国共产党领导解放战争走向全国胜利、新民主主义革命取得伟大胜利的总指挥部,是中国革命重心从农村转向城市的重要标志,在中国共产党历史、中华人民共和国历史上具有非常重要的地位。本项目是纪念中共中央香山革命实践历史的重大工程,是纪念香山革命实践历史,举办国家重大政治活动及开展爱国主义教育的重要基地。 纪念馆为地上两层,一层功能为临展、学术报告、会议及办公设施;二层功能为6000平方米主展厅和配套
获得奖项	中国建设工程鲁班奖(国家优质工程); 北京市结构长城杯金奖; 北京市优秀工程勘察设计奖; 建筑长城杯工程金奖

建设管理任务包括前期拆迁、树木伐移、建设手续办理、文物勘察、工程勘察、工程设计、招标采购、建设实施和工程竣工验收以及收尾阶段等各项工作。

(二)项目招标、服务模式

1.项目建设管理服务招标方式

项目因工期紧、又是涉密工程,北京市政府决定采取三大总包模式(咨询总包、设计总包和施工总包)推进项目建设,其中业主方工程建设管理模式采用全过程工程咨询模式(咨询总包),全过程咨询服务(咨询总包)招标由市重大工程项目办公室组织,其中资格人条件之一是要求全过程工程咨询单位必须具备工程咨询资信甲级、工程监理甲级、造价咨询甲级。

2.建设管理模式

该项目采用全过程工程咨询服务模式,模式组合为行业内认可的、较具代表性的"1+N"服务模式,"1"指全过程项目管理,认可项目管理是全过程工程咨询服务的核心业务,"N"为工程监理、造价咨询等其他咨询服务,该项目全过程工程咨询服务主要内容:

(1)全过程项目管理;

(2)主体工程、配套环境整治工程项目建议书(代可行性研究报告)编制;项目环境影响评价报告编制(分包);

(3)工程监理;

(4)全过程造价咨询;

(5)招标/比选服务。

(三)服务取费参照标准

该项目咨询服务费包括工程项目建议书(代可行性研究报告)编制、项目环境影响评价报告编制、全过程项目管理、招标/比选服务、工程监理及全过程造价咨询服务费用。

表中除第4项"全过程造价咨询"及第2项中"全过程项目管理"外,第1、3项咨询业务涉及的政府投资项目取费标准及价格指导意见均已废止和放开,故各项咨询服务取费均参照原取费标准(表2-2)。

服务取费参照标准汇总表　　　　　　　表2-2

序号	服务内容	取费标准
1	主体工程、配套环境整治工程项目建议书(代可行性研究报告)编制;项目环境影响评价报告编制	《国家计划委员会关于印发建设项目前期工作咨询收费暂行规定的通知》
2	全过程项目管理(含招标/比选服务)	财政部关于印发《基本建设项目建设成本管理规定》的通知; 国家计划委员会《招标代理服务收费管理暂行办法》
3	工程监理	国家发展改革委、建设部关于印发《建设工程监理与相关服务收费管理规定》的通知
4	全过程造价咨询	《关于调整"北京市建设工程造价咨询服务参考费用及费用指数"后的解释和自律管理》

(四)合同签订方式

该项目合同签订方式采取"分签"方式,项目单位与全过程咨询单位分别签订项目管理合同、工程监理合同、全过程造价咨询合同、技术咨询合同(可行性研究报告的编制、环境影响评价报告)等多项合同。

(五)项目组织架构

香山革命纪念馆全过程工程咨询项目项目部组织架构如图2-1所示。

(六)借鉴意义

(1)该项目为北京市首个采用全过程工程咨询服务模式的政府投资项目,对全过程工程咨询在北京市的落地和推广具有积极推动作用和借鉴意义。

(2)项目采用咨询总包、设计总包和施工总包管理模式,对推动工程建设项目

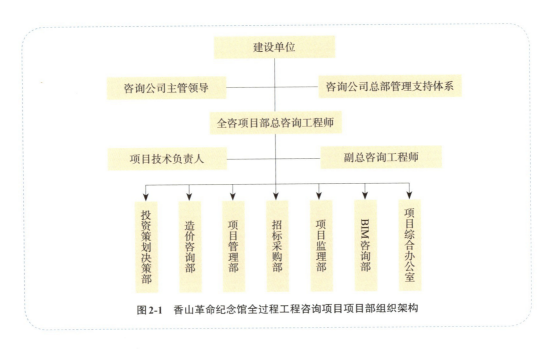

图 2-1 香山革命纪念馆全过程工程咨询项目项目部组织架构

管理模式改革和创新,以及建设工期紧迫且具有政治意义的政府投资项目提供新的途径和思路。

(3)项目采用"1+N"服务模式,咨询业务内容较多,其服务模式、项目组织架构、取费方式等对后续全过程工程咨询服务项目具有参考和借鉴价值。

(4)全过程工程咨询项目由于工程规模较大,目前大多数尚处于在建状态。该项目已竣工,有利于对全过程工程咨询项目进行经验得失总结。项目建设效果如图2-2所示。

图 2-2 香山革命纪念馆实景图

二、深圳改革开放展览馆建筑群项目

（一）项目概况

该项目含三个单体工程，为深圳改革开放展览馆、深圳金融文化中心和深圳国际演艺中心项目（表2-3）。

深圳改革开放展览馆建筑群项目概况表　　表2-3

项目名称	深圳改革开放展览馆建筑群	
项目地点	项目位于城市主干道深南大道北侧，北侧为香蜜湖	
总占地面积	深圳改革开放展览馆：34900平方米 深圳国际演艺中心：14985平方米 深圳金融文化中心：17300平方米	
总建筑面积	深圳改革开放展览馆：90000平方米 深圳国际演艺中心：53000平方米 深圳金融文化中心：48000平方米	
建设投资	深圳改革开放展览馆：约28亿元 深圳国际演艺中心：约19.9亿元 深圳金融文化中心：约14.1亿元	
计划工期	深圳改革开放展览馆：2020年8月至2024年8月 深圳国际演艺中心：2020年8月至2024年8月 深圳金融文化中心：2020年8月至2024年8月	
建设管理单位	深圳市建筑工务署	
全过程工程咨询单位	北京国金管理咨询有限公司	
全过程工程咨询服务内容	全过程项目管理、工程监理、剧院展陈专家顾问咨询	
项目定位和功能	深圳改革开放展览馆	改革馆将打造成为国际一流、中国特色、深圳气派的大型综合现代化展览馆，成为展示和宣传改革开放重要成果的"窗口"、重要接待参观场所、改革开放的专门研究和物证收藏机构
	深圳国际演艺中心	国际演艺中心以"未来梦幻演艺中心"为核心定位理念，在参照世界顶级的剧场基础上，探索未来观演类建筑的新方向、新技术、新演出方式，旨在汇聚先锋艺术，打造全球一流的现代表演艺术殿堂，彰显其在全球的科技领先地位
	深圳金融文化中心	国内外一流的综合性、新型的金融文化中心，包含"金融博物馆、金融交易、金融国际交流"三大平台。主要功能为：金融业展览展出、文物典藏、金融交易、金融国际交流会议及培训、学术研究、旅游教育等
奖项目标	深圳改革开放展览馆建筑群	本项目力争中国建设工程"鲁班奖"、中国钢结构金奖、广东省建筑工程优质结构奖、深圳市优质结构工程奖、广东省优质建筑装饰工程奖、中国建筑工程装饰奖、国家绿色建筑三星级评价、BIM奖项等

该项目位于深圳市核心地段——福田区香蜜湖片区，紧邻深圳市的主干道——深南大道。香蜜湖片区未来将打造成为粤港澳大湾区框架下的"国际交流中心，新金融中心"，该片区以"山海绿轴"为主要规划理念。深圳改革开放展览馆（以下简称"改革馆"）位于"山海绿轴"中心位置，与"山海绿轴"东西两侧的国际演艺中心及深圳金融文化中心，一同组成了深南大道香蜜湖"山海绿轴"的重要公共建筑群。

（二）项目招标、服务模式

1.项目建设管理招标方式

深圳市建筑工务署为深圳市事业单位，专门从事深圳市政府投资项目的建设管理工作，因人员编制有限和项目众多，近几年多选择有实力的全过程工程咨询单位协助其完成项目建设管理工作。

深圳市建筑工务署是该项目建设管理单位，工务署通过公开招标方式选定北京国金管理咨询公司作为全过程工程咨询单位。

2.建设管理模式

该项目建设管理方采用全过程工程咨询模式，模式组合为全过程项目管理+工程监理+展陈和剧院专家咨询组。

（三）服务取费参照标准

该项目全过程工程咨询费包括项目管理费、工程监理费、暂列金额、奖金。因为有绩效费用、奖金和暂列金额，该项目总计全过程工程咨询费用略高于按传统单项累加的费用总和，从结果上说明深圳市对全过程工程咨询服务是认可的、也是推广的（表2-4）。

服务取费参照标准　　　　　　　　　　　　　　　　表2-4

序号	服务内容	取费标准	备注
1	全过程项目管理	项目管理费金额=[项目监理费×20%+（勘察费+设计费）×10%]×（1-投标下浮率）	基本等同财政部印发的《基本建设项目建设成本管理规定》取费标准
2	工程监理	国家发展改革委、建设部关于印发《建设工程监理与相关服务收费管理规定》的通知	深圳市物价局、深圳市住房和建设局转发国家发展改革委、建设部关于印发《建设工程监理与相关服务收费管理规定》的通知
3	绩效酬金	/	招标人为了激励工程咨询单位良好履约而设置了绩效费用

续表

序号	服务内容	取费标准	备注
4	暂列金额	/	固定金额（课题研究等费用）
5	奖金	/	固定金额
6	全过程工程咨询费金额	=1+2+3+4+5	/

（四）合同签订方式

全过程工程咨询合同签订方式为总合同方式，一份全过程工程咨询合同包含项目管理、工程监理和专家顾问咨询等服务内容。

（五）借鉴意义

（1）该项目为深圳市政府投资、深圳市建筑工务署集中代建管理、委托全过程工程咨询服务的超大型公建项目，对北京市工程咨询企业走出北京、面向全国开拓咨询业务具有推动作用和引导意义。

（2）项目由以深圳改革开放展览馆为主体的项目群（建筑群）组成，包括展览馆、博物馆和大剧院、地下公共空间等。除了满足复杂使用功能需求以及满足城市地铁安全要求和减少地铁振动对剧院的影响，还应满足绿色建筑、海绵城市、碳中和等要求。

（3）项目采用"1+N"服务模式中的"项目管理+工程监理+展陈和剧院专家咨询组"模式，对全过程工程咨询服务单位管理和技术咨询能力要求很高。项目专业、专项咨询业务内容较多且复杂，其服务模式、项目组织架构、取费方式等对类似全过程工程咨询服务项目，尤其是大型、超大型项目群、建筑群项目，具有较高参考和借鉴价值。项目建设效果如图2-3、图2-4所示。

三、雄安高质量发展检验中心项目

雄安高质量发展检验中心项目建设地点位于雄安新区，建设内容包括高质量发展检验中心、城市建设档案中心，总建筑面积100000平方米。该项目服务范围为工程咨询（可行性研究报告编制、环境影响评价、社会稳定性风险分析等）、全过程项目管理、全过程造价咨询等。项目建设规模、内容及相关情况详见表2-5。

图 2-3　深圳改革开放展览馆建筑群

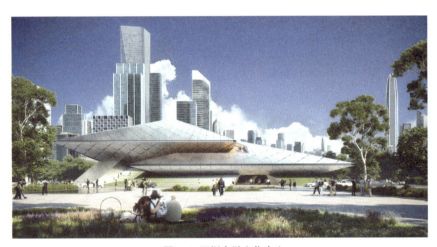

图 2-4　深圳金融文化中心

雄安高质量发展检验中心项目概况表　　　　　　　表 2-5

项目名称	雄安高质量发展检验中心项目
项目地点	雄安新区 S333 省道与津海大街交汇处东南侧
总建筑面积	总建筑面积约 100000 平方米，地上建筑面积约 70000 平方米，地下建筑面积约 30000 平方米。其中，高质量发展检验中心地上建筑面积约 37700 平方米，城市建设档案中心地上建筑面积约 28300 平方米，公共服务体验中心建筑面积约 8000 平方米，地下空间建筑面积（不含公共服务体验中心地下建筑面积）约 26000 平方米，西侧公园绿地 11459 平方米。同步实施室外道路、绿化、照明等配套工程、红线内外综合管线工程
项目投资	83940.76 万元
实施工期	服务开始时间：2020 年 5 月
建设单位	河北雄安新区规划研究中心

续表

全过程工程咨询单位	北京赛瑞斯国际工程咨询有限公司
全过程工程咨询服务内容	全过程项目管理+可研报告编制（含部分专项咨询）、造价咨询
项目定位和功能	高质量发展检验中心项目负责"雄安质量、雄安效率、雄安动力"的样板。将对全国全面深化改革扩大开放起到引领示范作用，并将成为全国贯彻落实新发展理念、实施创新驱动发展战略的新高地，雄安高质量发展将作为全国社会主义现代化城市发展的样板
承包方式	项目承包方式为EPC总承包

（一）项目服务模式

雄安高质量发展检验中心项目服务模式采用与集团公司联合体服务模式。

（二）服务取费标准

该项目咨询服务费包括工程项目建议书（代可行性研究报告）编制、项目环境影响评价报告编制、全过程项目管理、招标/比选服务及全过程造价咨询服务费用。

表中除第3项"全过程造价咨询"及第2项中"全过程项目管理"外，第1项咨询业务涉及的政府投资项目取费标准及价格指导意见均已废止和放开，故各项咨询服务取费均参照原取费标准（表2-6）。

服务取费标准表　　表2-6

序号	服务内容	取费标准
1	主体工程、配套环境整治工程项目建议书（代可行性研究报告）编制；项目环境影响评价报告编制	费率报价
2	全过程项目管理（含招标/比选服务）	费率报价
3	全过程造价咨询	费率报价

（三）合同签订方式

雄安高质量发展检验中心项目采用总合同方式。

（四）全过程工程咨询项目部组织架构

雄安高质量发展检验中心项目部组织架构如图2-5所示。

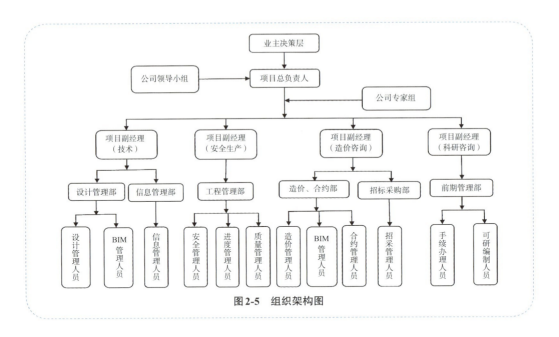

图 2-5　组织架构图

（五）借鉴意义

（1）该项目为雄安新区政府委托全过程工程咨询服务的大型公建项目，对北京市工程咨询企业走出北京、向雄安新区进军、开拓咨询业务具有推动作用和引导意义。

（2）项目采用工程总承包模式中的EPC承包模式。《国务院办公厅关于促进建筑业持续健康发展的意见》鼓励和提倡工程建设项目采用工程总承包和全过程工程咨询服务模式。该项目为全过程工程咨询单位如何进行EPC模式下的全过程工程咨询服务提供了宝贵的经验和做法。项目建设效果如图2-6所示。

图 2-6　项目效果图

第四节　全过程工程咨询试点省市调研情况

2017年5月，住房和城乡建设部选择北京、上海、江苏、浙江、福建、湖南、广东、四川8省（市）以及中国建筑设计院有限公司等40家企业开展全过程工程咨询试点，试点期两年。随后，江苏、浙江、福建、湖南、广东和四川6个试点省份分别发布了关于全过程工程咨询的试点工作方案，对全过程工程咨询的范围、资质要求、委托方式等提出了要求。经过几年的发展，从目前各省市开展情况以及市场上公开招标的项目可以看出，全国范围内逐步形成一些特点，区域发展不均衡。

无论从国家政策的响应速度、开展的广泛性，还是开展项目的规模、数量上看，江苏、浙江和以深圳为代表的广东等试点地区，以敢为天下先的勇气，先行先试，走在全国前列。本专题着重针对江浙地区以及广东省深圳市的全过程工程咨询开展情况进行调研。

一、江浙地区调研情况

（一）当地出台政策

1.江苏省出台政策

（1）2017年10月，《江苏省住房和城乡建设厅关于印发〈江苏省开展全过程工程咨询试点工作方案〉的通知》；

（2）2018年2月，《江苏省住房和城乡建设厅关于公布全过程工程咨询试点企业和试点项目的通知》；

（3）2018年12月，《江苏省住房和城乡建设厅关于印发〈江苏省全过程工程咨询服务合同示范文本（试行）〉和〈江苏省全过程工程咨询服务导则（试行）〉的通知》。

2.浙江省出台政策

（1）2017年6月，《浙江省住房和城乡建设厅关于印发〈浙江省全过程工程咨询试点工作方案〉的通知》；

（2）2019年7月，《浙江省发展改革委　住房和城乡建设厅关于贯彻落实〈国家发展改革委　住房城乡建设部关于推进全过程工程咨询服务发展的指导意见〉的实施意见》；

（3）2019年8月，《浙江省发展改革委 住房和城乡建设厅关于印发〈浙江省推进全过程工程咨询试点工作方案〉的通知》。

（二）招标内容

江浙地区房屋建筑工程全过程工程咨询大多包括以下招标内容：

（1）全过程项目管理；

（2）全过程造价咨询；

（3）招标代理；

（4）工程监理；

（5）专业专项咨询；

（6）工程勘察；

（7）工程设计。

根据现有公开招标数据统计，江浙地区公开招标项目有近50%的项目采用全过程项目管理+全过程造价咨询+工程监理的组合模式招标，超过60%的项目采用全过程项目管理+工程监理的模式；其余项目根据项目实际需要，增加招标代理、工程勘察、工程设计、专业专项咨询等服务内容。

（三）招标联合体要求

1.江苏省招标联合体要求

江苏省全过程工程咨询项目开展初期，允许联合体投标的项目比例不高，随后几年逐年提高，目前允许联合体参与的项目明显增多。据不完全统计，2021年超过50%的项目允许联合体参与，并有望随着全过程工程咨询项目的进一步开展继续提升比例。

2.浙江省招标联合体要求

浙江省作为全过程咨询项目先行先试省份，开展以来总体项目数量稳居全国第一，同时允许联合体投标占比也比较高。据不完全统计，2021年允许联合体投标项目占比接近75%。

（四）常见招标资格要求

江浙地区对于投标企业资质（或资信）与主要人员资格要求类似。

1. 企业资质（或资信）

要求全过程咨询服务机构具备工程咨询甲级资信、房屋建筑及市政公用工程监理甲级及以上或建筑行业（建筑工程）设计甲级资质及以上；可结合项目具体招标服务内容适当增减所需相关资质资信要求。

2. 主要人员资格

多数需要同时具有工程类、工程经济类高级及以上职称及工程建设类注册执业资格。

（五）全过程工程咨询项目开展情况

1. 江苏省开展情况

江苏省作为最早一批发文响应国家政策，推动全过程工程咨询服务的省份，除2021年项目数量略有下滑外，自2019年以来，全过程咨询整体公开招标项目数量基本稳居全国第二，紧随浙江之后；根据现有数据统计，南京市采用全过程工程咨询招标项目数量为省内最多。

江苏省全过程咨询服务业务范围较广，很多项目采用全过程项目管理+工程监理+全过程造价咨询+N（专业专项咨询）模式，N包括工程勘察、设计、招标代理、投资决策咨询、BIM咨询、绿色建筑咨询等专业专项咨询。

2. 浙江省开展情况

自2018年以来，浙江省全过程工程咨询项目数量一直为全国各省市之最，且呈逐年递增趋势。根据现有数据统计，2021全年浙江省公开发布全过程工程咨询项目数量占全国约32%，同比2020年项目数量涨幅也为全国最大；其中，宁波市开展全过程工程咨询项目数量为省内最多。

浙江省全过程咨询服务业务范围与江苏省类似，以全过程项目管理+工程监理+全过程造价咨询为主，在全省范围内得到广泛开展。值得一提的是，在政策扶持方面，浙江省会根据实际需要，就某些特殊类型项目出台针对性规定，如《浙江省未来社区试点建设全过程工程咨询服务指南（试行）》。近年来江浙地区典型全过程工程咨询项目详见表2-7。

根据上表内项目可以看出，江浙地区全过程工程咨询开展较为广泛，无论从地域、行业、投资来源等各种不同类型项目，均有采用全过程工程咨询模式。另外，服务范围趋于"主流化""多样化"。从已有的公开招标项目看，基本形成了"全过程项目管理+全过程造价咨询+工程监理"模式或以全过程项目管理、全过程造价

近年来江浙地区典型全过程工程咨询项目汇总表　　　　　　　表 2-7

序号	项目名称	招标范围	投资额（亿元）	项目所在城市
1	盛江花苑九期安置房及市政配套工程项目（六条市政道路除外）全过程工程咨询服务	工程设计、造价咨询、工程监理、其他专项咨询	57.62	江苏南京
2	建邺科技金融中心项目全过程工程咨询	造价咨询、工程监理、招标代理、其他专项咨询	40	江苏南京
3	谷里街道向阳保障房一期项目全过程工程咨询服务	项目策划、工程设计、招标代理、造价咨询、工程监理、其他专项咨询	20.9	江苏南京
4	NO.2021G121地块全过程工程咨询服	工程设计、招标代理、工程监理	48	江苏南京
5	丁家庄23号、24号地块全过程工程咨询	造价咨询、工程监理、招标代理、其他专项咨询	26	江苏南京
6	中国中医科学院大学建设项目一期全过程工程咨询服务	工程设计、造价咨询、项目管理、工程监理	15.2	江苏苏州
7	陶吴二期经济适用房项目A地块全过程工程咨询服务（装配式）	工程设计、招标代理、造价咨询、工程监理、其他专项咨询	15.8	江苏南京
8	高桥经济适用房（一期）项目全过程工程咨询	招标代理、造价咨询、工程监理	13	江苏南京
9	银湖区块安置房建设项目（11号安置地块）、（12号安置地块）及基础设施配套工程全过程工程咨询	项目管理、工程监理、造价咨询	27	浙江杭州
10	宁波市应急物资储备库和宁波市粮食储备和应急保障项目	项目管理、专项咨询（前期咨询、招标代理、工程监理、全过程造价咨询）	13.9	浙江宁波
11	嘉兴市第二医院整体迁建(长三角国际医学中心总医院)项目全过程工程咨询	项目管理、工程监理、设计管理、其他专项咨询（包含绿建、BIM等）	46	浙江嘉兴
12	丽水龙泉上下水南社区全过程工程咨询	1+N+X：综合性咨询、前期专项咨询、工程建设专项咨询	42	浙江丽水
13	丽水景宁浮丘社区全过程工程咨询服务项目	1+N+X：综合性咨询、前期专项咨询、工程建设专项咨询（全过程造价咨询、工程监理）	58.59	浙江丽水
14	衢州智慧新城百家坊社区全过程工程咨询服务	1+N+X：全过程试点综合性咨询+专项咨询服务+建设专项咨询（造价咨询、工程监理、项目管理、招标代理）	37	浙江衢州
15	丽水市第一人民医院全过程工程咨询服务	项目管理、工程监理、工程设计	25.67	浙江丽水
16	杭州湾上虞高层次人才创业园全过程工程咨询	项目管理、前期咨询、工程设计、工程监理、全过程造价、招标代理、绿色建筑咨询	15	浙江杭州
17	鄞州区JK01-03-b4/c2地块项目全过程工程咨询	项目管理、造价咨询、工程监理、招标代理、BIM咨询	12.1	浙江宁波

续表

序号	项目名称	招标范围	投资额（亿元）	项目所在城市
18	奉化区西河小区一期北侧安置房项目（全过程工程咨询）	项目管理、造价咨询、工程监理、招标代理	12.95	浙江宁波
19	镇海区蛟川街道原东毓油压（ZH03-02-10）地块安置房项目全过程工程咨询	项目管理、造价咨询、工程监理、招标代理	11	浙江宁波

咨询、工程监理3项服务为基本内容，服务范围涵盖、延伸至包括工程勘察、工程设计、投资策划决策咨询、BIM咨询、绿建咨询等部分或大部分专业专项咨询业务的全过程咨询服务模式。其最大特点就是涵盖业务广泛、服务周期长、服务内容全。

二、深圳市调研情况

粤港澳大湾区包括香港特别行政区、澳门特别行政区和广东省广州市、深圳市、珠海市、佛山市、惠州市、东莞市、中山市、江门市、肇庆市，是中国开放程度最高、经济活力最强的区域之一。

深圳市位于粤港澳大湾区中心区域地带。自2017年5月广东省被国家住房和城乡建设部确定为全过程工程咨询试点省份之后，作为建设中国特色社会主义先行示范区的深圳市，积极响应国家和广东省开展全过程工程咨询政策号召，无论是全过程工程咨询项目数量、规模以及开展广泛性均走在大湾区乃至全国前列。深圳市全过程咨询开展考察调研情况如下。

（一）当地出台政策

（1）2017年4月，《广东省住房和城乡建设厅关于印发〈广东省全过程工程咨询试点工作实施方案〉的通知》；

（2）2018年4月，《广东省住房和城乡建设厅关于征求〈建设项目全过程工程咨询服务指引（咨询企业版）（征求意见稿）〉和〈建设项目全过程工程咨询服务指引（投资人版）（征求意见稿）〉意见的函》；

（3）2020年12月，深圳市住房和建设局发布《推进全过程工程咨询服务发展的实施意见》及配套文件《深圳市全过程工程咨询服务导则》（征求意见稿）、《深圳市推进全过程工程咨询招标文件（示范文本）》（征求意见稿）、《深圳市全过程工程咨询服务合同（示范文本）》（征求意见稿）等。

（二）招标内容

深圳市房屋建筑工程全过程工程咨询招标范围根据实际需要大多包括以下内容：

（1）全过程项目管理；

（2）工程监理；

（3）专业专项咨询；

（4）全过程造价咨询；

（5）课题研究；

（6）工程设计。

当地房屋建筑工程全过程工程咨询招标内容通常包含全过程项目管理、工程监理+（3）~（5）项中组合；偶有尝试"工程设计"为主导+工程监理的模式。

（三）常见招标资格要求

1.企业资质（或资信）

多数需要工程咨询资信甲级和房屋建筑工程监理甲级及以上；另可根据具体招标服务范围不同，要求相应资质。

2.主要人员资格

项目负责人一般要求持有工程类注册类证书和高级职称；总监理工程师一般要求（房屋建筑专业）国家注册监理证书；其他负责人（设计负责人、造价负责人）则根据专业专项咨询需求情况，设定相应的职称和注册类证书要求。

（四）常见招标控制价取费情况

1.取费项目组成

取费通常包括项目管理费、工程监理费、专业专项咨询费、暂列金、奖金等。参考案例如下。

（1）某学校全过程工程咨询项目

计划投资额14.8亿元；招标全过程工程咨询单位（招标内容：项目管理、工程监理、专项咨询）；全过程工程咨询总服务费=项目管理费+工程监理费+专业专项咨询服务费+暂列金+奖金；招标控制价3087万元；全过程咨询服务招标控制价占项目计划投资额2.09%。

（2）某剧院全过程工程咨询项目

计划投资额55亿元；招标全过程工程咨询单位（招标内容：项目管理、工程监理）；全过程工程咨询费=项目管理费+项目监理费+奖金+暂列金额；招标控制价11512万元；全过程咨询服务招标控制价占计划投资额2.09%。

2. 招标控制价取费设置参考标准

整体取费费率与具体咨询业务组合及工作要求基本成正比，取费相对合理，具有一定市场和价格竞争力。以下列出三种取费模式供参考：

（1）深圳市建筑工务署全过程工程咨询项目酬金

采取"1+监理费+N"叠加计费方式，其中"1"为全过程工程项目管理取费，"N"为纳入全过程工程咨询范围的各专业专项咨询服务费。

项目管理费结算金额=[工程监理费×20%+（勘察费+设计费）×10%]×（1-投标下浮率）；工程监理费以项目最终概算批复的总投资中监理范围内的建筑安装工程费（含设备购置费）为基数，根据《深圳市物价局、深圳市建设局转发国家发展改革委、建设部关于印发〈建设工程监理与相关服务收费管理规定〉的通知》中规定的取费标准进行结算。

（2）某区建筑工务署全过程工程咨询项目

项目管理费按照广东省住房和城乡建设厅《建设项目全过程工程咨询服务指引（征求意见稿）》计取；监理费按照国家发展改革委、原建设部印发的《建设工程监理与相关服务收费管理规定》计取。

（3）某区建筑工务署全过程工程咨询项目

项目管理费参照财政部印发的《基本建设项目建设成本管理规定》，按照建设单位管理费取费×一定调整系数（系数一般大于等于1）计取；工程监理费计取参照国家发展改革委、建设部印发的《工程监理与相关服务收费管理规定》执行；工程保修阶段监理费按施工阶段的5%计取。

3. 分析及小结

（1）深圳市政府和国有投资规模较大的项目，比较广泛地采用全过程工程咨询模式，以房屋建筑工程为主，市政工程、水务、交通均有采用此模式项目；以2021年为例，据不完全统计，全市公开招标全过程工程咨询项目71个，项目总投资约811亿元（数据来源网络）。

（2）公开招标的全过程工程咨询项目，常见大型、超大型项目且多个项目打包一起招标，当地开展全过程工程咨询以来不乏出现全过程工程咨询费1亿元及以上项目；服务范围多包含全过程项目管理、工程监理、专业专项咨询，根据项目需要有少部分包含工程勘察、工程设计。

（3）深圳市政府投资的建设项目建设管理组织模式，多采用各级建筑工务署集中管理模式，统一发包，组织招投标工作及项目实施，竣工验收合格后交付给使用单位。

（4）全过程工程咨询项目取费一般由项目管理费、工程监理费、专业专项咨询费、暂列金、奖金，其中工程监理费用由施工期监理费和保修期监理费（通常为施工期监理费的5%）组成。通常投标报价取费分为不可竞争部分和可竞争部分；一般情况下项目管理费、专业专项咨询费为可竞争部分，监理费、奖金、暂列金为不可竞争部分，各项目偶有不同。

（5）深圳市公开招标的全过程工程咨询项目（服务范围不包含工程勘察、设计的），招标控制价取费的参考标准：工程监理费一般参照国家发展改革委、原建设部印发的《建设工程监理与相关服务收费管理规定》计取；专业专项咨询费一般采用有关规定的对应取费标准；项目管理费通过上文案例，可以看出参考标准不一，但不难看出目前按照财政部印发的《基本建设项目建设成本管理规定》，管理费用确实不足以满足实际工作需要。

为解决项目管理费取费过低问题，深圳在政策允许范围内，通过多渠道、多手段保证全过程工程咨询总体费用及项目管理取费满足咨询服务工作需要。常见方法如下：

（1）工程监理费参照国家发展改革委、原建设部印发的《建设工程监理与相关服务收费管理规定》计取，通常不打折。

（2）保修期监理费用按照施工期监理费的5%单独计取。

（3）占全过程工程咨询费比重较大的监理费，通常采用不竞争模式，不允许降价；采用此做法可以将此部分费用用于统筹调剂使用，以弥补项目管理费用取费过低的不足。此外，为防止低价恶性竞争，允许竞价部分通常下浮比例也有限。

（4）单独给予暂列金、项目奖金、项目课题费等其他专业专项咨询费用。

（5）广东省住房和城乡建设厅发布《建设项目全过程工程咨询服务指引（征求意见稿）》；同等工程总概算条件下，项目管理费参考费率高于财政部印发的《基本建设项目建设成本管理规定》中的规定。

近年来深圳地区典型全过程工程咨询项目详见表2-8。

近年来深圳地区典型全过程工程咨询项目　　　　　表2-8

序号	项目名称	招标内容	投资额（亿元）	招标控制价（万元）
1	深圳市新华医院、深圳市第二儿童医院、图书馆调剂书库项目等多个项目全过程工程咨询	项目咨询（即全过程项目管理内容）、工程监理	78	18826.09
2	香港大学深圳医院二期扩建及科研楼项目、南方医科大学深圳医院二期工程、北京大学深圳医院门急诊楼扩建工程项目全过程工程咨询	项目咨询（即全过程项目管理内容）、工程监理	60	16400.83
3	深圳市第三人民医院改扩建工程（二期）、深圳市人民医院龙华分院改扩建工程等多个医院新建项目全过程工程咨询	项目咨询（即全过程项目管理内容）、工程监理	50	14541.17
4	鹏城实验室石壁龙园区一期建设工程全过程工程咨询	项目管理、工程监理	38.23	6981.47
5	深圳市吉华医院（原市肿瘤医院）全过程工程咨询	项目咨询（即全过程项目管理内容）、工程监理	49.13	7601.15
6	香港中文大学（深圳）项目集群全过程工程咨询	项目咨询（即全过程项目管理内容）、工程监理	26.09	4935.64
7	深圳歌剧院项目全过程工程咨询	项目管理、工程监理	55.00	11512.00
8	深圳改革开放展览馆、深圳金融文化中心、深圳国际演艺中心建筑群全过程工程咨询	项目管理、工程监理	66.80	13918.00
9	区中医院项目全过程工程咨询	项目咨询（即全过程项目管理内容）、工程监理	20.53	3839.42
10	深圳自然博物馆项目全过程工程咨询	项目管理、工程监理、组建项目的第三方专家咨询平台	35.00	6345.45
11	深圳创新创意设计学院建设工程、深圳外国语学校高中部扩建工程全过程工程咨询	项目管理、工程监理	31.27	6731.72
12	深圳市孙逸仙心血管医院二期、中国医学科学院阜外医院深圳医院三期建设项目全过程工程咨询	项目管理、工程监理、专业专项咨询及服务	26.00	5227.00
13	区图书馆、群艺馆、大剧院、科技馆（全过程工程咨询）	项目咨询（即全过程项目管理内容）、工程监理	33.47	5390.17
14	中山大学附属第七医院（深圳）二期项目全过程工程咨询	项目管理、工程监理	69.89	12624.42
15	深圳海洋博物馆全过程工程咨询	项目管理、工程监理、组建专家咨询平台	58.00	9025.57
16	中国科学院深圳理工大学建设工程项目、清华大学深圳国际研究生院修缮改造工程项目全过程工程咨询	项目管理、工程监理、专业专项咨询及服务	52.10	9220.00
17	新区人民医院新院全过程工程咨询	项目咨询（即全过程项目管理内容）、工程监理	26.98	4361.77
18	区公共服务及大数据中心建设工程（全过程工程咨询）	项目管理、工程监理、专项技术服务咨询	20.79	3472.68

续表

序号	项目名称	招标内容	投资额（亿元）	招标控制价（万元）
19	深汕高中园项目（3所普通高中+1所综合高中）全过程工程咨询	项目管理、工程监理、决策综合性咨询、专项课题研究	33.60	5788.35
20	西方美术馆（暂定名）项目全过程工程咨询	项目管理、工程监理	19.96	4398.27

上表内项目为近年来深圳市公开招标、规模比较大、具有一定影响力、采用全过程工程咨询模式的项目；招标服务范围均包含全过程项目管理、工程监理、专业专项咨询（如有）；项目规模、服务内容及项目所处阶段的不同，招标控制价占计划投资额的比例在1.55%～2.91%之间，平均占比为1.965%。

综上所述，针对江浙地区以及深圳市全过程工程咨询开展情况及调研可以看出，调研地区积极响应国家政策开展全过程工程咨询服务，先行先试，大胆摸索创新，项目数量、建设规模等均位居全国前列，取得并积累了丰富的项目实践经验，带来和产生了良好的社会效益和经济效益，为其他省市开展全过程工程咨询树立了标杆和榜样。同时促使当地咨询企业加大培养复合型人才的力度，进一步提高综合咨询能力，实现做大做强和与国际接轨的战略目标。

第三章 全过程工程咨询问题分析及相关建议

第一节 存在主要问题

2019年3月，国家发展改革委、住房和城乡建设部联合颁发《关于推进全过程工程咨询服务发展的指导意见》以来，全国各地积极响应并取得较好的效果。但就目前情况，发展过程仍有不少问题亟待解决，还需要各有关部门、单位、协会制定一体化的细则或规定、制度，针对相关问题进行不断地探索和推进。

一、壁垒问题

（一）地域壁垒

从近几年全过程工程咨询业务承接情况分析，当地企业具有较强的地域优势，从企业地域上看，同省企业最容易获得青睐，全国性企业次之，外省企业获取项目难度较高。

（二）部门与行业壁垒

近几年，根据全过程工程咨询业务发展、承接情况，一些大型项目（尤其是交通、电力、水利、铁路、能源等行业）一般被部门或行业原附属咨询企业承接，此种情况不利于市场竞争刺激企业创新和全过程工程咨询业务的长远发展。

二、管理架构及执行力问题

（一）管理架构不合理

现阶段全过程工程咨询取费较低，尤其是项目管理取费，所以现在一般全过程工程咨询项目的管理架构较单薄，且倚重于现场管理团队的素质推进工作。例如：

前期手续办理时间跨度较长且需要较强沟通能力、具备一定专业知识的团队才能完成，而现在基本上是一位前期人员带着一个资料员去办理报批报建工作。报批过程中需要沟通发展改革委、规划和自然资源委员会、住房和城乡建设委员会、人防、水务、电力、通信等部门的各科室，同时协调内部设计、勘察、施工等单位的项目管理人员，而对应的项目管理人员还不一定能到位，这对手续办理人员带来较大挑战。急需完善管理架构，增加相应岗位人员配合工作。

（二）执行力偏弱

现阶段全过程工程咨询公司部分人员具备全过程工程咨询的能力，但随着业务快速发展，项目数量不断增加，项目负责人和各岗位人员急缺，部分人员在没有充分培训和实践的基础上到岗作业。为规避此种情况带来的一定风险，咨询公司会出台一系列的标准作业指导书去宣贯，但是对于现场部分人员来讲，由于对于业务的认识不够、思想意识等问题，不能一一执行标准作业文件的相关工作。

三、全过程工程咨询人才缺口大

现阶段全过程工程咨询业务发展迅猛，而全过程工程咨询服务中承担工程勘察、设计、监理或造价咨询业务的工程师，熟悉单一技术的人员偏多，而熟知法律法规并具有类似工程经验和管理能力的人员偏少。全过程工程咨询服务单位需要的是具有技术和管理经验的综合型人员，为开展全过程工程咨询业务提供支撑。

现阶段大部分全过程工程咨询企业都是近十年由勘察、设计、监理、造价咨询业务的单一企业转型而来，所以拥有全过程工程咨询服务项目经验和熟悉全过程工程咨询业务全链条的人才十分短缺。

四、整体服务水平有待提高

全过程工程咨询业务对人员的素质要求较高，由于人员短缺、业务发展较晚、缺乏项目实践等原因，现场服务的人员一般是监理、施工、设计、造价咨询等业务转型而来，一般短期不具备带领、引导项目各参建单位推进项目各阶段工作的能力，偏于听从和执行指令。

五、人才的评价和选聘制度不完善

据统计，全过程工程咨询竞争力强的综合型企业数量占比较低。从企业类型上看，人才团队和资质强大、全过程工程咨询经验丰富的综合性企业竞争力最强，专业能力强的项目管理人员也倍受认可，单纯的设计、监理、造价人员竞争力有限。为了增加企业的竞争力，须加大全过程工程咨询人才评价和选聘制度，针对具备设计、监理、造价等综合业务能力的人才，须制定评价体系、薪资体系、选聘制度保证全过程工程咨询人才的素质，以便更好地推动全过程咨询业务的发展。

六、项目管理取费标准过低

目前，各省份全过程工程咨询业务取费基本是项目管理、监理、造价咨询等业务板块单独取费再叠加，其中项目管理费一般是在项目建设管理费基础上进行下浮。由于项目建设管理费是政府投资项目为解决建设单位管理费用列支的，未考虑利润、税金及企业管理成本，而项目管理是全过程工程咨询中投入人员最多、时间最长的业务，目前的项目管理取费标准难以满足企业良性发展乃至生存的需要。

七、全过程咨询服务机构采购问题

1. 存在招标方式未批先招问题

根据工程建设项目基本建设程序现状，政府投资建设项目勘察、设计、监理、施工招标方式，通常在可行性研究报告批复阶段由发展改革部门批复招标核准意见，但工程建设项目若要充分发挥咨询机构支撑决策的科学化、合理化作用，避免碎片化，并提供管理和技术综合服务，实现全过程咨询服务价值最大化，建设单位的最佳选择是在前期咨询阶段就开展全过程工程咨询服务机构的选择。在此阶段发展改革委未核准招标方式，存在招标方式未批先招的问题。

2. 招标窗口选择涉及行业主管部门协调问题

根据北京市招投标情况现状，必须招标的政府投资建设项目须在北京市公共资源交易服务平台开展招投标活动。其中勘察、设计招标主管部门是北京市规划和自然资源委员会（简称"规自委"），相关招标工作需要对接规自委窗口；监理和施工招标主管部门是北京市住房和城乡建设委员会（简称"住建委"），相关招标工作需要对接住建委窗口；另有水利系统窗口和交通系统窗口，各自负责职责范围内的招投标监管职能。全过程工程咨询采购是一体化招标，涉及不同监管部门的协调沟通问题，只有相关监管部门对项目采用全过程咨询招标达成共识并相互协作，全过程咨询招标才能顺利进行。

3.存在何时启动全过程咨询招标的问题

选择全过程咨询机构的工作何时启动，尚无明文规定，目前市场上存在不同时段开展全过程咨询招标的几种情况，各有利弊，但也存在制约因素，需要从制度上解决。

第二节　北京市全过程工程咨询发展建议

为提升投资决策科学化水平，完善工程建设组织模式，提高工程建设质量和运营维护效率，根据《国务院办公厅关于促进建筑业持续健康发展的意见》和《国家发展改革委 住房城乡建设部关于推进全过程工程咨询服务发展的指导意见》等文件要求，借鉴广东深圳、浙江和江苏等地实践经验，结合北京市目前实际情况，就推动全过程工程咨询服务发展提出如下建议。

一、坚定全过程工程咨询发展方向

一是全过程，尽可能围绕项目全生命周期持续提供工程咨询服务，避免工程咨询服务周期的阶段化；二是一体化，尽可能由项目管理牵头，集成投资决策咨询、招标代理、勘察设计、造价咨询和工程监理等专项服务，避免工程咨询服务内容的碎片化；三是多模式，尽可能采用灵活多样的模式为项目建设与运行维护提供最适用的解决方案和管理服务，避免工程咨询服务模式的单一化。

二、突出项目管理服务的主导地位

充分发挥全过程项目管理服务对建设项目的统筹作用，全过程工程咨询服务应积极采用行业认可度最高的"1+N"组合方式，其中，"1"是全过程项目管理服务，

"N"为其他专业专项咨询服务业务。规范的全过程工程咨询服务除必须有全过程项目管理服务外,还应至少有一项专业专项服务,即:"N"≥1项。

三、规范全过程工程咨询取费方式

咨询服务费用应包括公平合理且单独计取的项目管理费和叠加收取的所涉及各专业专项咨询业务服务费。借鉴广东省深圳市等地区做法,建立符合实际的全过程项目管理取费标准。鼓励投资方和建设单位根据咨询服务节省投资或提升价值情况,对咨询单位予以奖励。严厉打击恶意低价竞争行为,维护正常的市场竞争秩序。

四、开展全过程工程咨询试点引导

遴选部分政府投资非经营性项目,探索开展全过程工程咨询服务试点。试点初期,可以先行采用"全过程项目管理+工程监理"基本模式。在总结试点经验的基础上,逐步将项目的投资决策咨询、招标代理和全过程造价咨询等专项咨询业务纳入全过程工程咨询服务范围。

五、营造全过程工程咨询外部环境

由市发展改革委与市住房和城乡建设委牵头,会同市财政局等相关行业行政主管部门,研究制定全过程工程咨询服务相关标准、招标文件范本、合同范本及服务导则等政策法规文件。行业协会根据全过程工程咨询服务的内容、标准、难度及市场要素价格水平,研究制定并定期发布项目管理服务取费的指导标准,引导市场有序竞争。

六、加快全过程工程咨询人才培养

工程咨询企业应立足长远,扎实推进全过程工程咨询人才培养。在明确企业的发展定位基础上,紧密结合全过程工程咨询对人员能力的实际要求,制定系统的咨询人才发展计划,建立完善的咨询人才培训体系,激励部分技术人才向综合性的管理人才转型,提高企业内部不同部门间的协调效果和全体工作人员的责任意识。

七、促进全过程工程咨询服务信息化

工程咨询企业需大力推进全过程工程咨询与信息化技术的双向结合，一方面是实施咨询服务工作（咨询业务）开展的信息化，另一方面是实施咨询服务对象（工程实体）建造的信息化（BIM技术应用），促进全过程工程咨询的高质量发展。

八、解决全过程咨询服务机构采购瓶颈问题

市发展改革委在批复前期工作函或立项批复时，明确鼓励采用全过程咨询招标；或在可行性研究报告批复阶段核准招标方案时，在常规分项招标方案基础上，增加鼓励采用全过程咨询招标方式，从而兼顾到招标方案核准之前已采用全过程咨询招标的现实问题，解决建设单位后顾之忧。

附录A　重大项目案例展示

　　新中国成立特别是改革开放以来，首都经济社会发展取得了突出成绩。20世纪50年代开始，在党中央领导下开展了大规模的首都建设；90年代，在社会主义市场经济大潮中，北京市提出发展以知识经济为方向、以高新技术产业为核心的首都经济；进入新时代，市委市政府鲜明提出首都发展是实现符合首都功能定位的发展、首都的高质量发展、首都的新发展，使北京的建设发展更加符合党和人民需要。北京市工程咨询行业在从首都建设到发展首都经济，再到首都发展的过程中做出了突出贡献，在支撑首都投资决策科学化和推进城市建设与发展方面发挥了突出作用。

　　为充分反映改革开放以来北京市在城市建设和经济社会发展中取得的显著成就，充分展示北京市工程咨询行业企业在此历程中做出的突出贡献和发挥的重要作用，从众多工程咨询项目中择其精要，选定了一批具有典型影响力的重大项目，彰显行业企业在各项目中做出的不同贡献和发挥的独特作用，从而全面推动北京市工程咨询业凝心聚力、务实创新、壮大发展。

一、国家体育场项目

2008年北京奥运会是我国第一次举办全球性、大规模、高水平的体育盛会。国家体育场主体是由一系列钢桁架围绕碗状座席区编织而成的"鸟巢"外形,是目前世界上跨度最大的体育建筑之一。场馆位于北京奥林匹克公园中心区南部,总占地面积21公顷,总建筑面积25.8万平方米,场内观众座席约91000个(图A-1)。

项目建设贯彻绿色、科技、人文以及勤俭办奥运、经济适用等原则,有效优化了奥运场馆规划布局、功能设计、建设内容和规模、建设方案和投资,为将北京奥运会办成高水平、高效率、低成本、低能耗的盛会发挥了重要决策支撑作用。

承担项目咨询的主要单位有北京市工程咨询有限公司(可行性研究报告编制、初步设计概算审核)、北京城建设计发展集团股份有限公司(项目咨询)、北京国金管理咨询有限公司(资金申请报告评估)、中国国际工程咨询有限公司(可行性研究报告评估)。

图A-1 国家体育场

二、国家速滑馆项目

国家速滑馆又称"冰丝带",为2022年北京冬奥会北京主赛区标志性场馆,位于北京奥林匹克森林公园网球中心南侧,项目总占地面积约17公顷,主馆总建筑面积约8万平方米(图A-2)。项目采用PPP投资运营模式,为后续体育场馆PPP项目的推广探索成功经验和可行路径,具有较强的示范效应。

承担项目咨询的主要单位有北京市工程咨询有限公司(PPP技术咨询服务、项目建议书(代可行性研究报告)编制)、北京国际工程咨询有限公司(项目建议书(代可行性研究报告)评估)、青矩工程顾问有限公司(阶段性及全过程工程咨询)。

图 A-2　国家速滑馆

三、北京大兴国际机场工程

北京大兴国际机场位于北京市南部，地跨京冀两地，是超大型国际航空综合交通枢纽。机场项目于2014年12月26日开工建设，2019年9月25日正式投入使用。机场建设有力推动了北京市南部经济发展，可促进完善北京市南部综合交通运输设施建设，有效提升北京市综合交通运输效率。未来北京大兴国际机场将成为世界最大航空港、国家发展新动力源，是展现国家形象的新国门。

北京大兴国际机场按照"平安机场、绿色机场、智慧机场、人文机场"新时代新型大型国际现代化机场标准建设，是国内第一个立体的、零缺陷的、无缝衔接的综合交通体系，成为中国国内新的标志性建筑（图A-3）。项目获得2021年度菲迪克工程项目杰出奖。

承担项目咨询的主要单位有北京市工程咨询有限公司（项目选址研究、规划咨询、专项课题研究、项目建议书编制、前期综合咨询）、青矩工程顾问有限公司（全过程造价咨询）、投资北京国际有限公司（课题研究）、北京赛瑞斯国际工程咨询有限公司（全过程工程咨询）。

图A-3　北京大兴国际机场

四、中国科学院国家天文台500米口径球面射电项目望远镜（FAST）项目

FAST是世界已经建成的口径最大、最具威力的单天线射电望远镜，是国家重大科技基础设施建设项目，是世界最大的单口径球面射电望远镜，项目总占地约45.6万平方米（图A-4）。项目建设涉及众多高科技领域，综合体现了我国高技术创新能力，对中国制造技术向信息化、极限化和绿色化方向发展产生影响，是我国标志性的科学成果，并且对推进世界天文学事业发展具有重大意义。项目获得2018—2019年度中国建设工程鲁班奖（国家优质工程）。

中国中元国际工程有限公司承担了该项目的项目建议书、可行性研究报告编制、方案设计、工程设计、工程造价管理、项目管理等工程咨询工作。

图A-4　FAST望远镜

附录A　重大项目案例展示

五、北京天坛医院迁建项目

北京天坛医院迁建项目是疏解首都核心区医疗功能、优化市属医疗资源均衡布局、恢复天坛公园历史风貌的重要民生工程，该项目位于丰台区花乡桥东北区域，总建筑面积约35万平方米，编制总床位1650张。该项目是新中国成立以来北京市建设规模与投资额度最大的公立医院建设项目，同时也是市属医院率先疏解的示范引领项目、优化医疗资源均衡布局的重大民生项目、恢复天坛公园历史风貌的申遗行动项目，对落实首都核心区医疗功能疏解、促进卫生资源合理布局和加快南城发展战略具有标志性的里程碑意义（图A-5）。

承担项目咨询的主要单位有北京市工程咨询有限公司（项目建议书、可行性研究报告评估及节能报告编制、项目代建）、北京市建筑设计研究院有限公司（工程设计）、北京双圆工程咨询监理有限公司（工程监理）。

图A-5　北京天坛医院

六、北京市支持河北雄安新区建设医院项目

项目位于河北雄安新区启动区第四组团,占地约200亩,是以交钥匙方式支持雄安新区建设的一所高水平三级综合医院。总建筑面积12.2万平方米,设置床位600张,资金来源为北京市政府资金。该项目是雄安新区起步区优先建设的医院项目,对新区医疗体系建设具有示范性和引领作用(图A-6)。

承担项目咨询的主要单位有北京市工程咨询有限公司(项目管理)、北京市建筑设计研究院有限公司(工程设计)、北京赛瑞斯国际工程咨询有限公司(工程监理)。

图A-6 北京市支持河北雄安新区建设医院

七、和田市北京医院项目

和田市北京医院是目前北京援疆交钥匙工程中单体规模和投资最大的工程,于2015年建成投入使用后,成为南疆规模最大、标准最高的三级甲等医院,也是和田市首个三甲综合医院。总床位数600个,占地面积4.33万平方米,建筑面积5.31万平方米,医疗服务可辐射南疆三地州48万平方公里。项目建设为打赢脱贫攻坚战做出重要贡献,对整个和田地区的医疗卫生事业发展起到巨大的推动作用(图A-7)。

承担项目咨询的主要单位有北京市工程咨询有限公司(项目建议书、可行性研究报告编制及全过程项目管理)、悉地(北京)国际建筑设计顾问有限公司(工程设计)、北京建工京精大房工程建设监理公司(工程监理)。

图A-7 和田市北京医院

八、北京环球影城主题公园项目

北京环球影城主题公园位于北京城市副中心,是全球第六家和中国第一家环球主题公园,于2021年9月20日正式开园。北京环球影城主题公园项目是北京市规模及投资最大的外商投资文化旅游项目,也是市政府确定的推行"转变政府职能、提高行政审批效率"的试点项目,由美国康卡斯特NBC环球公司旗下的环球主题公园及度假区集团与北京首寰文化旅游投资有限公司共同投资建设(图A-8)。

北京环球影城主题公园集中了全世界环球主题公园人气最高的娱乐设施和景点,融入精心打造的独特体验,反映中国悠久的文化传承。项目建设将推动通州文化旅游区成为优化北京旅游产品结构、增强北京旅游国际竞争水平的新型文化旅游目的地,是北京城市副中心高端服务业的重要载体。

北京市工程咨询有限公司承担了该项目的前期综合咨询、节能评估、专项课题研究等过程咨询工作。

图A-8 北京环球影城主题公园

九、北京城市副中心（通州区）国民经济和社会发展第十四个五年规划和二〇三五年远景目标纲要项目

规划建设北京城市副中心，是以习近平同志为核心的党中央作出的重大决策部署，是千年大计、国家大事。科学谋划好北京城市副中心"十四五"时期的发展，对于高质量打造北京重要一翼，实现城市副中心更高质量、更有效率、更加公平、更可持续、更为安全的发展，意义重大，影响深远。规划和纲要明确了北京城市副中心"十四五"时期和今后相当长一段时期经济社会发展的主要目标、重点任务和重大举措，是市场主体的行为导向，是政府履行职责的重要依据（图A-9）。

北京市工程咨询有限公司承担了规划编制工作。

图A-9　北京城市副中心

十、首都博物馆(东馆)项目

首都博物馆(东馆)是镶嵌在城市森海中的"古韵风帆",又名"运河之舟",规划总建筑面积9.7万平方米,是北京市重点惠民工程,建成后将成为立足城市副中心、辐射京津冀的爱国主义教育基地,提升文化软实力的重要阵地和展示城市发展的生动窗口。项目建设有利于服务国家文化发展战略,有利于推动北京市公共文化服务体系示范区和文化产业发展引领区建设,是开创首都文化建设新局面,繁荣兴盛新时代首都文化的重要举措(图A-10)。

北京市工程咨询有限公司承担了该项目的可行性研究报告编制,北京赛瑞斯国际工程咨询有限公司承担了项目阶段性及全过程工程咨询。

图A-10 首都博物馆(东馆)

十一、北京市轨道交通项目

城市轨道交通是引导城市空间优化调整、促进城市产业集群发展、提升居民出行幸福感和安全感、助力城市高质量发展的重要基础设施（图 A-11）。城市轨道交通建设从项目提出、论证决策、开工建设到投入运营，涉及众多行业管理部门和市场行为主体。正是由于轨道交通建设项目的复杂性，需要工程咨询充分参与，支撑项目投资与决策。多年来，北京市工程咨询单位为轨道交通规划建设的决策与实施提供了全过程、全方位的智力服务，为政府投资科学民主决策和工程建设管理服务做出了重要贡献。北京市轨道交通建设开创性地提出设计总体总包管理模式，服务工程建设管理，提高工程管理效率，对参与轨道交通设计的相关单位的设计服务实施全过程管理、控制和协调，对设计成果实施全方位管控，并推广到全国，成为轨道交通设计管理的标准做法。

北京城建设计发展集团股份有限公司、北京市市政工程设计研究总院有限公司、北京市首都规划设计工程咨询开发有限公司等单位承担了该项目的建设规划、方案设计、课题研究，北京市工程咨询有限公司承担了资金筹措方案编制、投融资测算、课题研究、可行性研究评估、总体设计评审、初步设计评审、概算评审、招标代理、工程监理等工程咨询工作。

《北京市轨道交通建设成本控制研究》获全国优秀工程咨询成果三等奖。

图 A-11　北京地铁 19 号线新宫站

十二、京雄城际铁路雄安站项目

京雄城际铁路是我国第一条全过程、全专业运用BIM技术设计的智能高铁,自北京西站引出,是完善京津冀区域高速铁路网结构的重要铁路线路。新建线路全长约92公里,设北京大兴、大兴机场、固安东、霸州北、雄安5座车站。京雄城际铁路应用了70余项物联网、云计算、大数据等前沿科技,树起了世界智能高铁的新标杆(图A-12)。

青矩工程顾问有限公司承担了该项目的阶段性及全过程工程咨询工作。

图A-12　京雄城际铁路雄安站

十三、北京丰台站改建工程

北京丰台站改建工程是北京市"十三五"期间确定的优化城市铁路枢纽功能格局的重要基础设施之一，承担京广高铁、京港城际、京九客专以及丰沙、京原、京沪线及市郊铁路的始发终到作业，与北京站、北京西站、北京南站、北京北站等北京铁路枢纽深度融合，进一步优化了首都交通运输结构。北京丰台站是北京城南地区重要的铁路枢纽，是我国首座采用高速、普速重叠的双层高架车场的大型客站，未来这里不仅是城南的铁路枢纽，也将是推动京津冀协同发展的动力引擎（图 A-13）。

北京市首都规划设计工程咨询开发有限公司承担了该项目的规划咨询，北京赛瑞斯国际工程咨询有限公司承担了项目阶段性及全过程工程咨询。

图 A-13　北京丰台站

十四、永定河综合治理与生态修复工程

永定河综合治理与生态修复工程,由国家发展改革委、水利部及原国家林业局联合启动并发布"总体方案",拟通过流域内水资源节约与生态用水配置、河道综合整治与修复、水源涵养与生态建设、水环境治理与保护、水资源监控体系建设和流域综合管理与协同治理,将永定河恢复为"流动的河、绿色的河、清洁的河、安全的河",项目总投资370亿元(图A-14)。

为了推动项目实施,京津冀晋四省市与中国交通建设集团有限公司合资成立永定河流域投资有限公司(以下简称"流域公司"),该公司作为永定河综合治理与生态修复实施主体,成立部省协调领导小组,明确流域公司、四省市政府和相关部门的任务分工,协调解决重大问题,以市场化机制推进相关治理项目的投资建设与运营。该项目是京津冀协同发展重大标志性工程,已成为市场化推进流域一体化治理,促进跨省市生态战略合作的"样本"项目。

承担项目咨询的主要单位有中咨海外咨询有限公司(规划咨询)、北京金准投资控股有限公司(项目咨询)。

图A-14 永定河平原段治理

十五、槐房再生水厂项目

槐房再生水厂项目是北京市第一座全封闭地下再生水厂,也是全国乃至全亚洲最大的主体处理工艺全部处于地下的再生水厂工程。水厂处理规模60万立方米/日,出水水质达到国家地表水环境Ⅳ类标准。厂区内采用热水解+消化+板框脱水的污泥处理工艺,实现污泥的无害化处置;地上建设人工湿地保护区,实现环境治理与保护的和谐发展。从规划、设计到建设,槐房再生水厂成为世人瞩目的民生工程,标志着我国污水治理技术与工程建设迈进世界先进水平(图A-15)。

槐房再生水厂全地下设计,节约了土地资源,减少了对周边环境的影响。创新性地在水生产车间顶板上建成人工湿地,与大型地下再生水灰色基础设施融为一体,形成并恢复18世纪30年代的"一亩泉"湿地旧景观,实现了水的再生利用及水生态修复,改善了生态环境。槐房再生水厂所呈现的美好景象为今后市政灰色基础设施的建设开发和土地集约化使用,提供了一个全新的绿色发展思路和样板。

承担项目咨询的主要单位有北京市市政工程设计研究总院有限公司(工程设计)、北京市工程咨询有限公司(工程监理)。

项目获得菲迪克2021年度工程项目优秀奖、2018年"国际水协全球项目创新奖金奖"、第十八届中国土木工程詹天佑奖。

图A-15 槐房再生水厂

十六、北京市百万亩造林工程

2012年以来,围绕城市副中心、新机场、冬奥会、世园会、城乡结合部等重点地区,结合疏解整治促提升"留白增绿",北京市先后启动两轮百万亩造林绿化工程。平原地区是北京市人口、产业的聚集区和首都功能的主要承载区,平原地区森林覆盖率对降低PM2.5,改善北京市空气质量,提升首都生态承载能力和可持续发展能力具有重要作用,也是助力实现"碳达峰、碳中和"目标的重要举措。通过该项目的实施,北京市基本构建了以大面积森林为基底、大型生态廊道为骨架、九大楔形绿地为支撑、健康绿道为网络的城市森林生态格局,有力推动落实了城市总体规划,首都生态空间布局明显优化(图A-16)。

北京市工程咨询有限公司承担了该项目的实施方案评估、项目管理、造价咨询、招标服务等过程咨询工作。

图A-16 北京市百万亩造林工程

十七、首钢京唐钢铁厂项目

首钢京唐钢铁厂是21世纪我国第一个经国家批准的落实钢铁产业发展政策、促进我国钢铁工业生产力布局、提升我国钢铁工业国际竞争力而列入"十一五"国家重点建设的项目,是首钢搬迁的载体和重要支撑(图A-17)。项目可行性研究报告共包括从原料制备、钢铁冶炼到产品制造八大主流程生产工序以及水、电、气、热等十大生产辅助系统,按照"高起点、高标准、高要求"和发展循环经济、立足自主创新的理念进行规划设计,在产品定位、厂址选择、工艺流程、设施配置、循环经济等方面均体现了21世纪国际先进水平。

首钢京唐钢铁厂项目可行性研究报告由北京首钢国际工程技术有限公司承担总体咨询、总体规划、总体设计,联合我国在规划研究、钢铁冶炼、供发电、港口运输领域一流技术水平的其他六家设计研究单位共同编制,是新中国成立以来我国钢铁项目可行性研究内容最全面、工作最深入的报告,体现了我国钢铁项目可行性研究的高水平,对我国钢铁工业结构调整、区域经济发展以及改善首都环境质量等方面具有重要意义。

中国国际工程咨询公司承担了该项目的可行性研究评估工作。

图A-17 首钢京唐钢铁厂

十八、北京工人体育场改造复建项目

北京工人体育场是新中国成立十周年大庆时北京著名的"十大建筑"之一,建成于1959年。2019年被确定为2023年亚洲杯北京承办场地、开幕式及决赛场地,北京市委市政府决定对工人体育场进行保护性改造复建,改造后总建筑面积约38.5万平方米,总座席约65000个。项目采取政府和社会资本合作(PPP)模式建设,复建后将在亚洲杯比赛时承担足球比赛任务。赛后将成为宝贵的遗产,成为引领消费升级的城市地标和活力中心,作为承载珍贵历史记忆和城市精神的重要载体展现全新风姿(图A-18)。

北京市工程咨询有限公司承担了项目申请报告、专项咨询(交通影响评价、水影响评价、节能报告、社会稳定风险评价、环境影响评价)、PPP咨询(财务模型构建、实施方案编制、PPP合同编制及谈判支持、合作伙伴的选择及谈判支持)、清单控制价编制、项目管理、招标代理等工程咨询工作,北京市首都规划设计工程咨询开发有限公司承担了项目的预可行性研究工作。

图A-18 北京工人体育场

十九、香山革命纪念馆项目

香山革命纪念馆位于北京市海淀区香山脚下，于2018年4月23日由中央批准建设，2019年国庆节前竣工并向公众开放。香山是中国共产党领导解放战争走向全国胜利、新民主主义革命取得伟大胜利的总指挥部，具有极为重要而特殊的历史地位。该项目是纪念中共中央香山革命实践历史的重大工程，是举办国家重大政治活动及开展爱国主义教育的重要基地（图A-19）。

香山革命纪念馆由清华大学建筑设计研究院有限公司规划设计，在设计理念上，尊重场地原有环境地貌，注重对香山历史文化的传承与树木的保护以及香山文脉延续与文化品质提升，形成建筑空间与自然环境的相互渗透。纪念馆建筑设计与陈列充分展示了香山革命历史，传播香山革命精神。

该项目是北京市首个采用全过程工程咨询服务模式的政府投资项目，采用咨询总包、设计总包和施工总包管理模式，对全过程工程咨询在北京市的落地和推广具有积极推动作用和借鉴意义。

北京国金管理咨询有限公司承担了该项目的全过程工程咨询。

项目获得中国建设工程鲁班奖（国家优质工程）、第十七届（2019年度）全国博物馆十大陈列展览精品奖（特别奖）。

图A-19　香山革命纪念馆

二十、北京中轴线历史风貌保护及魅力重现近期建设项目

北京中轴线作为统领城市规划建设的骨干，不仅串联了丰富的文保资源和历史街区，也体现了北京作为现代都市的发展成就，具有极高的历史文化价值。"系统规划实施魅力中轴线工程"是北京市"十二五"规划纲要提出的一项重大任务（图A-20）。

该项目从空间、时间、资源等多角度提出了"中轴线"近期建设项目的实施方案，具有较强的应用价值，研究成果为市发展改革委制定投资计划、资金筹措等提供了重要指导，对中轴线申遗以及中轴线的风貌保护和历史重现，起到了重要的规划指导作用。

北京市工程咨询有限公司承担了该项目的实施方案编制工作。

图A-20　北京中轴线

附录B 庆祝建党一百周年北京市工程咨询行业发展成就网上展览

为庆祝中国共产党百年华诞，回顾新中国成立特别是改革开放以来首都各项建设所取得的成就，反映北京市工程咨询行业为首都经济社会发展作出的重要贡献，广泛宣传北京市工程咨询机构在支撑首都投资决策科学化和推进城市建设与发展方面发挥的突出作用，北京市工程咨询协会于2021年7月1日隆重推出"庆祝建党一百周年北京市工程咨询行业发展成就网上展览"（以下简称"发展成就网上展览"）（表B）。

发展成就网上展览以北京市工程咨询协会网站、手机客户端为媒介，以具有广泛影响力的重大典型项目为载体，充分展现工程咨询机构在项目建设过程中发挥的独特作用，彰显为政府投资决策和项目建设的咨询服务能力，并搭建起会员单位宣传交流的平台。

发展成就网上展览由北京市工程咨询协会主办，北京市工程咨询有限公司和投资北京国际有限公司协办。集中展示了33家单位报送的近300个项目素材，分为"展示项目"和"参与单位"两种方式。展示项目按照精彩奥运、京津冀协同发展、对口支援和经济合作、社会事业、基础设施、生态环境、产业发展和城市更新八大类分别呈现，包括项目简介、项目图库、咨询服务介绍等内容，以及参与单位简介、宣传视频、所获荣誉及经典案例等内容。

奋斗百年路，启航新征程。北京市工程咨询机构将继续为国家和首都经济社会高质量发展贡献力量，发展成就网上展览亦进行永久展示，欢迎社会各界线上参观。

网址：http://www.bjeca.org.cn/100zn/

二维码

庆祝建党一百周年北京市工程咨询行业发展成就网上展览　　表B

序号	项目名称	服务内容	服务单位
一	精彩奥运		
（一）	2008年夏季奥运会		
1	国家体育场项目	项目咨询、评估咨询	北京市工程咨询有限公司
		项目咨询	北京城建设计发展集团股份有限公司
2	国家游泳中心项目	项目咨询、评估咨询	北京市工程咨询有限公司
3	五棵松体育馆项目	项目咨询	北京市工程咨询有限公司
		评估咨询	北京中设泛华工程咨询有限公司
4	北京奥运博物馆项目	项目咨询	北京市工程咨询有限公司
		评估咨询	北京京园诚得信工程管理有限公司
		评估咨询	北京国金管理咨询有限公司
5	老山自行车馆	阶段性及全过程工程咨询	青矩工程顾问有限公司
6	北京奥林匹克森林公园	设计咨询	北京市首都规划设计工程咨询开发有限公司
7	国家体育场主火炬天然气供气系统工程	设计咨询	北京市煤气热力工程设计院有限公司
8	北京奥运博物馆改造及展陈等工程项目评审	项目咨询	中国中元国际工程有限公司
9	2008年北京奥运会国奥村	项目咨询	北京城建设计发展集团股份有限公司
10	2008年北京奥运会柔道、跆拳道比赛馆（北京科技大学体育馆）	项目咨询	清华大学建筑设计研究院
11	2008年北京奥运会射击馆	项目咨询	清华大学建筑设计研究院
（二）	2022年冬季奥运会		
1	冬奥会北京市延庆赛区项目	项目咨询、评估咨询、专项课题研究、PPP全过程管理、招标代理、项目管理、监理等	北京市工程咨询有限公司
2	国家速滑馆项目	项目管理	北京市工程咨询有限公司
		项目咨询	北京国际工程咨询有限公司
		阶段性及全过程工程咨询	青矩工程顾问有限公司
3	崇礼区奥运基础设施建设项目	全过程项目管理	北京市工程咨询有限公司
4	冬奥遗产成果评估与总结	评估咨询	北京国际工程咨询有限公司
5	高山滑雪场地	评估咨询	北京双圆工程咨询监理有限公司
6	冬奥村（延庆）	评估咨询	北京双圆工程咨询监理有限公司
7	国家游泳中心改造	评估咨询	北京双圆工程咨询监理有限公司
		评估咨询	北京国际工程咨询有限公司

附录B　庆祝建党一百周年北京市工程咨询行业发展成就网上展览

续表

序号	项目名称	服务内容	服务单位
8	延崇高速公路（北京段）工程	评估咨询	北京市首都规划设计工程咨询开发有限公司
9	兴延高速公路（西六环路—主收费站段）	评估咨询	北京市首都规划设计工程咨询开发有限公司
10	冬奥会延庆赛区造雪引水及集中供水工程	项目咨询	北京市水利规划设计研究院
		规划咨询	北京市首都规划设计工程咨询开发有限公司
11	2022年冬奥会延庆赛区外围配套综合管廊工程	项目咨询	北京市水利规划设计研究院
		规划咨询	北京市首都规划设计工程咨询开发有限公司
12	冬奥会延庆赛区供水调查	规划咨询	北京市首都规划设计工程咨询开发有限公司
13	轨道交通11号线西段（冬奥支线）规划设计咨询	阶段性及全过程工程咨询	北京市首都规划设计工程咨询开发有限公司
14	国家体育馆2022冬奥改建项目	项目咨询	中冶京诚工程技术有限公司
15	国家游泳中心冬奥会冰壶场馆改造项目	项目咨询	北京中设泛华工程咨询有限公司
16	冬奥延庆赛区冰雪产业配套项目	项目咨询	北京中安兴业工程管理有限公司
二	**京津冀协同发展**		
（一）	雄安新区		
1	北京市支持河北雄安新区建设医院项目	项目管理	北京市工程咨询有限公司
2	雄安宣武医院（新区投资部分）项目	项目管理	北京市工程咨询有限公司
3	雄安新区K1快速路（一期）项目	评估咨询	北京市工程咨询有限公司
4	"雄安城市数字之眼"雄安城市计算（超算云）中心	阶段性及全过程工程咨询	青矩工程顾问有限公司
5	雄安郊野公园	阶段性及全过程工程咨询	青矩工程顾问有限公司
6	雄安新区投融资专题研究报告	阶段性及全过程工程咨询	中咨海外咨询有限公司
7	雄安新区启动区供热（冷）工程	项目咨询	北京优奈特能源工程技术有限公司
8	雄安新区棚户区改造东片区安居工程	项目咨询	北京市市政工程设计研究总院
9	雄县第三高级中学	阶段性及全过程工程咨询	北京赛瑞斯国际工程咨询有限公司
10	容东片区G组团安置房项目一标段	阶段性及全过程工程咨询	北京赛瑞斯国际工程咨询有限公司
11	容东片区2号地（XARD-0051宗地）房屋建筑及配套设施项目	阶段性及全过程工程咨询	北京赛瑞斯国际工程咨询有限公司

续表

序号	项目名称	服务内容	服务单位
12	雄安新区至北京大兴国际机场快线项目	阶段性及全过程工程咨询	北京赛瑞斯国际工程咨询有限公司
(二)	城市副中心		
1	通州·北京城市副中心水环境治理PPP建设项目	全过程项目管理	北京市工程咨询有限公司
2	北京城市副中职工周转房（北区）项目	全过程造价咨询	北京市工程咨询有限公司
3	京津冀智能制造产业分工与布局研究	项目咨询	北京国际工程咨询有限公司
4	北京顺鑫"鑫视野"农业科技产业园区总体规划	规划咨询	北京市农林科学院
5	北京市通州区国际种业科技园区建设规划（2014-2020年）	规划咨询	北京市农林科学院
6	首都经济圈发展战略研	规划咨询	投资北京国际有限公司
7	发挥首都核心作用建设京津冀世界级城市群路径研究	规划咨询	投资北京国际有限公司
8	北京城市副中心"通州堰"系列分洪体系	阶段性及全过程工程咨询	北京市水利规划设计研究院
9	首都博物馆东馆	阶段性及全过程工程咨询	北京赛瑞斯国际工程咨询有限公司
(三)	区域协同发展		
1	京雄高速公路（北京段）工程	项目咨询	北京市工程咨询有限公司
2	京津冀协同发展系列研究	规划咨询、规划评估、课题研究	北京市工程咨询有限公司
3	"十四五"时期深入推动京津冀协同发展重点领域问题研究	规划咨询	投资北京国际有限公司
4	延庆镇区域产业融合发展总体规划及设计	规划咨询	北京市农林科学院
5	河北省赤城县现代农业产业园规划设计	规划咨询	北京市农林科学院
6	北京至雄安新区高速公路（河北段）	阶段性及全过程工程咨询	青矩工程顾问有限公司
7	京雄城际铁路	阶段性及全过程工程咨询	青矩工程顾问有限公司
8	天津市滨海新区种养循环现代生态农业产业园总体规划	规划咨询	北京市农林科学院
9	河北省阜平县种鸽厂建设项目可行性研究报告及建设方案	项目咨询	北京市农林科学院
10	涿州—房山供热工程输热主干线项目	评估咨询	北京市首都规划设计工程咨询开发有限公司

续表

序号	项目名称	服务内容	服务单位
11	城际铁路联络线	规划咨询	北京市首都规划设计工程咨询开发有限公司
12	丰台站改建工程	阶段性及全过程工程咨询	北京市首都规划设计工程咨询开发有限公司
13	北京城市副中心站枢纽工程	阶段性及全过程工程咨询	北京市首都规划设计工程咨询开发有限公司
14	京津冀产业承接重点平台有关情况调查研究	规划咨询	投资北京国际有限公司
15	北京大兴国际机场服务于京津冀世界级城市群发展有关问题研究	规划咨询	投资北京国际有限公司
16	涿州—房山供热管网工程	阶段性及全过程工程咨询	中冶京诚工程技术有限公司
17	北京新机场能源综合利用研究报告	项目咨询	中国中元国际工程有限公司
18	中国医学科学院雄安国家医学中心可行性研究报告	项目咨询	中国中元国际工程有限公司
19	天津航空口岸大通关基地	项目咨询	中国中元国际工程有限公司
三	对口支援和经济合作		
(一)	拉萨		
1	援建拉萨项目综合咨询	规划咨询、项目咨询、评估咨询、招标代理	北京市工程咨询有限公司
2	援建拉萨重点项目工程监理	工程监理	北京市工程咨询有限公司
3	拉萨市万亩设施农业产业发展总体规划设计	规划咨询	北京市农林科学院
4	《拉萨市城市供热规划（2012-2020年）》	规划咨询	北京市煤气热力工程设计院有限公司
(二)	和田		
1	和田援建"交钥匙工程"全过程项目管理	全过程项目管理	北京市工程咨询有限公司
2	和田援建项目前期综合咨询	规划咨询、项目咨询、评估咨询	北京市工程咨询有限公司
3	洛浦县桃产业发展总体规划设计	规划咨询、项目咨询、评估咨询	北京市农林科学院
4	新疆和田国家农业科技园区"先导区"规划设计方案	项目咨询	北京市农林科学院
(三)	什邡		
1	援建什邡项目综合咨询	规划咨询、项目咨询、评估咨询	北京市工程咨询有限公司

续表

序号	项目名称	服务内容	服务单位
2	什邡市人民医院（川北医学院附属医院）	评估咨询	北京双圆工程咨询监理有限公司
（四）	玉树		
1	援建玉树项目规划咨询及项目咨询	规划咨询、项目咨询	北京市工程咨询有限公司
（五）	其他地区		
1	北京市（丰台区、石景山区、顺义区）扶贫协作和支援合作项目	全过程管理咨询	北京市工程咨询有限公司
2	石河子开发区化工新材料产业园天富发电厂一期2×660兆瓦工程配套厂外热网工程	设计咨询	北京市煤气热力工程设计院有限公司
3	援白俄罗斯国际标准游泳馆项目	项目咨询	中国中元国际工程有限公司
4	援柬埔寨教育环境与设施改善项目	项目咨询	中国中元国际工程有限公司
5	援桑给巴尔阿布杜拉·姆才医院升级改造项目	项目咨询	中国中元国际工程有限公司
四	社会事业		
（一）	卫生		
1	北京天坛医院迁建项目	评估咨询、项目代建管理	北京市工程咨询有限公司
2	北京生物医药疫苗车间	阶段性及全过程工程咨询	青矩工程顾问有限公司
3	北京首都医科大学附属友谊医院顺义院区项目	评估咨询	中冶京诚工程技术有限公司
4	中国疾病预防中心（一期）	项目咨询	中国中元国际工程有限公司
5	中国疾病预防控制中心二期工程	项目咨询	中国中元国际工程有限公司
6	北京协和医院干部医疗保健基地项目	项目咨询	中国中元国际工程有限公司
7	海南潮滩湾国际医院	项目咨询	中国中元国际工程有限公司
8	四川大学华西医院锦江院区	项目咨询	中国中元国际工程有限公司
9	云南省滇西区域医疗中心建设项目	项目咨询	中国中元国际工程有限公司
10	转化医学国家重大科技基础设施项目	项目咨询	中国中元国际工程有限公司
11	北京卫生职业学院新院区建设项目	阶段性及全过程工程咨询	北京赛瑞斯国际工程咨询有限公司
（二）	教育		
1	北京学校项目	项目咨询	北京市工程咨询有限公司

续表

序号	项目名称	服务内容	服务单位
2	北京电影学院怀柔新校区	评估咨询	中建精诚工程咨询有限公司
3	北京电影学院怀柔新校区一期工程	评估咨询	中冶京诚工程技术有限公司
4	中央民族大学新校区建设项目	项目咨询	中国中元国际工程有限公司
5	中国科学院研究生院新园区建设工程项目	项目咨询	中国中元国际工程有限公司
6	北京信息科技大学新校区建设工程	阶段性及全过程工程咨询	北京赛瑞斯国际工程咨询有限公司
7	清华大学新土木馆工程	阶段性及全过程工程咨询	北京赛瑞斯国际工程咨询有限公司
8	北京师范大学	项目咨询	北京城建设计发展集团股份有限公司
9	中科院怀柔校区	项目咨询	北京城建设计发展集团股份有限公司
10	清华大学专家公寓	项目咨询	清华大学建筑设计研究院
(三)	文化		
1	推进全国文化中心建设相关项目	规划咨询、课题研究	北京市工程咨询有限公司
2	首都博物馆新馆项目	项目咨询、评估咨询	北京市工程咨询有限公司
		评估咨询	北京国金管理咨询有限公司
3	"北京当代代表性建筑"招标代理	招标代理	北京市工程咨询有限公司
4	国庆70周年群众游行彩车项目	全过程造价咨询	北京市工程咨询有限公司
5	创新三维可视化国家博物馆	阶段性及全过程工程咨询	青矩工程顾问有限公司
6	北京电视台	阶段性及全过程工程咨询	青矩工程顾问有限公司
7	北京市公共文化设施运营效能研究	规划咨询	北京国际工程咨询有限公司
8	城市副中心图书馆建设工程	评估咨询	北京国金管理咨询有限公司
9	西藏三大重点文物保护工程	项目咨询	中国中元国际工程有限公司
10	国家图书馆二期工程暨国家数字图书馆基础工程	项目咨询	中国中元国际工程有限公司
11	北京自然博物馆扩建工程项目	评估咨询	中国中元国际工程有限公司
12	国家图书馆国家文献战略储备库建设工程项目	项目咨询	中国中元国际工程有限公司
13	世园会一期YQ-00-0300-0004等地块建设项目管理	阶段性及全过程工程咨询	北京赛瑞斯国际工程咨询有限公司
14	北昆国际文化艺术中心项目	阶段性及全过程工程咨询	北京赛瑞斯国际工程咨询有限公司
15	故宫博物院北院区项目	评估咨询	中建精诚工程咨询有限公司
(四)	科技		
1	空间科学与应用技术实验研究平台项目	项目咨询	北京市工程咨询有限公司

续表

序号	项目名称	服务内容	服务单位
2	公共安全视频监控建设联网应用工程	前期咨询、项目管理	北京市工程咨询有限公司
3	中冶京诚高科技产业园项目	项目咨询	中冶京诚工程技术有限公司
4	国电新能源技术研究院工程	阶段性及全过程工程咨询	中冶京诚工程技术有限公司
5	中国石油科技创新基地（A-29地块）能源中心项目	设计咨询	北京市煤气热力工程设计院有限公司
6	城市管道燃气行业运行成本构成及气价调整机制研究	课题研究	北京市煤气热力工程设计院有限公司
7	中国科学院国家天文台500米口径球面射电望远镜（FAST）	阶段性及全过程工程咨询	中国中元国际工程有限公司
8	综合极端条件实验装置	项目咨询	中国中元国际工程有限公司
9	极地科学考察破冰船	项目咨询	中国中元国际工程有限公司
10	大型地震工程模拟研究设施	项目咨询	中国中元国际工程有限公司
11	地球系统数值模拟装置项目建议书	项目咨询	中国中元国际工程有限公司
12	金隅·曹妃甸协同发展示范产业园发展规划	规划咨询	中国中元国际工程有限公司
13	精密重力测量研究设施项目	项目咨询	中国中元国际工程有限公司
14	清华大学极深地下极低辐射本底前沿物理实验设施	项目咨询	中国中元国际工程有限公司
15	中国科学院"十三五"科教基础设施合肥综合性国家科学中心协同创新交叉研究平台	项目咨询	中元国际投资咨询中心有限公司
16	国家电网电力科技馆综合楼	项目咨询	清华大学建筑设计研究院
17	清华科技园科技大厦	项目咨询	清华大学建筑设计研究院
18	北京煤矿机械厂液压支架国产化国债技术改造项目	项目咨询	中国中元国际工程有限公司
（五）	体育		
1	北京工人体育场改造复建项目	项目咨询、评估咨询、项目管理、招标代理等	北京市工程咨询有限公司
2	北京市绿道建设工程	项目咨询、评估咨询	北京市工程咨询有限公司
五	基础设施		
（一）	城市道路及公路		
1	北京市重大基础设施系列发展五年规划	规划咨询、课题研究	北京市工程咨询有限公司
2	京唐城际铁路	规划咨询	北京市首都规划设计工程咨询开发有限公司

续表

序号	项目名称	服务内容	服务单位
3	京雄高速公路（北京段）工程初步设计评审	评估咨询	北京市首都规划设计工程咨询开发有限公司
4	京雄高速公路（北京段）工程项目建议书	项目咨询	北京市市政工程设计研究总院
5	北京市国家公路网命名编号调整	评估咨询	北京中咨路捷工程技术咨询有限公司
6	国道110（昌平德胜口—延庆下营段）改建工程	项目咨询	北京国道通公路设计研究院股份有限公司
7	京密路（太阳宫北街—机场南线）道路工程	评估咨询	北京市首都规划设计工程咨询开发有限公司
8	北京市通州文化旅游区九棵树中路等8条道	评估咨询	北京市首都规划设计工程咨询开发有限公司
9	北京市昌平区定泗路（生命科学园东路—伊水花园东路）	评估咨询	北京市首都规划设计工程咨询开发有限公司
10	北京经济技术开发区街道空间规划设计导则	规划咨询	北京市首都规划设计工程咨询开发有限公司
11	顺义区公交线路调整及公交场站布局规划研究	规划咨询	北京市首都规划设计工程咨询开发有限公司
12	大兴区道路及市政基础设施规划建设实施评估及对策研究	规划咨询	北京市首都规划设计工程咨询开发有限公司
13	中国北京农业生态谷道路网规划方案	规划咨询	北京市首都规划设计工程咨询开发有限公司
14	昌平区定泗路（生命科学园东路—伊水花园东路）改扩建工程	评估咨询	中冶京诚工程技术有限公司
15	通马路（京哈高速公路—京津高速公路）道路工程	评估咨询	中冶京诚工程技术有限公司
16	通州新城颐瑞东路（东六环西侧路—万盛南街）道路工程	评估咨询	中冶京诚工程技术有限公司
17	北京南中轴大容量快速公交线路示范工程	项目咨询	北京市市政工程设计研究总院有限公司
（二）	轨道交通及市郊铁路		
1	北京市市郊铁路发展机制研究	课题研究	北京市工程咨询有限公司
2	北京市轨道交通项目	项目咨询、评估咨询、课题研究、招标代理、工程监理等	北京市工程咨询有限公司
3	市郊铁路项目	项目咨询、专项课题研究	北京市工程咨询有限公司
4	大兴区京雄城际铁路相交道路下凹式立交桥防涝规划	规划咨询	北京市首都规划设计工程咨询开发有限公司

续表

序号	项目名称	服务内容	服务单位
5	北京轨道交通22号线（平谷线）工程	评估咨询	北京市首都规划设计工程咨询开发有限公司
6	轨道交通28号线（CBD线）工程	评估咨询	北京市首都规划设计工程咨询开发有限公司
		评估咨询	北京京园诚得信工程管理有限公司
7	北京市郊铁路亦庄线工程	项目咨询	北京市市政工程设计研究总院
8	轨道交通19号线	项目咨询	中国中元国际工程有限公司
9	丰台火车站	阶段性及全过程工程咨询	北京赛瑞斯国际工程咨询有限公司
10	北京市中低速磁浮交通示范线（S1线）工程	阶段性及全过程工程咨询	北京赛瑞斯国际工程咨询有限公司
11	对标国际先进水平的轨道交通标准规范研究	项目咨询	北京城建设计发展集团股份有限公司
12	北京地方标准《有轨电车工程设计规范》DB11/T 1707-2019	项目咨询	北京城建设计发展集团股份有限公司
13	北京市城市轨道交通第二期建设规划调整	项目咨询	北京城建设计发展集团股份有限公司
（三）	机场		
1	北京大兴国际机场前期规划及课题研究	规划咨询、项目选址研究、项目咨询、课题研究等	北京市工程咨询有限公司
2	首都机场T3航站楼消防问题分析报告	项目咨询	中国中元国际工程有限公司
3	新机场北线（京开高速—京台高速）高速公路	项目咨询	北京国道通公路设计研究院股份有限公司
		评估咨询	北京市首都规划设计工程咨询开发有限公司
4	大兴国际机场北线高速公路西延及东延工程	评估咨询	北京市首都规划设计工程咨询开发有限公司
5	北京大兴国际机场	全过程造价咨询	青矩工程顾问有限公司
6	北京新机场快线	评估咨询	北京市轨道交通设计研究院有限公司
7	北京首都机场国家级临空经济示范区总体方案编制	规划咨询	投资北京国际有限公司
8	轨道交通新机场线一期	评估咨询	中冶京诚工程技术有限公司
9	北京新机场口岸非现场设施项目	阶段性及全过程工程咨询	北京赛瑞斯国际工程咨询有限公司
（四）	交通枢纽		
1	北京市综合交通枢纽规划若干重大问题研究	规划咨询、规划评估、课题研究	北京市工程咨询有限公司
2	综合交通枢纽项目	评估咨询、系列课题研究	北京市工程咨询有限公司

续表

序号	项目名称	服务内容	服务单位
3	京张高铁	规划咨询	北京市首都规划设计工程咨询开发有限公司
4	徐尹路潮白河特大桥	项目咨询	北京国道通公路设计研究院股份有限公司
5	朝阳站（原星火站）交通枢纽项目	项目咨询	中冶京诚工程技术有限公司
6	北京朝阳站交通枢纽及配套工程	项目咨询	北京中设泛华工程咨询有限公司
7	西直门交通枢纽综合改造工程	项目咨询	中国中元国际工程有限公司
8	横琴口岸及综合交通枢纽开发工程	可行性研究报告及设计总包	中国中元国际工程有限公司
9	宋家庄交通枢纽	项目咨询	北京城建设计发展集团股份有限公司
10	北京动物园公交枢纽	项目咨询	北京城建设计发展集团股份有限公司
11	北京西苑交通枢纽	项目咨询	北京城建设计发展集团股份有限公司
12	苹果园综合交通枢纽工程	项目咨询	北京城建设计发展集团股份有限公司
（五）	综合管廊		
1	北京市综合管廊有偿使用测算相关研究	课题研究	北京市工程咨询有限公司
2	畅和西路（兆善大街—潞阳大街）综合管廊项目	项目咨询	北京赛瑞斯国际工程咨询有限公司
3	CBD核心区地下公共空间市政综合管廊工程	评估咨询	北京市首都规划设计工程咨询开发有限公司
4	通州文化旅游区综合管廊工程	规划咨询	北京市首都规划设计工程咨询开发有限公司
（六）	能源设施		
1	南水北调来水调入密云水库调蓄工程	评估咨询	北京市工程咨询有限公司
2	通州区河东5号调峰热源工程	项目咨询	中国中元国际工程有限公司
3	青岛高新热电有限公司燃气—蒸汽联合循环冷热电联产项目	项目咨询	中国中元国际工程有限公司
4	北京通州运河核心区区域能源系统建设项目能源中心工程	项目咨询	国家电投集团综合智慧能源科技有限公司
5	北京城市副中心行政办公区6号能源站工程	项目咨询	北京优奈特能源工程技术有限公司
6	北京市南水北调配套工程亦庄调节池工程模型试验研究	项目管理	北京市水科学技术研究院
7	北京京城惠通环保有限公司沼气发电项目	评估咨询	北京优奈特能源工程技术有限公司

续表

序号	项目名称	服务内容	服务单位
8	北京丽泽金融商务区智慧清洁能源系统供热管网工程	阶段性及全过程工程咨询	中冶京诚工程技术有限公司
9	房山区循环经济产业园项目	阶段性及全过程工程咨询	中冶京诚工程技术有限公司
10	北京市通州区再生能源发电厂社会稳定风险分析	评估咨询	北京市首都规划设计工程咨询开发有限公司
11	南水北调京石段应急供水工程（北京段）总干渠	阶段性及全过程工程咨询	北京市水利规划设计研究院
12	北京市南水北调工程后续规划	规划咨询	北京市水利规划设计研究院
13	北京市南水北调配套工程河西支线工程	阶段性及全过程工程咨询	北京市水利规划设计研究院
14	亦庄调节池扩建工程	阶段性及全过程工程咨询	北京市水利规划设计研究院
15	南水北调配套工程——南干渠工程	项目咨询	中冶京诚工程技术有限公司
16	新形势下首都综合能源运行保障方案	课题研究	北京市煤气热力工程设计院有限公司
17	北京市天然气利用系统工程	规划咨询、项目咨询、工程设计等	北京市煤气热力工程设计院有限公司
18	北京市六环路天然气工程（一期）	设计咨询	北京市煤气热力工程设计院有限公司
19	西集天然气门站及LCNG储配站工程（西集LNG储配站）	设计咨询	北京市煤气热力工程设计院有限公司
20	北京高碑店热电厂市内供热管网工程	设计咨询	北京市煤气热力工程设计院有限公司
六	生态环境		
（一）	区域综合治理		
1	京津风沙源治理工程	项目咨询、评估咨询、项目管理、造价咨询、招标服务	北京市工程咨询有限公司
2	北京市百万亩造林工程	评估咨询、项目管理、造价咨询、招标服务	北京市工程咨询有限公司
3	新城滨河森林公园项目	评估咨询、全过程监管、招标代理等	北京市工程咨询有限公司
4	通州区公厕革命项目	阶段性及全过程工程咨询	中冶京诚工程技术有限公司
5	丰台火车站周边区域防洪排涝规划研究	规划咨询	北京市首都规划设计工程咨询开发有限公司
6	规划G109高速公路（北京段）防洪及沿线相关河道、山洪沟规划	规划咨询	北京市首都规划设计工程咨询开发有限公司

续表

序号	项目名称	服务内容	服务单位
7	大兴区新凤河流域水环境综合治理工程PPP项目	规划咨询	北京市首都规划设计工程咨询开发有限公司
(二)	水务环境		
1	北京市河长制"一河一策"实施方案编制	规划咨询	北京市水科学技术研究院
2	城市流域洪水过程模拟与防洪调度系统研究	项目咨询	北京市水科学技术研究院
3	顺义新城温榆河水资源利用工程受水区地下水动态及水质变化规律研究	评估咨询	北京市水科学技术研究院
4	丰台区海绵城市专项规划	规划咨询	北京市首都规划设计工程咨询开发有限公司
5	朝阳区海绵城市专项规划	规划咨询	北京市首都规划设计工程咨询开发有限公司
6	天堂河（京开高速公路-市界）治理工程规划	规划咨询	北京市首都规划设计工程咨询开发有限公司
7	门头沟区河湖管理保护范围划定（第一部分）	规划咨询	北京市首都规划设计工程咨询开发有限公司
(三)	污水处理		
1	槐房再生水厂项目	工程监理	北京市工程咨询有限公司
2	北京清河污水处理厂再生水回用工程	项目咨询	中国中元国际工程有限公司
3	凤河治理工程污水截流工程规划方案	规划咨询	北京市首都规划设计工程咨询开发有限公司
4	北京市小红门再生水厂及再生水利用工程	规划咨询	北京市首都规划设计工程咨询开发有限公司
5	妙峰山镇污水处理厂可行性研究报告项目	项目咨询	北京国环清华环境工程设计研究院
6	清河再生水厂二期及再生水利用工程项目	项目咨询	北京市市政工程设计研究总院
7	未来科技城再生水厂一期工程	项目咨询	北京市市政工程设计研究总院
(四)	垃圾处理		
1	阿苏卫循环经济园项目	项目咨询、评估咨询、招标代理	北京市工程咨询有限公司
2	大兴区各镇生活垃圾转运站及环卫停车场项目规划综合实施方案	规划咨询	北京市首都规划设计工程咨询开发有限公司
3	北京阿苏卫生活垃圾焚烧厂项目	项目咨询	中国中元国际工程有限公司

续表

序号	项目名称	服务内容	服务单位
（五）	园林绿化		
1	城市绿心园林绿化建设工程	项目咨询、造价咨询	北京市工程咨询有限公司
2	顺义区舞彩浅山郊野公园一期建设工程	项目管理服务	北京市工程咨询有限公司
3	第九届中国（北京）国际园林博览会园区绿化景观及相关设施建设项目	项目咨询、评估咨询、招标代理、项目全过程管理	北京市工程咨询有限公司
		项目咨询	中国中元国际工程有限公司
4	2017-2020年通州区园林绿化重点工程建设项目	项目管理咨询服务	北京市工程咨询有限公司
5	雄安郊野公园	造价咨询	中咨海外咨询有限公司
6	未来科技城滨水公园项目	评估咨询	中建精诚工程咨询有限公司
7	北京市通州区国家森林城市建设总体规划（2018-2035年）	规划咨询	北京中森国际工程咨询有限责任公司
8	沙河湿地公园项目建议书和可行性研究报告的编制	项目咨询	北京国环清华环境工程设计研究院
（六）	河道流域治理		
1	温榆河公园建设工程	项目咨询、评估咨询、全过程项目管理	北京市工程咨询有限公司
2	永定河生态流域综合治理咨询服务	规划咨询	中咨海外咨询有限公司
3	永定河综合治理与生态修复工程	项目咨询	北京金准咨询有限责任公司
七	产业发展		
（一）	科技创新		
1	空地一体环境感知与智能响应研究平台项目	评估咨询	北京市工程咨询有限公司
2	怀柔科学城建设项目	课题研究	北京市工程咨询有限公司
		项目咨询、项目管理及延伸服务	北京市工程咨询有限公司
3	北京奔驰汽车有限公司新建发动机工厂	项目咨询	北京国际工程咨询有限公司
4	北京市"十二五"时期新能源和可再生能源发展规划	规划咨询	北京国际工程咨询有限公司
5	轻元素量子材料交叉平台	阶段性及全过程工程咨询	北京赛瑞斯国际工程咨询有限公司
6	北京激光加速创新中心	阶段性及全过程工程咨询	北京赛瑞斯国际工程咨询有限公司
7	北京未来科学城智慧城市运行服务中心（IOC）项目	阶段性及全过程工程咨询	北京赛瑞斯国际工程咨询有限公司

续表

序号	项目名称	服务内容	服务单位
（二）	文化旅游		
1	北京环球影城主题公园项目	前期综合咨询、评估咨询、专项课题研究	北京市工程咨询有限公司
2	2020年度北京市级文化产业园区认定审核项目	文化产业政策研究、镇域产业项目策划	北京市工程咨询有限公司
	通州区台湖镇国民经济和社会发展第十四个五年规划纲要	规划咨询	北京市工程咨询有限公司
	"十四五"时期怀柔区打造国际一流的中国影都行动计划	规划咨询	北京市工程咨询有限公司
	"十四五"时期怀柔区文化和旅游创新融合发展行动计划	规划咨询	北京市工程咨询有限公司
	延庆区战略性产业项目策划课题	文化产业政策研究、镇域产业项目策划	北京市工程咨询有限公司
（三）	产业集聚		
1	打造新首钢地区新时代首都城市复兴新地标系列研究	课题研究	北京市工程咨询有限公司
2	首都工业转型升级和布局优化规律研究	规划咨询	北京国际工程咨询有限公司
3	首钢京唐钢铁厂项目	规划咨询	北京首钢国际工程技术有限公司
4	中国航信顺义高科技产业园区建设项目	可行性研究报告及设计总包	中国中元国际工程有限公司
（四）	规划策划		
1	北京市国资国企"十四五"发展规划编制	规划咨询	北京市工程咨询有限公司
2	北汽集团北京小镇项目选址及策划方案	规划咨询	北京国际工程咨询有限公司
八	城市更新		
（一）	古都风貌		
1	北京市中轴线历史风貌保护及魅力重现近期建设项目	项目咨询	北京市工程咨询有限公司
2	故宫古建筑群修缮项目	工程监理	北京市工程咨询有限公司
3	故宫宝蕴楼修缮项目	工程监理	北京市工程咨询有限公司
4	爨底下古建筑群修缮项目	工程监理	北京市工程咨询有限公司
5	城墙修缮项目	工程监理	北京市工程咨询有限公司
6	先农坛古建筑群修缮项目	工程监理	北京市工程咨询有限公司
7	颐和园景区修缮项目	工程监理	北京市工程咨询有限公司

续表

序号	项目名称	服务内容	服务单位
8	圆明园遗址公园项目	工程监理	北京市工程咨询有限公司
9	香山革命纪念馆	项目咨询	清华大学建筑设计研究院
10	中国美术馆改造装修工程	项目咨询	清华大学建筑设计研究院
(二)	古都风貌		
1	大栅栏珠粮街区改造提升项目	评估咨询	北京国金管理咨询有限公司
2	首钢老工业区更新改造审批模式研究	规划咨询	投资北京国际有限公司
3	石景山区巴威-北锅、北重西厂项目城市更新下的统筹利用方案	项目咨询	北京市首都规划设计工程咨询开发有限公司
4	石景山区西黄新村南里1号院改造项目规划综合实施方案	项目咨询	北京市首都规划设计工程咨询开发有限公司
(三)	民生改善		
1	北京市棚户区改造和环境整治项目	项目咨询、课题研究等	北京市工程咨询有限公司
2	压减燃煤助力北京蓝天	专题研究、评估咨询	北京市工程咨询有限公司
3	城市老旧小区管线综合改造	项目咨询、设计咨询、建设咨询	北京市工程咨询有限公司
4	昌平回龙观至海淀上地自行车专用路工程	评估咨询	北京市工程咨询有限公司
5	疏解腾退空间承载高端产业要素支持政策研究	规划咨询	北京国际工程咨询有限公司
6	老旧厂房拓展文化空间政策落地服务项目	规划咨询	投资北京国际有限公司
7	丰台区2018年老旧小区综合整治项目	全过程造价咨询	中冶京诚工程技术有限公司
8	钟鼓楼周边院落申请式退租及恢复性修建项目	评估咨询	中冶京诚工程技术有限公司
9	2020年东城区东四地区3栋直管公房简易楼解危排险腾退和环境改善项目	评估咨询	中冶京诚工程技术有限公司
10	北京市中心城区简易楼改造模式分析研究	规划咨询	北京市首都规划设计工程咨询开发有限公司
11	北京职工体育服务中心工体场馆更新改造	评估咨询	北京市首都规划设计工程咨询开发有限公司
12	海淀区田村山(西郊砂石厂西地块)保障性住房(配建商品房及公建)项目	规划咨询	北京建都设计研究院有限责任公司
13	长安复线热力工程	设计咨询	北京市煤气热力工程设计院有限公司

附录C 北京市工程咨询协会会员单位名录

北京市工程咨询协会会员单位名录　　　　　　　　　　　　　　表C

序号	单位名称
1	北京市工程咨询有限公司
2	北京国金管理咨询有限公司
3	北京市勘察设计研究院有限公司
4	中铁第五勘察设计院集团有限公司
5	青矩工程顾问有限公司
6	北京国际工程咨询有限公司
7	中冶京诚工程技术有限公司
8	中经国际投资咨询有限责任公司
9	中国中元国际工程有限公司
10	北京市水利规划设计研究院
11	国核电力规划设计研究院有限公司
12	中国移动通信集团设计院有限公司
13	中国电力工程顾问集团华北电力设计院有限公司
14	北京城建设计发展集团股份有限公司
15	北京市市政工程设计研究总院有限公司
16	国信国际工程咨询集团股份有限公司
17	北京北咨工程项目管理咨询有限公司
18	北京市农林科学院
19	北京市宾克工程咨询股份有限公司
20	北京市热力工程设计院有限责任公司
21	北京中设泛华工程咨询有限公司
22	北京国道通公路设计研究院股份有限公司
23	北京市煤气热力工程设计院有限公司
24	投资北京国际有限公司

续表

序号	单位名称
25	北京市市政专业设计院股份公司
26	北京优奈特能源工程技术有限公司
27	中德华建（北京）国际工程技术有限公司
28	北京城建勘测设计研究院有限责任公司
29	北京双圆工程咨询监理有限公司
30	北京赛瑞斯国际工程咨询有限公司
31	中国航空规划设计研究总院有限公司
32	北京首钢国际工程技术有限公司
33	北京逸群工程咨询有限公司
34	建银工程咨询有限责任公司
35	中咨海外咨询有限公司
36	北京首建项目管理有限公司
37	北京建都设计研究院有限责任公司
38	北京东方华智石油工程有限公司
39	北京时代鼎典工程咨询有限公司
40	北京中安兴业工程管理有限公司
41	中讯邮电咨询设计院有限公司
42	北京国环清华环境工程设计研究院有限公司
43	北京节能环保中心
44	中和德汇工程技术有限公司
45	北京国融工发投资管理有限公司
46	国信兴业国际工程咨询有限公司
47	北京北咨信息工程咨询有限公司
48	北京市水科学技术研究院
49	北京市首都规划设计工程咨询开发有限公司
50	北京中联环工程股份有限公司
51	北京市建筑设计研究院有限公司
52	北京中交京华公路工程技术有限公司
53	达华工程管理（集团）有限公司
54	中国地铁工程咨询有限责任公司
55	北京市公用工程设计监理有限公司
56	北京峡光经济技术咨询有限责任公司
57	北京国庄国际经济技术咨询有限公司

续表

序号	单位名称
58	中铁通信信号勘测设计院有限公司
59	北京中昌工程咨询有限公司
60	北京环境工程技术有限公司
61	北京求实工程管理有限公司
62	中元国际投资咨询中心有限公司
63	北京大岳咨询有限责任公司
64	中交公路规划设计院有限公司
65	北京城市轨道交通咨询有限公司
66	北京市建壮咨询有限公司
67	清华大学建筑设计研究院有限公司
68	中国环境科学研究院
69	北京金准咨询有限责任公司
70	中铁华铁工程设计集团有限公司
71	中节能咨询有限公司
72	中国城市发展规划设计咨询有限公司
73	中国国际经济咨询有限公司
74	中国通信建设集团设计院有限公司
75	中国电力建设工程咨询有限公司
76	北京华协交通咨询公司
77	北京石油化工工程有限公司
78	中国城市建设研究院有限公司
79	中建精诚工程咨询有限公司
80	中国城市规划设计研究院
81	北京中交华安科技有限公司
82	北京东方畅想建筑设计有限公司
83	交科院科技集团有限公司
84	矿冶科技集团有限公司
85	中国石化咨询有限责任公司
86	中国民航机场建设集团有限公司
87	中投咨询有限公司
88	中国电子工程设计院有限公司
89	交通运输部规划研究院
90	中国公路工程咨询集团有限公司

续表

序号	单位名称
91	北京特希达交通勘察设计院有限公司
92	北京华融路通工程咨询有限公司
93	北京华灵四方投资咨询有限责任公司
94	北京华麒通信科技有限公司
95	北京中金万瑞工程咨询有限公司
96	北京金航诚规划设计有限公司
97	北京计鹏信息咨询有限公司
98	北京东方华太工程咨询有限公司
99	北京国环通工程咨询有限公司
100	北京永达信工程咨询有限公司
101	江河水利开发中心有限责任公司
102	普天信息工程设计服务有限公司
103	北京京园诚得信工程管理有限公司
104	北京中咨路捷工程技术咨询有限公司
105	北京金电联供用电咨询有限公司
106	北京国际招标有限公司
107	中化化工科学技术研究总院有限公司
108	中化岩土工程股份有限公司
109	北京中天恒达工程咨询有限责任公司
110	北京中保天和信息科技有限公司
111	北京海策工程咨询有限公司
112	北京电信规划设计院有限公司
113	北京建达道桥咨询有限公司
114	京水江河（北京）工程咨询有限公司
115	北京华盛中天咨询有限责任公司
116	立信中德勤（北京）工程咨询有限公司
117	北京永新环保有限公司
118	北京市工业设计研究院有限公司
119	华诚博远工程咨询有限公司
120	航天长征化学工程股份有限公司
121	北京希地环球建设工程顾问有限公司
122	中国国际工程咨询有限公司
123	中化商务有限公司

续表

序号	单位名称
124	中兴华咨(北京)房地产评估工程咨询有限公司
125	北京市城市管理研究院
126	北京圆之翰工程技术有限公司
127	天佑京铁工程咨询有限公司
128	北京京咨咨询有限公司
129	北京东冉电力工程有限公司
130	北京中森国际工程咨询有限责任公司
131	北京燕山玉龙石化工程股份有限公司
132	中科合成油工程股份有限公司
133	北京国文琰文化遗产保护中心有限公司
134	北京肯思捷信息系统咨询有限公司
135	华龙国际核电技术有限公司
136	中核工程咨询有限公司
137	华泰永创(北京)科技股份有限公司
138	中交综合规划设计院有限公司
139	北京华银科技集团有限公司
140	华杰工程咨询有限公司
141	京延工程咨询有限公司
142	北京鑫科工程管理咨询有限公司
143	中国船舶重工集团公司规划发展战略研究中心
144	北京北咨能源环境工程技术有限公司
145	北京市精屋工程管理有限公司
146	中交铁道设计研究总院有限公司
147	北京京研电力工程设计有限公司
148	北京国金汇德工程管理有限公司
149	中外建工程设计与顾问有限公司
150	中国建筑标准设计研究院有限公司
151	北京五州工程咨询服务有限公司
152	京秀工程咨询有限公司
153	中联国际工程管理有限公司
154	神华工程技术有限公司
155	北京恒诚信工程咨询有限公司
156	中电联电力发展研究院有限公司

续表

序号	单位名称
157	北京中外建工程管理有限公司
158	北京双益兴工程咨询有限公司
159	北京新元工程咨询有限公司
160	北京京电联合建筑规划设计有限公司
161	北京中航捷诚设计咨询有限公司
162	泛华建设集团有限公司
162	有色金属技术经济研究院
164	北京市公用事业科学研究所
165	北京中兴恒工程咨询有限公司
166	中国友发国际工程设计咨询公司
167	北京国泰建中管理咨询有限公司
168	中天成建筑工程管理咨询（北京）有限公司
169	北京兴电国际工程管理有限公司
170	北京中林联林业规划设计研究院有限公司
171	北京垒集信达工程造价咨询事务所
172	北京数圣工程造价咨询有限公司
173	北京华路祥交通技术有限公司
174	北京国贸东孚工程科技有限公司
175	北京首佳顾问咨询（北京）集团有限公司
176	北京国宏英杰国际咨询股份有限公司
177	北京舜土规划顾问有限公司
178	北京富卓电力工程技术有限公司
179	中政智信（北京）经济咨询有限公司
180	中海华咨询有限公司
181	北京智元德尚咨询有限公司
182	北京金马威工程咨询有限公司
183	北京国研科技咨询有限公司
184	北京深华达交通工程检测有限公司
185	国网(北京)综合能源规划设计研究院有限公司
186	中电建铁路建设投资集团有限公司
187	北京泛华国金工程咨询有限公司
188	国能生物技术咨询有限公司
189	中国电力工程顾问集团新能源有限公司

续表

序号	单位名称
190	京鼎工程建设有限公司
191	中国城市发展规划设计咨询有限公司
192	国能龙源电力技术工程有限责任公司
193	北京石大东方工程设计有限公司
194	北京帕克国际工程咨询股份有限公司
195	北京博联创达科技发展有限公司
196	华商国际工程有限公司
197	中交水运规划设计院有限公司
198	北京思泰工程咨询有限公司
199	中国寰球工程有限公司
200	冶金工业信息标准研究院
201	中创国宏(北京)设计咨询有限公司
202	北京易柯森特科技有限公司
203	北京申洋投资咨询有限公司
204	中咨华科交通建设技术有限公司
205	北京立人建筑设计有限公司
206	北京圣华安咨询有限公司
207	诚合瑞正风险管理咨询有限公司
208	中科院建筑设计院有限公司
209	北京恩耐特分布能源技术有限公司
210	中环慧博(北京)国际工程技术咨询有限公司
211	江河水利水电咨询中心有限公司
212	国家信息中心
213	北京市工程地质研究所
214	北京众博瑞工程咨询有限公司
215	中国兵器工业规划研究院
216	北京中电盛华电力工程设计有限公司
217	北京中交建设工程咨询有限公司
218	奥福科技有限公司
219	中咨华源(北京)咨询有限公司
220	天地电研(北京)科技有限公司
221	北京中农大农业规划设计院有限公司
222	泰戈特(北京)工程技术有限公司

续表

序号	单位名称
223	北京安捷工程咨询有限公司
224	太极计算机股份有限公司
225	国咨（北京）工程咨询有限公司
226	北京诺士诚国际工程项目管理有限公司
227	北京市生态环境保护科学研究院
228	中投泽世（北京）国际咨询有限公司
229	中交基础设施养护集团有限公司
230	中国电力科学研究院有限公司
231	大地工程开发(集团)有限公司
232	北京市科学技术研究院资源环境研究所
233	北京世创能源咨询有限公司
234	北京众联盛化工工程有限公司
235	北京兴通工程咨询有限公司
236	北京玉龙天行工程咨询有限公司
237	北京前期无忧咨询有限公司
238	北京华清技科工程管理有限公司
239	中竞发工程管理咨询有限公司
240	北京奥科瑞检测技术有限公司
241	浦华控股有限公司
242	北京建大京精大房工程管理有限公司
243	北京荣邦瑞明投资管理有限责任公司
244	聚合电力工程设计（北京）股份有限公司
245	北京江河润泽工程管理咨询有限公司
246	北京交科公路勘察设计研究院有限公司
247	北京市住宅建筑设计研究院有限公司
248	中竞同创能源环境科技集团股份有限公司
249	北京市电信工程设计院有限公司
250	中国神华国际工程咨询有限公司
251	北京京电电力工程设计有限公司
252	北京爱企邦科技服务有限公司
253	北京市轨道交通设计研究院有限公司
254	中新集团工程咨询有限责任公司
255	中咨国业工程规划设计（北京）有限公司

续表

序号	单位名称
256	北京中航油工程建设有限公司
257	北京恒华伟业科技股份有限公司
258	长江三峡技术经济发展有限公司
259	北京鑫浩国咨询顾问有限公司
260	中环投环境科技股份有限公司
261	中国农业机械化科学研究院
262	北京建工环境修复股份有限公司
263	中电联（北京）工程咨询有限责任公司
264	北京兴中海建工程造价咨询有限公司
265	国开中咨（北京）投资咨询有限公司
266	北京桑德环境工程有限公司
267	北京中恒博瑞数字电力科技有限公司
268	北京电力经济技术研究院
269	北京海淀中京工程设计软件技术有限公司
270	北京都会规划设计院
271	北京尚普华泰工程咨询有限公司
272	北京国际贸易有限公司
273	中国建筑设计研究院有限公司
274	北京华路安交通科技有限公司
275	北京中冶设备研究设计总院有限公司
276	北京荣大科技股份有限公司
277	北京忠慧安盛管理咨询有限公司
278	中国船舶集团国际工程有限公司
279	冶金工业规划研究院
280	北京临空城投置业有限公司
281	核工业工程研究设计有限公司
282	国咨项目管理有限公司
283	中煤科工开采研究院有限公司
284	华采招标集团有限公司
285	北京速测信息科技有限公司
286	中瑞世联资产评估集团有限公司
287	北京金交规划设计有限公司
288	国能龙源蓝天节能技术有限公司

续表

序号	单位名称
289	北京博睿丰工程咨询有限公司
290	航天宏图信息技术股份有限公司
291	机械工业规划研究院有限公司
292	北京中能广联科技有限公司
293	北京市质易达工程监理有限责任公司
294	中国城市和小城镇改革发展中心
295	北京华审金建国际工程项目管理有限公司
296	北京瀚智工程咨询有限公司
297	北京中经纵横信息咨询中心
298	北京华厦工程项目管理有限责任公司
299	北京华油鑫业工程监理有限公司
300	北京宏坤基业建设项目管理有限公司
301	北京华灵四方信息技术有限公司
302	北京通畅电信规划设计院有限公司
303	生态环境部环境规划院
304	北京京原电力工程设计有限公司
305	北京东方利禾景观设计有限公司
306	北京中建华兴集团有限公司